Knaur.

www.annewest.de

Weitere Bücher von Anne West im Knaur Taschenbuch Verlag:
Gute Mädchen tun's im Bett – böse überall
Sag Luder zu mir
Schmutzige Geschichten
Warum Männer so schnell kommen und Frauen nur so tun als ob
Kamasutra ohne Leistenbruch (Co-Autorin)

Über die Autorin:
Anne West lebt als freie Autorin in Hamburg. Nach ihrem Debüt als jüngste Redakteurin bei *Penthouse* arbeitete die »Freizeit-Sexual-Anthropologin« als freie Journalistin, unter anderem für die Zeitschriftenverlage Axel Springer, Bauer und Burda.

Anne West

Erste Hilfe für Verliebte

Die besten Tipps für
leidenschaftlichen Sex, rauschende Romantik
und ein Leben voller Liebe

Knaur Taschenbuch Verlag

Besuchen Sie uns im Internet:
www.knaur.de

Originalausgabe Juni 2005

Redaktion: Brigitta Taroni, Linguart (Zürich)
Umschlaggestaltung: ZERO Werbeagentur, München
Umschlagabbildung: Zefa, Düsseldorf
Satz: Ventura Publisher im Verlag
Druck und Bindung: Clausen & Bosse, Leck
Printed in Germany
ISBN 3-426-77764-9

2 4 5 3 1

Inhalt

Vorwort

»Der Verliebte hat keine Zeit,
geistreich zu sein.«

Marie-Henri Beyle alias Stendhal,
franz. Autor, 1783–1842

Mein gefühltes Alter lag in dieser Nacht bei zirka 12, knapp 13. Ich dachte bis dahin – mit damals immerhin 30 –, genug über das Leben, die Liebe und den wahnsinnigen Rest zu wissen, als dass mir das noch mal passieren würde: wie blöde kurz nach Mitternacht zu einem erleuchteten Fenster hinaufzustarren in der irren Hoffnung, *er* könnte just mal an der Scheibe vorbeigehen oder mich gar, o Himmel frohlocke, *sehen*! Wie ich total nervös auf der Straße auf und ab ging, dabei möglichst unbeteiligt aussah, als ob es mich nichts anginge, was ich hier gerade veranstaltete: wie ein liebestrunkenes Straßenkätzchen darauf zu lauern, dass sich die begehrte Gestalt zeigt und mich damit erlöst, umsonst hier rumgestanden zu haben, mitten im Nirgendwo – in, ach ja, Dinslaken.

Ich war in einem Zustand höchster Not. Und alles nur, weil ein Mann, den ich exakt sechseinhalb Stunden kannte, mich zu einem Schwimmausflug nach Xanten eingeladen hatte, gerade als wir uns eigentlich für immer und alle Zeiten voneinander verabschieden wollten. So wie das nun mal ist, wenn eine Autorin recherchiert und ihre Quelle nie wieder sieht.

Dabei hielt er meine Hand länger als nötig fest und sah mir meines Erachtens auch zu lange in die Augen. So etwa eine halbe Millisekunde zu lang. Außerdem sah er mir nach, als ich mit meinem Wagen vom Parkplatz bretterte. Hätte ich doch auf meinen Bauch gehört, der wummerte: *Fahr zurück!* Oder doch nicht? Ist es gut so, wie es ist? Wäre der Blitzreaktion ein neues Leben gefolgt oder nur eine weitere Nacht, schwitzend, neugierig, geil, aber voll bis über Oberkante Herzwand? Selten hat man das eigene Leben so sehr in der Hand wie bei der Frage:

Gehen – oder bleiben?

Diese eine Millisekunde an zu viel Aufmerksamkeit und Wärme im Blick, in der Körpersprache, in seinen Gesten, reichte aus, um aus mir, der ach so selbstbewussten Journalistin, ein schlotterndes Bündel Beben zu machen, das schon an die Namen der gemeinsamen Kinder dachte, obwohl wir uns bisher noch nicht mal geduzt hatten. Plötzlich phantasierte ich von seiner Haut, wie sie sich wohl anfühlt am Nacken, unterhalb der Haarlinie, von seinen Unterarmen, seiner Stimme, die sich verändert, wenn er heiser meinen Namen flüstert.

Ich konnte nicht schlafen diese Nacht, in diesem Hotel in Dinslaken. Ich legte mich auf den kühlen Marmor der Fensterbretter, nackt, und starrte ins Nichts, bereit, nach Dinslaken durchzubrennen und mein Leben fortan als Geliebte des Geschäftsführers der Trabrennbahn zu verbringen. Ich würde Hausfrau und Mutter werden und jeden Montag und Donnerstag mit ihm zusammen das Renngeschehen leiten. An unseren Jahrestagen würden wir uns daran erinnern, wie es gewesen war, als ich das erste Mal vor ihm stand, im Pünktchenkleid und mit Notizblock, er würde mir gestehen, dass ich in dem Moment die Frau seines Lebens gewesen sei. Aber vorher wollte ich vor allem eins: Sex mit ihm haben, auf dem Konferenztisch seines Büros.

Was war das denn nun? War ich verliebt? Wollte ich Sex? War ich verknallt? War es der Vollmond, der Hormonhaushalt oder Wahnsinn?

Auf jeden Fall erschien ich mir eins: hilfebedürftig. Dringend. So wie jeder Verliebte eigentlich dringend Hilfe braucht, weil verknallen, verlieben, den Gong hören, die Schmetterlinge aufscheuchen eben nicht immer nur wunderbar, rosig und gewichtsreduzierend ist. Sondern manchmal ein geradezu schrecklicher Zustand! Das Telefon wird zum persönlichen Feind. Nachdenken kann man überhaupt nicht mehr, arbeiten wird zur Qual.

Apropos Telefon: Ich Depp hatte keine Nummer von ihm. Hätte ich aber angerufen, nachts um eins, um zu sagen: Ach, fahren wir doch nach Xanten? Nee, nee. Ich ließ mir tags darauf subito nach dem Frühstück, bei dem ich zu viel rauchte und zu viel Kaffee trank und zu viel an *ihn* dachte, die Nummer geben. Und anstatt zu sagen: Tach, also, ich hab da noch ein paar Recherchefragen, wollen wir uns treffen, platzte aus mir heraus: »Wenn ich gestern Nacht geklingelt hätte, so um eins rum, hätten Sie sich gefreut?«, und was antwortete er, ohne zu zögern: »Ja.«

Ja, ja, JA! Verdammt, und ich hatte liebeskrank auf der zugigen Straße herumgestanden, quasi nackt und nass unterm Kleid, und unsere Zukunft geplant! Hätte ich doch geklingelt. Hätte ich doch erst gar nicht Adieu gesagt. Hätte, hätte, hätte. Hätte mir das mal jemand *vorher* sagen können, vor der schlaflosen Nacht? Wäre ich jetzt in Dinslaken und würde ein Buch schreiben oder mich eher verfluchen, weil ihn nur noch interessiert, was es heute Abend zu essen gibt?

Ich verbrachte weitere 48 Stunden in einem Zustand des Nicht-von-dieser-Welt. Ich kannte diesen Mann nicht mal und träumte mich bereits in alle Lebenslagen hinein. Ich rief mir jeden kleinen Blick in Erinnerung, jede Geste, alles. Selbst dass er mir einen Kaffee aus dem Automaten gezogen hatte, erschien mir im Nachhinein von allergrößter Bedeutung und Zuneigung. Und hatten wir nicht oft gemeinsam gelacht? Das war doch ein entscheidender Hinweis! Er mochte mich, und vielleicht sogar ein gewisses bisschen mehr …

Seufz. Nach drei Tagen war ich ziemlich kuriert, denn die Fakten sprachen gegen meine haltlosen Hoffnungen. Er rief nicht an, er kam nicht vorbei, es passierte das berühmte, gefürchtete NICHTS.

Und am besten sage ich gleich, wie es ist: Es gibt wenig Deutlicheres als nichts. Wenn er oder sie nichts tut, können Sie davon ausgehen, dass da auch nichts an größeren Gefühlen als Sympathie für den Moment stattgefunden hat. Falls Sie gebunden sind und davon ausgehen, dass der oder die andere nur zu ehrenhaft ist, um einem bereits vergebenen Menschen nachzustellen – ach. Ein bisschen nachstellen würde man Ihnen trotzdem. Wirklich. Es als Mittagessen verschleiern oder als harmlose Anrufe am Samstagnachmittag. Aber das nackte Nichts … Ganz selten ist es allenfalls die zeitlich begrenzte Liebe. Das ist die Ein-Tages-Liebe, die dann aufkommen kann, wenn zwei Menschen aufeinander treffen, das Universum ihnen eine gewisse Schwingung mitgibt, sie den Tag gemeinsam verleben und er so rund und perfekt ist, dass dem absolut nichts hinzuzufügen wäre, dass es also nur schlechter, nicht noch besser werden kann. Ausleben total, in 24 Stunden. Die Liebe, die dabei empfunden wird, ist mehr Dankbarkeit für das Geschenk und die Stimmung zwischen einem selbst und dem anderen Menschen, hat aber nicht viel mit der tatsächlichen Person zu tun.

Doch zurück zum Nichts. Beim Nichts braucht man auch nichts zu erwarten und erst recht nichts hineinzuinterpretieren. So von wegen: Vielleicht traut er sich auch nicht. Vielleicht sitzt sie jetzt genauso da, wie es immer so hübsch in den Filmen mit Splitscreen dargestellt wird, denkt an mich und starrt das Telefon an.

Nein, das ist wirklich so selten, dass ich Ihnen keine Hoffnungen machen möchte. Falls Sie es dennoch in Betracht ziehen, jetzt, da Sie dieses Buch in den Händen halten – wunderbar, rufen Sie den Menschen an, von dem Sie hoffen, er möge durch sein Büro tigern und nicht wissen, ob er Sie anrufen darf oder nicht, und klären Sie das. Die Ungewissheit hält ja keiner aus! Bis dahin erzähle ich kurz weiter:

In Dinslaken begegnete mir beides: die Liebe für einen Tag mit anschließendem Hormonstau, den ich – in Selbsttäuschung bewandert – als Verliebtheit empfand, und abruptes Verknalltsein mit den beschriebenen Folgen: dem NICHTS und jeder Menge Aufregung.

Und was ich erlebte, erinnerte mich vor allem daran, dass es jedes Mal so oder ähnlich abläuft: Man trifft aufeinander. Es macht Dingeding und Gonggonggong. Man ist erwachsen und weiß viel, vor allem über die Liebe und ihre Vergänglichkeit. Man weiß, dass Taktiken nicht viel nützen, und wenn vielleicht doch, na ja, welche denn? Man spielt das Beziehungsspiel – und denkt leider nicht entfernt an all das, was bekannt ist. Man befindet sich in dem Stadium, in dem ALLES passieren kann oder NICHTS. Es ist der aufregendste, göttlichste, unerträglichste Zustand, den man als emotionaler Mensch durchleben, durchlachen, durchleiden kann. Und selten weiß man es beim nächsten Mal besser als vorher.

Sich zu verlieben hat viele Facetten. Zeitweise zählte Verlieben sogar durchaus zu meinen Lieblingsbeschäftigungen. Inzwischen denke ich: Hätte ich in Dinslaken ein Buch gehabt wie das, was Sie hier in den Händen halten, wäre ich wenigstens ruhiger eingeschlafen. Oder vielmehr, ich hätte überhaupt geschlafen in dieser Nacht! So kam ich damals nach Hause und wünschte mir, es gäbe Beistand für uns Verliebte. Für uns, die wir fürchten, zu viel falsch machen zu können. Die wir hoffen, dass der oder die andere auch so fühlt oder vielleicht auch ganz anders. Die wir nichts wissen und alles wollen, nur was genau, das wissen wir nicht so recht. Und die wir es am allerschönsten fänden, zu wissen: Wie merke ich es, wenn da der Beginn von etwas

Großem, Wunderbarem eingeläutet wird? Was tun, damit es so schön bleibt? Ja, geht das denn überhaupt?

Dafür ist diese Erste Hilfe für Verliebte gedacht. Aus meiner Not geboren und aus der Not meiner Freundinnen und Freunde, die ähnlich wie ich und Sie von Mal zu Mal aufs Neue zu straucheln drohen, wenn die Liebe uns heimsucht. Wenn wir uns verlieben und nicht wissen, warum, uns vergucken und nicht ahnen, was daraus wird, uns verknallen und spüren: Das Leben wird sich ändern. Auf die Magie eines Augenblicks folgen Wochen voller Zaudern und Freude, Glück und Angst, Panik und Entschlossenheit. Wenig anderes zählt. Wir werden aufgesaugt und verschlungen und wollen alles richtig machen, wohl wissend, dass das völlig unmöglich ist, denn auch auf der anderen Seite haben wir es mit der unberechenbaren Größe Mensch zu tun.

Er ist jetzt zwei Jahre her, der Dreitageblitz in Dinslaken. Ich habe diesen Mann nie wieder getroffen, bisher. Ich weiß aber noch, wie sich seine Hand anfühlt und wie ich mich fühlte, als ich das innere Tor aufstieß und die manische Sucht einließ, meine Gedanken nur noch um ihn kreisen zu lassen.

In der Zwischenzeit habe ich mich noch zweimal verliebt und mich schließlich an all die Situationen erinnert, in denen ich meine Lebensgefährten traf, und daran, wie ich ihnen verfiel. Ich hab mein Leben gegen das Licht gehalten und festgestellt: Diese Zeiten waren die aufregendsten des Lebens. Stressig? Klar, das auch. Leidenschaft, auf den anderen Menschen ganz versessen zu sein, ist anstrengend. Fast gut, dass die Evolution es so eingerichtet hat, dass allemal aus zwei liebeskranken Menschen ein ruhiges Paar wird; alles andere würde doch sehr an den Nerven zerren, so auf Dauer. Und stellen Sie sich mal vor, Sie hätten bereits Kinder zusammen und würden sich immer noch fragen: Ruft er wohl an? – Eben.

Glauben Sie mir: Sie können viel falsch machen, wenn Sie alles richtig machen wollen. Deswegen gibt es auch hier keine Geheimrezepte, die auf alle und jeden in jeder Situation zutreffen. Allerdings habe ich Grundgesetze und Mechanismen des Verliebtseins entdeckt, die ich Ihnen nicht vorenthalten möchte. Sie können gern weiterhin schlaflos sein, aber mit hoffnungsvollen Träumen. In diesem Buch finden Sie Tipps, wie Sie Mut sammeln, um herauszufinden, was der andere für Sie fühlt, Hinweise, wie Sie sich selbst das Leben erleichtern können, Geschichten, wie Verliebte zueinander finden, und Anregungen, wie Sie diese herrliche Neurose mit in eine neue Partnerschaft bringen. Teilweise habe ich Paare, die sich verliebten, getrennt zu diesem Anfang befragt, dem je ein eigener Zauber innewohnt. Um herauszufinden: Sind wir alle panisch, manisch, neurotisch? Ist das Telefon auch des Mannes größter Feind? Fragen sich nur Frauen, ob sie taktieren oder lieber so sein sollen, wie sie sind? (Wenn da nicht das kleine Problem wäre, dass man in dem Zustand einfach nicht man selbst ist …) Kurz: Sie bekommen erste Hilfe. Aber keine ultimativen So-klappt's!-Regeln, denn, wie gesagt, auch auf der anderen Seite steht die unberechenbare Größe Mensch.

Ich habe den Spagat zwischen Theorie und Praxis versucht: Sie erfahren auch, was in Ihrem Körper vorgeht, wenn Sie verliebt sind, und warum die Liebe Ihnen oft als einziges Glück erscheint. Sie bekommen also das Basiswissen an wissenschaftlichen, biologischen, neurologischen und bindungstheoretischen Erkenntnissen, das Sie brauchen, um die praktische Seite der Tipps nachzuvollziehen.

Ich fand es bisweilen schwierig, vor lauter Wissenschaft und akademischem Fachwissen, dem ich zwecks Überzeugungsarbeit und Neugier nachgehechelt bin, nicht aus den Augen zu verlieren, was uns eigentlich ausmacht: die Seele. Die will zwar wissen, WARUM merkwürdige Dinge passieren, aber das DARUM kann ihr oft nicht dabei helfen, es auszuhalten.

Falls Sie gerade weniger an Ursachenforschung interessiert

sind, fahnden Sie nach den Fazits und Vorschlägen in den farbig markierten »Erste-Hilfe!«-Absätzen nach der jeweiligen »Darum!«-Liste und lesen das »Warum-Darum«, sobald Sie wieder Zeit und Lust dazu haben, also in etwa sechs Monaten, wenn sich Ihr Verliebtheitszustand einigermaßen normalisiert hat.

Nur eins werden Sie hier vergeblich suchen: Garantierte Tricks, wie Sie jemanden, in den Sie verliebt sind, der oder die aber nicht in Sie, dazu kriegen, sich doch für Sie zu entscheiden. Das geht nicht. Zum Wollen zwingen, bringen, tricksen kann man keinen Menschen.

Aber wenn sich jemand aus freiem Willen, gleich ob mit Angst oder unbändiger Freude, auf Sie und das, was zwischen Ihnen schwingt, einlässt, dann werden Sie das Schönste daraus machen, was Sie im Leben bekommen können: Liebe, von Kopf bis Fuß, und von Herzen.

Kapitel 1

Vom Wahnsinn der Verliebten

»Liebe ist wie ein Verkehrsunfall:
Man wird angefahren und fällt um.
Entweder überlebt man oder nicht.«

Juliette Gréco,
*Sängerin und Schauspielerin, * 1927*

Runner's High. Wie, das kennen Sie nicht? Dann sind Sie wohl gerade nicht sonderlich verliebt. (Legen Sie das Buch weg, gehen Sie raus um die Ecke und verlieben Sie sich, bitte schön! Das macht die Haut schön und bringt die Augen zum Glitzern.) Runner's High bezeichnet das Gefühl, das manche Menschen – mich nicht, ich bin so faul – befällt, wenn sie beim Laufen über die Schmerzgrenze gehen und ein Hormoncocktail durch ihre Blutbahnen jagt, auf dass sie sich fühlen wie der King aller Parkrenner. Frei, weit, ungebändigt, wild und unbesiegbar, glücklich, zu leben, zu atmen und einen Fuß vor den anderen setzen zu dürfen.

Das fühlt sich ganz wunderbar an – wenn alles gut läuft. Und man allein vor sich hin trabt.

Dummerweise gehören zum Verlieben immer zwei. Zwar gibt es auch selbstverliebte Menschen, aber sie bedürfen keiner Hilfe, sondern höchstens einiger zusätzlicher Spiegel.

Und da, bei zwei, da fangen die Probleme an.

Denn es herrscht AUSNAHMEZUSTAND.

Flutwelle der Hormone – Verliebtsein ist eine Kopfgeburt

Es fängt an mit einem sehr egozentrischen Zustand: Ich bin verliebt! Jipiiey! Das hat nicht viel mit der anderen Person zu tun, auch wenn sie der Auslöser all dessen ist, was jetzt in uns vorgeht. Sind wir von dem, was wir sehen, angetan, setzt unser Körper eine Kettenreaktion in Gang. Sofort werden die Lustzentren aktiv. Dagegen stellen die für Traurigkeit zuständigen Regionen im Gehirn ihre Arbeit ein. Um genau zu sein: Nach neurologischen Erkenntnissen schalten ganze Areale einfach ab, nämlich jene, die für Erinnerung, Angst und Problemlösungen gebraucht werden. Verliebte sehen deswegen mit anderen Augen und nehmen nur selektiv wahr; sie begreifen fast nur auf der Gefühlsebene. Sehr schön, wenn das zwei Leuten gleichzeitig passiert – rosa Herzen schweben über den beiden Verliebten, wenn sie es einander denn endlich gestanden haben. Ganz schlecht, wenn es bisher nur einer weiß; dann gehen ihm Gedanken durch den Kopf, die von der Ausstattung der Hochzeitsparty reichen bis hin zu Fragen wie: Und wenn's nur ein großer Irrtum war und sich alle über mich lustig machen? Während sich der andere fragt, warum mit dieser Person kein normales Gespräch mehr möglich ist. Einseitig Verliebte wirken leicht irre und nehmen alles ernster, als es gemeint ist.

+ Erste Hilfe für einseitig Verliebte

Versuchen Sie, die auslösende Person nicht mehr zu sehen, wenn Sie eindeutig festgestellt haben, dass sie nicht in Sie verliebt ist. Versuchen Sie, nicht mehr in die Nebensätze, Blicke oder Gesten hineinzuinterpretieren, als da ist. Nehmen Sie zu einer Begegnung mit der geliebten Person einen Freund oder eine Freundin mit, der oder die schonungslos offen zu Ihnen ist und keine Hoffnungen verabreicht. Lassen Sie sich hinterher die bittere Wahrheit sagen, dass die Flamme zwischen Ihnen leider nicht lodert. Hören Sie auf, bei anderen telefonisch Rat einzuholen, der nur auf Vermutungen beruht. GET A LIFE! Holen Sie sich Ihr Leben zurück, anstatt darauf zu warten, dass der andere es ausfüllt. Melden Sie sich zum Sport an, kaufen Sie sich eine CD mit einem Fremdsprachenkurs, kochen Sie für sich und schreiben Sie alles auf, was Ihnen durch den Kopf geht. Reden Sie dafür weniger darüber, denn damit verletzen Sie nur sich selbst. Schwimmen Sie ruhig weiter auf der Woge der Melancholie der Verliebten, denn ein Gutes hat es: Sie werden, weil Sie offensichtlich nicht suchen, von anderen als begehrenswerter empfunden, als wenn Sie das Schild »Traumfrau/Traummann gesucht« auf Ihrer Stirn trügen. Gehen Sie aus und schauen Sie nicht mehr weg, wenn jemand Sie ansieht.

Verantwortlich für die Wirrnis, ganz gleich ob einseitig oder gegenseitig verliebt, ist ein Cocktail aus chemischen Botenstoffen, die so genannten Neurotransmitter. Sie werden in großen Mengen im Gehirn freigesetzt und überschwemmen die Blutbahnen des frisch Verliebten. Dabei werden im Gehirn vor allem die für Freude, Genuss, Neugier, Lust und Abenteuer zuständigen Regionen aktiviert. Untersuchungen der Hirnaktivität belegen zudem, dass dagegen Funktionen wie Gedächtnis, Aufmerksamkeit und die Fähigkeit, komplizierte Aufgaben zu lösen, deaktiviert werden.

Deswegen ist einem dann nicht mal mehr die Augenfarbe des Geliebten präsent, aber dafür weiß man genau, welche wunderbaren Orte man mit ihm oder ihr noch in diesem Leben besuchen wird. Und deswegen ist es so schrecklich schwierig, Entscheidungen zu fällen. Manch Verliebter fragt sich: Soll ich nach Bauch oder Kopf entscheiden?

Mal ehrlich: Da der Kopf so ziemlich abgeschaltet ist, nehmen Sie lieber gleich den Bauch.

+ Erste Hilfe bei der Frage: Kopf oder Bauch?

Ihr Gehirn ist nicht mehr wie vorher, aber Ihre Intuition ist dieselbe. Hören Sie auf Ihren Bauch! Wenn der Ihnen sagt: Weg hier, dann gehen Sie. Wenn der Ihnen sagt: Das Leben ist zu kurz, um auf Anrufe zu warten, dann rufen Sie an. Entscheiden Sie aus dem Bauch heraus! Sie spüren mehr und besser, als Sie ahnen. Falls Sie sich nicht entscheiden können: Schreiben Sie drei Möglichkeiten auf, was Sie tun könnten. Und führen Sie eine davon aus. Nehmen Sie nicht mehr als drei, sonst sitzen Sie übermorgen noch da und grübeln, während das Leben an Ihnen vorüberzieht.

Einen Vorteil hat der selektive Festplattenputz allerdings: Durch das Abschalten der Spielverderber wie Angst, Vergleiche mit früher oder Sorge vor Hindernissen und das Anschalten der emotionsgeladenen Areale sind wir fähig, die andere Person in ihrer ganzen Emotionsfähigkeit kennen zu lernen. Äußerlichkeiten werden erst mal ignoriert, es zählt, was der andere fühlt, was sein Inneres ausmacht, ob es mit unserer Gefühlswelt deckungsgleich ist. Endlich zählen die inneren Werte, am Anfang so sehr wie später nur selten. Wenn wir hier und jetzt zueinander passen, so murmelt das verliebte Herz, kann der Rest – zusammen leben, arbeiten, Geld verdienen, was gibt's zu essen?, willst du ein Kind?, wirst du treu sein?, ich mag deine Eltern nicht, wieso schmeißt du die Socken nicht in den Wäschekorb, sondern daneben – schon zu stemmen sein.

Was für glückliche Zeiten! Alles so schön bunt und aufregend. Kein Wunder, das Stresshormon Cortisol flutet die Adern.

Herzklopfen, Schmetterlinge und anderes Getier im Bauch, rote Wangen, Mut zum Risiko, irrationale »Jetzt-oder-nie«-Gedanken. Nichts aber wird als schlimmer empfunden als eine Trennung von der alles bedeutenden Person.

Bei Frauen steigt der Testosteronspiegel – lässt sie also einen Hauch männlicher werden, aktiver, selbstbewusster, sie sagen, was sie wollen, blühen oft im Job auf. Bei Männern sinkt er ein wenig ab, sie werden einen Hauch weiblicher, verstehen Frauen auf einmal besser, gehen mit ihnen zum Konzert, obwohl sie Geigen gar nicht mögen, oder mit einkaufen, obwohl sie sonst dabei geradezu Kreislaufprobleme bekommen. Die Hormonspiegel nähern sich einander an, und genauso hofft auch das frisch verliebte Pärchen, sich einander anzunähern. Dass diese Harmonie der Hormone nach zwei Jahren nachlässt, ist beiden im Moment so egal wie eine Qualle im Wattenmeer. Dann wird der Mann wieder zum Mann, die Frau wieder zur Frau, und sie fangen an, die Probleme wahrzunehmen, die aus den Unterschieden heraus entstehen können. Aber, hey, das ist noch lange hin! Jetzt ist heute, und heute ist der erste Tag vom Rest meines Lebens – vielleicht mit ihr, mit ihm, Yes!

+ Erste Hilfe bei der großen Frage: Meint sie mich? Ist er verliebt?

Für Frauen: Woran Sie erkennen, dass er in Sie verliebt ist:

+ Er singt bei einem Liebeslied mit und sieht Sie dabei an.
+ Er geht freiwillig mit zu Ihrer Familie oder hält einen Abend als einziger Mann mit Ihren Freundinnen durch.
+ Er lässt Ihre Hand nicht abrupt los, wenn Ihnen jemand beim Spazierengehen entgegenkommt, den er kennt.
+ Er lächelt oder küsst Sie, wenn Sie ihn Bekannten vorstellen, die Sie beide zufällig treffen.

- Er erledigt ungefragt Dinge für Sie.
- Er hört Ihnen zu und weiß am nächsten Tag noch, was Sie gesagt haben.
- Er meldet sich regelmäßig aus dem Urlaub, den er geplant hatte, als Sie sich noch nicht kannten.
- Er lässt die Bundesliga, Formel 1, seinen Jungs-Abend sausen, um Ihnen bei irgendetwas beizustehen, und sei es der Abend vor einer Wurzelbehandlung.
- Er genießt es, sich um Sie zu kümmern, und freut sich, wenn er Sie glücklich machen kann.
- Er starrt Sie an und weiß nicht, was er sagen soll.
- Er stellt Sie seinen Freunden, Bekannten oder Familienangehörigen als seine Freundin, seine Liebste, seinen Augenstern vor.
- Er fasst Sie gern an, ohne dass es auf Sex hinauslaufen muss.
- Er zieht sich nicht zurück, wenn Sie krank sind, und wischt ein »Ich seh aber so scheiße aus …« mit einem »Red keinen Unsinn« vom Tisch.
- Er sagt, was ihm gefallen würde, was Sie für *sich* tun können, anstatt für ihn.
- Er liebt Ihr Lachen, wenn er Sie kitzelt.

Für Männer: Woran Sie erkennen, dass sie in Sie verliebt ist:

- Sie putzt die Wohnung, bevor sie Sie nach Hause einlädt, rasiert sich die Beine, die Bettwäsche riecht frisch und es liegen Zeitschriften neben der Toilette, von denen die Lady annimmt, dass sie bei Ihnen auf Interesse stoßen.
- Sie schafft in ihrem Bad Platz für Ihren Rasierer und kauft eine Zahnbürste in Ihrer bevorzugten Farbe und Stärke.
- Sie massiert Ihnen die Füße.
- Sie hat Ihren Lieblingskäse, Ihren Lieblingsjoghurt, Ihre Lieblingskaffeesorte, Ihre Lieblingsschokoriegel vorrätig.

+ Sie macht Sie mit ihrem Kind bekannt.
+ Sie kennt Ihre besten Freunde mit Vornamen.
+ Sie stellt Ihnen ihren Vater vor.
+ Sie weiß, wann Ihre Mutter Geburtstag hat.
+ Sie schert sich nicht mehr um Ihren Aszendenten.
+ Sie macht eine Diät, *ohne* Ihnen davon zu erzählen.
+ Sie trinkt aus derselben Flasche wie Sie, nimmt Ihre Haarbürste oder leiht sich Ihr getragenes Hemd, obwohl sie sonst krüsch oder pingelig ist.
+ Sie weint vor Ihren Augen, obwohl sie sonst so tough ist.
+ Sie hört auf, perfekt sein zu wollen und Ihnen auf Teufel komm raus zu gefallen.
+ Sie macht Sie mit ihrem Leben vertraut in der Hoffnung, Sie könnten ein Teil davon werden.
+ Sie nimmt »Sex and the City« auf und trifft sich mit Ihnen, anstatt den Dienstagabend zu blockieren (gilt auch für »King of Queens« oder »Six Feet under«).

Weiter im Hormontango von Neurotransmittern und Monoaminen. Wenn wir verliebt sind, wird im Gehirn in großen Mengen ein wichtiger Botenstoff produziert: das Hormon Dopamin. Dopamin soll unter anderem Euphorie und Appetitlosigkeit auslösen, das heißt, wir leben von Lust, Liebe und brauchen weder Essen noch Schlaf. Dazu kommt eine Prise Amin, das wirkt berauschend und versetzt uns in eine Art Glückstaumel, in ein Hochgefühl, bei dem wir negative Eigenschaften der geliebten Person einfach ignorieren. Sehr praktisch, nicht wahr? Die rosarote Brille ist also eigentlich eine von körpereigenen Drogen hervorgerufene Kurzsichtigkeit! Wenn sie sie aufhaben, können Verliebte mit Bedenken von anderen allerdings gar nichts anfangen. Sie empfinden es fast als persönliche Beleidigung, wenn sie jemand vorsichtig auf logische Hemmnisse aufmerksam macht, etwa: Er lebt auf der anderen Seite des Kontinents, er ist verheiratet, du bist verheiratet, sie ist Therapeutin und du ihr Patient … Amin macht große Probleme zu nichtigen: Er ist 30 Jahre älter? Egal, her mit ihm. Sie verdient mehr Geld als ich? Ein Problem? Ach was, ihr niedliches Kinngrübchen wird's schon richten …

+ Erste Hilfe bei Spielverderbern, die Verliebtheit madig machen

Sehen Sie es ihnen nach, denn zwischen dem Gehirn der Nicht-Verliebten und Ihrem liegen zurzeit Welten. Erzählen Sie weder Frischgetrennten noch jungen Müttern von Ihrer Verliebtheit. Auch nicht Ihrem Chef, Ihrer Kollegin, Ihrem Vater, Ihrem Therapeuten. Erst recht nicht Freunden, von denen Sie wissen, dass Sie ohnehin nur Tipps bekommen, die deren Lebenswandel entspricht. Sie werden von jemandem, der nach der Heirat bitter enttäuscht wurde, kaum eine positive Resonanz erhalten, wenn Sie berichten, nach sechs Wochen Dating in Las Vegas heiraten zu wollen. Falls Sie dennoch Einwände oder Werd-doch-vernünftig-Kommentare bekommen: Sehen Sie sich erst den Botschafter an und dann die Botschaft. Wie viel von ihm und seinem eigenen Leben und Scheitern steckt in dem, was er sagt, und wie viel davon ist ehrliche Anteilnahme an Ihrem Schicksal? Erst wenn es mehr mit Ihnen denn mit der ratgebenden Person zu tun hat, sollten Sie darüber nachdenken, ob an dem Ratschlag nicht vielleicht doch etwas dran sein könnte.

Vergessen Sie nicht: Man beneidet Sie. Sie sind strahlender als sonst und entwickeln plötzlich Fähigkeiten, die das Verliebtsein oder die auslösende geliebte Person in Ihnen hervorlockt. Sie sind wie neugeboren, schweben über allen anderen. Außerdem kennen Sie gerade kein anderes Gesprächsthema, das nervt bisweilen. Kein Wunder, dass die anderen sich ausgeschlossen fühlen! Bleiben Sie Ihren Freundinnen und Freunden in der Zeit treu, und sei es nur, indem Sie sie regelmäßig anrufen. Die ärmsten kommen sich sonst nämlich total abgestellt vor.

Nicht zuletzt schüttet jemand, der seine Gefühle kaum mehr kontrollieren kann und nach dem anderen wie verrückt ist, 36 Stunden am Tag an ihn denkt und merkwürdige Dinge tut, eine Menge an Noradrenalin aus. Mit diesem Botenstoff – auch als Norepinephrin bekannt – wird der Gefühlswirrwarr zwischen Hochstimmung und Verzweiflung abgeschmeckt. Das im Nebennierenmark gebildete Hormon wirkt vorwiegend an Schlagadern (Arterien) und führt durch Gefäßverengung zur Blutdruckerhöhung. Dadurch steigert es auch die Erregbarkeit – ein Grund, warum bereits flüchtige Berührungen, ein Streifen der Hand, ein zufälliger Kniekontakt mit dem Zielobjekt, für Gänsehauttaumel und Herzrasen sorgen. Angeblich soll dieser Erregungsstoff auch in Aphrodisiaka stecken, in Zimt und Austern, in Strychnin und Yohimbin, in Trüffel und Muskat.

Aber mal unter uns: Probieren Sie es gar nicht erst aus. Sie müssten Massen davon vertilgen, also essen Sie besser, was Sie wollen, und sorgen auf andere Weise für feuchte Hände und Herzklopfen …

+

Das Ziel beim Verlieben und beim Sex ist rein wissenschaftlich betrachtet Fortpflanzung und Sorge für den Nachwuchs. Das sollen jene Hormone gewährleisten, die das Gefühl der Verliebtheit auslösen. Bis zu eineinhalb Jahre kann deren Produktion anhalten. Dazu gehört das angesprochene Dopamin. Es macht die Liebe rauschhaft, besessen und begünstigt die Fixierung auf eine Person, ist der Brennstoff der romantischen Gefühle (und kann auch beim Sport entstehen!). Gefahr und der Reiz des Neuen erhöhen die Produktion; je spannender eine Begegnung ist, desto mehr wird von dem Zeug durchs Hirn gejagt. Skurril dabei:

Diese Stoffe sind mit dem Adrenalin eng verwandt, dem Stimulator, der nach Ärger, Angst, Stress oder beim Sport ausgeschüttet wird. Deswegen sind sexuelle Versöhnungen nach einem Streit sehr befriedigend und können sogar das Gefühl romantischer Leidenschaft noch erhöhen. Und: Je mehr spannende Dinge ein Paar miteinander anstellt – nachts schwimmen, Last-Minute-Theaterkarten, Gebirgspfade erklettern, fremde Städte besichtigen –, desto höher ist der Dopamin-Level. Einige behaupten sogar, dass wir nicht deshalb Herzklopfen bekommen, weil wir uns verlieben, sondern dass wir uns verlieben, weil wir Herzklopfen haben.

Verfällt ein frisch verliebtes Paar dagegen in langweilige Routine ohne kleinere Abenteuer und Wagnisse, verschwinden auch Dopamin und Adrenalin, die Begegnung wird bald zur Selbstverständlichkeit, aber weniger als kraftvolle Liebeschance empfunden. Damit hätten Sie gleich schon einen kleinen Hinweis, wie Sie den Rausch der Verliebtheit erhalten können: Bleiben Sie abenteuerlich, wenn auch nur im Kleinen, führen Sie kein ödes Spießerleben mit immer gleichen Abläufen. Auch wenn sich Selbstverständlichkeit durchaus schön und geborgen anfühlt, so stellen Sie sich doch selbst ein Bein, wenn Sie nicht wach bleiben und wenigstens alle zwei Wochen die Routine unterbrechen.

+ Erste Hilfe bei sich einschleichender Selbstverständlichkeit

Ziehen Sie nicht nach acht Wochen gegenseitig bei sich ein. Zahnbürste oder Unterwäsche reicht, nach sechs Monaten können Sie erhöhen. Unternehmen Sie aufregende Dinge in regelmäßiger Folge, nicht alle auf einmal; gehen Sie zum Beispiel nach dem gemeinsamen Kochen noch auf einen Espresso in eine Hotelbar und ziehen Sie sich für diesen Gang extra um. Auch wenn

> Sie alles am liebsten in drei Wochen erleben möchten – wegfahren, Sextoys ausprobieren, Ausstellungen besuchen, ein gemeinsames Hobby anfangen, tanzen gehen –, machen Sie ruhig alles, aber lieber nach und nach; es reicht bereits, wenn Sie eineinhalb Stunden pro Woche eine Aktivität einplanen (ja, planen Sie Herzklopfen mit ein!), die etwas aufregender ist als nur mit Freunden zu kochen oder ein Café zu besuchen: Ski fahren, einen Hügel oder Berg besteigen, tanzen gehen, ein Konzert anhören, sich auf einer Vernissage einschleichen; sich erst im Kino treffen, anstatt gemeinsam von zu Hause aus loszuziehen, beim Picknick Tarotkarten legen oder was Ihnen sonst Vergleichbares einfällt. Solche Dinge gewährleisten, dass die gegenseitige Begeisterung länger anhält, als wenn Sie auf Krampf sofort ganz dicht zusammenrücken, gleichzeitig die Leidenschaft füreinander beibehalten wollen und sich mit Aktivitäten überfordern. Treffen Sie sich nicht jeden Tag, sondern nur jeden zweiten. Freuen Sie sich über ein gemeinsames Hobby – Tennis spielen, DSA spielen, französische Filme ansehen, essen gehen –, aber üben Sie es nicht bis zum Erbrechen dauernd aus, um auf der sicheren Seite zu sein! Schreiben Sie eine Liste von Dingen, die Sie noch nie getan haben. Und versuchen Sie jede Woche, eins davon mit Ihrem neuen Augenstern auszuführen. Und wenn es nur Kleinigkeiten sind: Pilze sammeln, am Sonntagvormittag ins Kino gehen, sich eine Gute-Nacht-Geschichte vorlesen, eine Teeverkostung besuchen …

Muss man sich dieser Mühe der Abwechslung und Dopamin-Pflege unterziehen, oder soll man auf die Wissenschaft warten? Dort haben sie sich, nachdem sie den Verliebten in die Köpfe geschaut haben, was Wahnwitziges einfallen lassen: eine Art Viagra für die romantische Liebe.

»DARPP-32« heißt der Stoff aus Dopamin und Noradrenalin, aus dem Gefühle entstehen sollen – wie es im Film »Zeit des Erwachens« gezeigt wurde. Dahinter verbirgt sich das körpereigene Protein, welches maßgeblich für unser sexuelles Verlangen verantwortlich ist. Inzwischen versucht auch die Pharmaindustrie, sich die Eigenschaften des Gefühlsproteins zunutze zu machen. »Innerhalb der nächsten fünf bis acht Jahre werden entsprechende DARPP-Medikamente auf den Markt kommen, welche bei ihren Anwendern sexuelles Verlangen stimulieren sollen«, prophezeite Bert O'Malley, leitender Molekularbiologe am Baylor College. Da er dies schon im Jahr 2000 kundtat, können wir also leider schon bald damit rechnen, uns mit einer Art romantischen Praline in Glückseligkeit zu versetzen. Und vor allem beides zu empfinden: Liebe und Lust. »DARPP-32 reguliert den Dopamin-Haushalt im Gehirn, der die Chemie zahlreicher emotionaler Reaktionen steuert – wie etwa das Ausmaß sexueller Erregung«, bestätigten Wissenschaftler von der New York Rockefeller University. Natürlich sind für die künftigen DARPP-Präparate auch andere medizinische Einsatzmöglichkeiten denkbar, beispielsweise die Behandlung von Parkinson, Schizophrenie und anderen psychischen Erkrankungen, denen eine abnormale Dopamin-Aktivität zu Grunde liegt.

Mäh. Ein bisschen eklig ist das schon. Liebe und Sex per Pille? Wo bleibt denn da der Sinn des Schicksals, der Wink Amors, die ganze Story von wegen Gesucht und Gefunden?

Im Zustand des Verliebtseins erhöht sich zwar der Dopaminspiegel, er unterliegt aber auch einem Hin und Her. Wer dem Werben zu früh nachgibt, stoppt bei der anderen Person die Dopaminproduktion. Und je weniger Dopamin, desto weniger Mjamm. Herrscht beim guten D Ebbe, hat Mann weniger Lust auf die immer gleiche Person. Beim vierten, fünften Mal Sex beginnt er bereits, nach etwas Neuem Ausschau zu halten. Dass dieser scheußliche Mechanismus »Coolidge-Effekt« heißt, macht die Sache nicht besser.

+ Erste Hilfe bei frühzeitig erschlaffender Neugier

Machen Sie sich um Himmels willen nicht künstlich interessant, indem Sie zum Beispiel Telefonate mit Exfreundinnen oder Exfreunden vorgaukeln oder den neuen Schwarm plump eifersüchtig machen, indem Sie offensiv mit allem flirten, was da ist. Da reißen Sie eine Baustelle auf, die Sie später reparieren müssen. Zudem ist Eifersüchtigmachen eine Kurzzeitstrategie, die für den Moment helfen mag, aber nicht auf Dauer angelegt ist. Wenn Sie dieses Muster in der Anfangszeit einführen und durch häufigen Gebrauch zementieren, bauen Sie sich hübsche Probleme für später auf. Lassen Sie es!

Richten Sie Ihren Terminkalender keinesfalls nach der Person, auf deren Anruf Sie hoffen.

Schlafen Sie nicht sofort miteinander, wenn Sie sich nicht sicher sind, ob es doch zu früh ist. Sind Sie sich aber sicher, dass es passt, tun Sie es.

Lassen Sie um sich werben, anstatt es dem anderen abzunehmen, etwas für Sie tun zu wollen. Werben Sie selbst. Reagieren Sie auf Geschenke nicht jedes Mal mit Sex. Unterliegen Sie nicht dem »Ich-brauch-deinen-Scheiß-Hammer-nicht«-Effekt: Nur weil Sie sich schämen, dauernd an den anderen zu denken, müssen Sie nicht gleich annehmen, der würde Sie eh nur ausnutzen, sei gar nicht interessiert an Ihnen und überhaupt der Überlegenere – und nach diesem Um-16-Ecken-Denken extra unfreundlich sein, um das eingebildete Machtgefüge wieder aufzurichten! Schlechte Gefühle sind meist nur eins: hausgemacht! Lesen Sie dazu bitte dringend bei Stefan Klein in »Glücksformel« (Rowohlt) nach.

+ *Für Frauen:* Lernen Sie, Angebotenes anzunehmen, anstatt auf einem pseudoemanzipierten »Kann ich alleine« zu beharren.

+ *Für Männer:* Sagen Sie es mit Blumen und/oder Gedichten und rufen Sie sie an, so oft Sie können; fragen Sie täglich, wie es ihr geht.

Je länger man auf etwas warten muss, was man gern hätte, desto intensiver flutet der Brennstoff das Gehirn und desto erfüllender ist letztlich die Belohnung. Fazit: Wer sich zu schnell aufeinander stürzt, hat weniger davon als jene, die sich und einander etwas zappeln lassen. Das ist zwar anstrengender, aber umso kostbarer. Alles was schnell zu haben ist, verliert an Reiz und Wirkung, was mühsam zu erobern ist, erscheint umso wertvoller. Hatte Oma etwa Recht, als sie sagte: Lass ihn zappeln? Dabei war sie nicht mal Neurologin. Zum Glück gibt's noch Wege dazwischen, wie Sie als Verliebte das Wissen ums Gehirn nutzen können.

+ Erste Hilfe bei der Frage: Wie kann ich mich interessant machen, ohne gleich verfügbar zu sein?

Grundsätzlich: gar nicht. Sie sind so, wie Sie sind, und die einzige Person, die im Moment darüber befindet, wie spannend Sie sind, sind Sie selbst. Sie allein zweifeln an sich. So viel dazu. Was die Verfügbarkeit angeht, sieht es anders aus: Sie machen sich immer dann nicht verfügbar, wenn Sie nach Ihrem eigenen Zeitplan leben und nicht nach dem des anderen. Wenn Sie abwägen, was Ihnen mehr bringt: Lieber allein zu Hause rumpusseln, oder sich aufbrezeln und auf die Spontaneinladung eingehen?, entscheiden Sie nicht nach taktischen Gründen, sondern nach Ihrem eigenen Willen, sonst fangen Sie an, sich und Ihr Leben nach Regeln fremder Leute zu richten, anstatt nach Ihren eigenen!

So.

Vorab: Was heute ginge, geht auch morgen noch. Das ist Ihr

neues Mantra, vor allem in den ersten Tagen und Wochen der Verliebtheit. Verliebtsein hält an, wenn Sie es mit vielen kleinen Dosen füttern, statt mit einer Einmalladung und sofort. Und: Sie brauchen sich nicht zu verbiegen. Denn wenn Sie sich vor lauter Angst, nicht interessant genug zu sein, zu willig, zu billig, zu sonst was, bereits am Anfang verhalten wie eine Gummipuppe, dann werden Sie sich auch künftig anbiedern. Und Ihr Gegenüber durchschaut es früher oder später. Machen Sie dem anderen nichts vor!

+ Verharren Sie als Frau nicht in der Schneewittchenposition, er wählt mich aus, weil ich ihn angelockt habe, also muss er auch was tun, um mich zu erobern. Sonst kann es später nämlich dazu kommen, dass der Mann als ständig aktiver Partner irgendwann die Nummer des Fordernden, Bewegenden satt hat! Geben Sie ihm die Chance, auf Sie zuzukommen, aber überraschen Sie ihn auch mit Aktivitäten. Warten Sie nicht ab, sondern bewegen Sie sich. Schlagen Sie etwas vor, anstatt nur zwischen »zustimmen« oder »abblocken« zu entscheiden.
+ Machen Sie sich Komplimente – Menschen, die einen mögen, mag man automatisch auch.
+ Planen Sie regelmäßig 48 Stunden Abstinenz voneinander ein.
+ Seien Sie so, wie Sie sind, nicht mehr, aber auch nicht weniger.
+ Hören Sie auf, nur deshalb nichts Nettes zu sagen, weil Sie befürchten, es ihm/ihr sonst zu einfach zu machen.
+ Hören Sie auf, einerseits 20 SMS am Tag zu schreiben, aber andererseits so zu tun, als hätten Sie am Wochenende keine Zeit, weil Sie »reparieren« wollen, was Sie angeblich durch Überkommunikation »kaputt« gemacht haben. Schreiben Sie von vornherein nur eine SMS pro Tag, aber die ganz besonders zauberhaft.

- Seien Sie diplomatisch. Sie müssen nicht bei den ersten fünf Dates sagen, was Sie alles nicht wollen im Leben. Sie brauchen sich weder auszuschütten noch zu produzieren oder zu beweisen, dass Sie mehr sind als ein Macho, ein Manager, eine Zicke, eine Femme fatale. Geben Sie sich, wie Sie sind, am besten in homöopathischen Dosen.
- Schreiben Sie auf, was Sie wollen und was nicht. Merken Sie sich Ihre persönlichen Grenzen und handeln Sie danach. Haben Sie keine Furcht, deswegen weniger geliebt zu werden. Erhalten Sie sich Ihre Chance, für das geliebt zu werden, was Sie sind. Aber lassen Sie dem anderen, genauso wie sich selbst, die freie Entscheidung, Sie zu mögen, wie Sie sind – oder eben nicht! So bleiben Sie beide authentisch und können sich Ihrer eigenen Würde immer sicher sein, auch wenn es mit der Liebe nicht klappen sollte.
- Geben Sie weder Ihre Freundschaften zugunsten seiner auf und genauso wenig Hobbys oder Religion. Benutzen Sie Sexualität nicht, um den anderen gefügig zu machen. Machen Sie sich nicht gefällig, aber auch nicht mühsam zickig. Gehen Sie von sich aus und nicht von dem, was Sie glauben, dass der andere will.
- Seien Sie kein Ausbund an Anpassung und färben sich die Haare oder wechseln Ihr Outfit, nur weil Sie meinen, das könnte ihm gefallen.
- Wenn Sie stark lieben, sollten Sie sich selbst genauso intensiv lieben. Raum für Liebesbereitschaft darf nicht nur in die Richtung des anderen bestehen, sondern auch auf sich selbst zu. Das heißt, wenn Sie eines Tages mehr leiden als lieben, die Liebe Sie nicht über Ihre Schmerzen der enttäuschten Hoffnung trägt, dann stellen Sie alles »Geben« ein, um sich erst mal wieder selbst zu finden!
- Lesen Sie im 5. Kapitel nach, welche »Regeln« Sie sich außerdem sparen können.

Weitere Hormonwellen schlägt das Serotonin. Es ist chemisch eng mit dem Melatonin verwandt (das Zeug, das uns im Frühling und Sommer so aufgeregt, lebendig und energiegeladen macht). Serotonin wirkt wie ein Rauschmittel, vor allem, wenn der Gehalt im Blut schwankt. Das bedeutet aber auch, dass bei mehrmaligem Partnerwechsel eine Gewöhnung an den erhöhten Serotoninspiegel eintritt, so dass stärkere Dosen und Reize nötig werden, um die Erregung unbedingten Verliebtseins zu erreichen! Oder praktisch gesehen: Wer einen One-Night-Stand nach dem anderen durchzieht, kickt sich zwar enorm an, kann aber das Gefühl, verliebt zu sein, schwieriger erreichen oder jagt ihm ständig hinterher – es wird zur Lieblingsbeschäftigung. Vor allem im Teenageralter ein bevorzugtes Hobby; ich kenne es aus meinen Jahren Anfang zwanzig, als an jeder Ecke einer lauerte, in den ich mich für ein paar Nächte verliebte. Und dann, auf zum Nächsten. Mit der Suche wuchs die Sehnsucht nach dem einen, dem Richtigen, der all diese Gefühle noch mal potenzieren sollte. Je öfter ich mich verliebte, desto schwieriger wurde das letztlich. Verrückt, oder? Dabei nicht schlecht und unmoralisch, nur ein Trick der Evolution, die Liebe und das Drumherum ein bisschen schwieriger zu machen.

Erklärbar ist es dadurch, dass das Gehirn sich nicht ständig dem Fieber der Verliebtheit aussetzen kann und sich regeneriert. Im Übrigen meint, wer ständig in jemand anderen verliebt ist, ohnehin eher nicht die wirkliche Person, sondern schwelgt immer noch im Körperdrogenrausch, der nicht abflaut. Wird eine Liebe enttäuscht und schwindet dahin, dann braucht das Hirn Zeit, um sich zu erholen und auf eine neue Liebe vorzubereiten. Mal sind es vier Monate, mal drei Jahre – bis wir vom Entzug geheilt sind. Dem Entzug des Glücks, der bei nicht erwiderter Verliebtheit eintritt – als ob wir von der Nadel loskommen müssten.

Schuld daran sind auch die Endorphine. Sie sorgen für das Glücksgefühl, eine Hochstimmung, ein Runner's High. Endorphine rufen eine Art Entspannung, Zuneigung und Glück hervor – die morphiumähnlichen Substanzen machen allerdings abhängig. Kein Wunder, dass wir wie verrückt hinter der einen Person her sind. Verliebtsein kann echt süchtig machen, gleichzeitig wird die Rationalität beeinträchtigt. Das Denken dreht sich um Gefühle, aber ans Nachdenken ist kaum zu denken.

Goethes Werther war in seinem Liebeskummer schlichtweg auf Entzug; nicht erwiderte Liebe schlägt dem Hirn aufs Gemüt.

+ Erste Hilfe, wenn Sie 24 Stunden über ihn/sie nachdenken

+ Lernen Sie Entspannungstechniken, die auch beim Grübeln über Probleme eingesetzt werden: Legen Sie sich hin, eine Hand auf dem Nabel, die andere auf der Stirn. Konzentrieren Sie sich auf die Berührung Ihres Atems unter der Nase. Und nur darauf. Wenn Sie dabei einschlafen, umso besser.
+ Lesen Sie fesselnde Bücher – keine Liebesromane, dafür aber Krimis, historische Romane, Biographien.
+ Meiden Sie Serien über Liebesglück und -leid. Dabei werden nur Wünsche und Zweifel geweckt, die sehr viel mit den Figuren der Serie, aber nichts mit Ihnen zu tun haben.
+ Gehen Sie spazieren. Machen Sie alles, was möglich ist, zu Fuß. Bewegung klärt genauso effektiv oder besser als therapeutische Dauersitzungen (erwiesen!).
+ Schreiben Sie auf, was Sie vom anderen möchten – wünschen Sie sich aufregende Picknicke am See, lange Autofahrten mit Händchenhalten, Sex im Flur, Gedichte mit Ihnen als Hauptperson, dass er/sie für Sie kocht ...? Stellen Sie sich vor, wie es wäre, ihm/ihr all das in einem Jahr zu geben! Werden Sie dabei müde oder sehnsüchtig?
+ Sehen Sie sich Kindertrickfilme an.

- Ordnen Sie T-Shirts nach Muster, reinigen Sie den Abfluss, dübeln Sie etwas in die Wand – Hauptsache, Sie tun etwas, was Ihre Konzentration fordert, aber nicht zu schwierig ist.
- Stellen Sie sich vor, dass die andere Person im Moment nicht entfernt daran denkt, was Sie jetzt gerade durchmachen. Wie also können Sie überhaupt wissen, was der andere denkt? Hören Sie auf, das Beste oder Schlimmste anzunehmen. Sonst übersehen Sie noch die Fakten, die sich aus Handlungen, Gesten und klaren Worten zusammensetzen.
- Sprechen Sie nicht andauernd mit Ihren Freunden über die begehrte Person, sonst kommen Sie aus dem Teufelskreis nicht heraus. Sich aussprechen heißt nämlich nicht, sich der Gedanken zu entledigen, sondern ihnen ständig neues Futter zu geben.
- Beobachten Sie Ihre Gedanken wie Fische, die an Ihnen vorbeiziehen. Oder betrachten Sie sich selbst von »oben«: Sie schweben über sich und gucken sich imaginär in den eigenen Kopf – und sehen sich beim Grübeln zu. Lachen Sie über sich, verzeihen Sie sich, und denken Sie dann lieber darüber nach, was Sie an Ihren Freunden sehr mögen.
- Heiratsanträge sind nichts fürs zweite Date, lernen Sie einander bitte erst mal kennen.
- Für Frauen: Werfen Sie ihm nicht vor, dass er zu viel Zeit bis zum Anruf nach der ersten Verabredung verstreichen lässt. Auch er muss erst seine Gefühle ordnen. Alles innerhalb 48 Stunden ist legitim.
- Für Männer: Rufen Sie innerhalb 48 Stunden an und denken Sie daran, was Sie mit jeder Stunde mehr auslösen. Sie machen es sich selbst schwer, wenn Sie die Kommunikation verweigern. Etwas, was Frauen brauchen. Sie wollen es doch nicht gleich versauen, oder?
- Verzeihen Sie sich diese Schwäche des Dauerdenkens – denn es ist keine. Deswegen brauchen Sie es dem anderen auch

nicht zu verübeln, dass Sie offenbar dauernd an ihn denken, er aber offenbar nicht an Sie. Niemand weiß, was in Ihnen vorgeht. Es gehört zum Deal des Lebens, dass Verliebte verrückt sind.

Nach dieser ganzen Verliebtheitskiste hat die Natur auf ein anderes Hormon gesetzt, das Kuschelhormon oder auch »Sozialkleber« genannte Oxytocin. Es wirkt beruhigend und reduziert Angstgefühle, erzeugt das Gefühl der Nähe, Intimität und den Wunsch, ein Team zu sein. Außerdem macht es gegen Schmerz unempfindlicher und steigert die Aktivität und Effizienz des Immunsystems: ein Grund, warum frisch Verliebte fast nie krank werden. Selbst Stress-Situationen können wir dank des hohen Oxytocin-Gehaltes mühelos bewältigen – der Stresskiller hilft schon Regenwürmern, es zu ertragen, wenn sie halbiert werden.

Oxytocin soll dafür verantwortlich sein, dass die Partnerschaft auch nach der ersten Euphorie noch bestehen bleibt. Zuerst verzehren wir uns also nacheinander vor lauter Aufregung und Sehnsucht, danach nähren wir uns gegenseitig mit Liebe, Geborgenheit, dem warmen Wasser des Glücks zu zweit. Dass spätestens da die Probleme anfangen, wir inzwischen die Macken des anderen wahrnehmen, anstatt gnädig darüber hinwegzusehen, steht auf einem anderen Blatt, das ich gerade nicht finde.

+ Erste Hilfe bei der Feststellung: O je, ich denke nicht mehr 24 Stunden an sie/ihn

Hurra, Sie werden gesund. Nein, ernsthaft: Ihr Körper würde sie nicht aushalten, diese Masse an Euphorie. Es ist völlig normal, dass Sie trotz hoher gegenseitiger Anziehung das Bedürfnis nach

Alleinsein haben. Leben Sie es aus, anstatt krampfhaft beieinander zu hocken und zu hoffen, dass alles so bleibt, wie es begann. Aber verfallen Sie nicht dem Drang, sich zu fragen, was denn jetzt schon wieder schief geht!

+ Vermeiden Sie Diskussionen, wie es denn nun weitergeht.
+ Vermeiden Sie, mehr für sie/ihn zu tun, damit Sie wieder geliebt werden. Diener sein macht müde, Diener sind unattraktiv.
+ Vermeiden Sie Überspielungsmaßnahmen à la »Jetzt erst recht«: nicht zusammenziehen, kein gemeinsames Geschäft aufbauen, kein Kind zeugen. Lassen Sie sich und einander Raum zum Ausatmen, Aufatmen.
+ Sie sind beide ein »Ich«. Die Grenzen des Ichs verschwimmen, wenn Sie dem Wir hinterherjagen wie ein Hund einem Spielball. Lassen Sie sich Zeit und Raum, Sehnsucht zu entwickeln.
+ Anstatt jetzt beim anderen nach Fehlern und Macken zu suchen und sie zu durchleuchten (»Es muss ja einen Grund geben, warum ich nicht mehr so verrückt nach ihr/ihm bin«), bleiben Sie rosasichtig: Sehen Sie die guten Seiten, schätzen Sie, loben Sie. Fehler machen Ihre Beziehung einzigartig.
+ Verfallen Sie nicht in das Muster: »Jetzt muss er/sie aber etwas tun!«
+ Verlangen Sie nicht vom anderen, dass er Ihre Ängste ausräumt, soll heißen, erkunden Sie Ihre Ängste erst mal, versuchen Sie sie mit Ihrem gesunden Menschenverstand zu klären, aber schütten Sie sie Ihrem Partner nicht vor die Füße, frei nach dem Motto: »Ich fürchte mich davor, dass jetzt alles langweilig wird und du fremdgehst, los, tu was!« Suchen Sie den Auslöser der Angst, betrachten Sie ihn, folgen Sie den Spuren, um so auf einen konkreten Punkt zu kommen, der Sie verunsichert. Zum Beispiel: Kann es sein, dass du dich zu-

rückziehst, weil du mehr Zeit für dich brauchst, aber nicht, weil du mich weniger liebst? Oder: Kann es sein, dass du immer noch ein blödes Gefühl hast, weil ich dich vor einer Woche XY nicht vorgestellt habe? Aber traktieren Sie den anderen nicht ständig, der kann Ihre Traumata auch nicht auf Kommando lösen. Dauernd winselnd befürchten, dass der andere womöglich bald wegläuft, ist übrigens unsexy (gilt besonders für Herren, meine Herren).

+ Betreiben Sie keine gegenseitige Tiefseelenforschung, bei der Sie Ihre ganzen Geheimnisse voreinander ausbreiten. Geheimnisse für sich zu behalten ist eine der Triebfedern für die Erotik der nächsten Jahre. Sich gegenseitig den Eintritt in das verborgenste Seelenzimmer zu verschaffen, erfordert Jahre. Gewähren Sie sich die Zeit, sonst haben Sie später nix mehr zu reden.

Zurück zu Ihnen, Sie verliebtes Ding: Auch bei engem Körperkontakt steigt der Oxytocinspiegel im Blut an. Das Hormon ruft Glücksgefühle und das Gefühl einer starken Verbundenheit hervor. Fassen Sie einander an! Je öfter Sie einander berühren, desto verbundener fühlen Sie sich. Händchenhalten beim Einschlafen, Spontanumarmungen beim Kochen, Füßeln im Restaurant: Sie basteln damit an einem Fundament, auf dem die Liebe des Alltags später besser stehen kann.

Etwa vier Jahre beeinflusst das Hormon Oxytocin unser Liebesleben. Der Vier-Jahres-Rhythmus könnte ein Vermächtnis unserer Urahnen sein. Es brachte den Frauen Vorteile, ihren männlichen Partner an sich zu binden, solange sie kleine Kinder aufzuziehen hatten. Unter anderem weil sie so lange stillten, sollen unsere weiblichen Vorfahren im Durchschnitt nur alle vier Jahre ein Kind geboren haben; die Zeit zwischen den Geburten verbrachten sie wahrscheinlich in einer festen Partnerschaft. Nach etwa vier Jahren war die Kleinkindphase vorüber, die Mutter war wieder unabhängig und konnte sich einem neuen Partner zuwenden.

Kommt das heute noch hin? Laut den Scheidungsstatistiken werden die meisten Ehen tatsächlich im dritten und vierten Ehejahr geschieden. Die meisten Paare waren allerdings schon vor der Heirat eine Weile zusammen; erklärbar ist das nur durch die Tatsache, dass wir alle versuchen, das Ruder vor der Trennung noch mal herumzureißen, und zwei bis vier Jahre testen, ob die Liebe – flüchtig wie ein Schatten und heimlich verschwunden – nicht doch wiederkehrt.

Das ist sogar möglich: Liebe kann, einmal gesät, wachsen. Sie bleibt nie gleich.

+

Zurück zur Vier-Jahres-These: Nach Meinung von Wissenschaftlern soll das Kommen und Gehen der Liebe in unserem Gehirn durch Evolution und uralte Muster menschlicher Bindungen verankert sein – aber bis dahin ist eins zumindest auch wirksam: Die Treue bleibt durch den Hormoncocktail leichter erhalten; am Anfang einer Beziehung verliebt zu sein steigert die Wahrscheinlichkeit, später nicht fremdzugehen, ungemein. Oxytocin, das Treue- und Glückshormon? Auf jeden Fall – die Kuscheldroge wird in der Hirnanhangdrüse (für Leute, die es genau wissen wollen: Hypophyse, kirschkerngroßes Organ an der Schädelbasis) produziert, macht zufrieden, ruhig und lässt uns andere Verlockungen getrost ignorieren. In diesem Zusammenhang interessant: Leiden wir unter Schmusemangel, gucken wir vermehrt nach anderen Reizen! Ergo, mehr kuscheln, dann klappt es auch länger. Ein Hoch auf zärtliche Blümchen- und Plüschgesichter!

Bei Männern kommt übrigens noch das Hormon Vasopressin dazu. Das macht es ihnen am Anfang einer Partnerschaft und vor allem, wenn ein Kind auf die Welt kommt, leicht, nicht nach anderen Damen zu schielen. Es macht sie blind, taub und immun gegen sexy Augenfutter und vor allem etwas furchtsam, das, was sie haben, zu verlieren. Allerdings entsteht es auch bei anderen Angstzuständen. Wie? Sich verlieben macht Männern Angst wie eine gefährliche Situation? Ja, in Krisen entstehen dadurch oft neue Bindungen. Hm. Wann gibt's das Treumachzeug als Pillen?

+ Erste Hilfe bei Eifersucht

Gerade frisch Verliebte sind wahnsinnig leicht zu verunsichern. Da kommt wer Attraktives oder die Expartnerin des Herzprinzen herein, vielleicht versteht sich der Augenstern mit ihrem Ex noch (zu) gut oder hat mehr männliche als weibliche enge Freunde … und schon geht sie los, die fix hoch lodernde Eifersucht der Neuverliebten.

+ Sie wollen beide ein rechtes Maß an Freiheit haben und dazu gehört, das bisherige Umfeld nicht zu vernachlässigen. Seien Sie dabei aber nicht übereifrig. Priorität sollte eindeutig der neue Partner haben, nicht der alte. Wenigstens in den ersten drei Monaten.
+ Sie müssen nicht gleich die gusseiserne Pfanne durchs geschlossene Fenster werfen, aber Sie dürfen Eifersucht zeigen. Allerdings weniger mit Unterstellungen als mit Erklärungen, wie Sie sich fühlen. Sparen Sie sich Vorwürfe (»du machst …«, »du bist …«), sondern stellen Sie anhand von Situationen dar, wie Ihnen zumute ist: Wenn deine männlichen Bekannten dich mit Bussi und Drücken begrüßen, fühle ich mich komisch. Wie kann ich das einordnen? Geht es dir auch so?
+ Sie brauchen sich Ihrer Eifersucht nicht zu schämen. Sie gehört zur Liebe, sie ist ein Kind der Liebe, wenn auch ein heiß-

blütiges, was unser Denken, Handeln, Sein kurzfristig vernebeln kann.

+ Wenn Sie Ihre Eifersucht zeigen, zeigen Sie damit, dass Sie keine Angst haben, den anderen mit Ihren Gefühlen zu überfordern. Verbergen Sie sie jedoch, aus Furcht, deswegen nicht geliebt zu werden oder sie/ihn zu vertreiben, stellen Sie sich eine Falle. Sie werden trübsinnig und rächen sich am anderen, ohne dass er/sie weiß, wieso.
+ Stehen Sie zu Ihrer Empfindlichkeit – nach einer Nacht darüber schlafen –, damit Sie beide voneinander wissen, wie der andere tickt.
+ Vermeiden Sie bei Eifersucht aber unbedingt Gewalt, Terror, Pöbeleien, Betrinken, Kontrolle, Eifersüchtigmachen aus Rache und Rumheulen, dass der andere Sie gefälligst aufrichten soll.
+ Vergessen Sie nicht: In den ersten drei Monaten sind Sie eh verrückt aufeinander; der andere flirtet vielleicht gern, weil er/sie sich so gut fühlt, wird aber in den seltensten Fällen fremdgehen.
+ Bei Eifersucht auf Vergangenes hilft vorbeugen: Schweigen Sie über Ihre Verflossenen, die Anzahl, die Leidenschaft. Sonst leben Sie künftig öfter in der Vergangenheit, als dass Sie sich eine gemeinsame Gegenwart aufbauen. Jeder hat ein Vorleben, sicher, aber das ist vorbei. Jetzt ist heute. Und auf heute kommt es an.
+ Lernen Sie eine neue Art Humor – und über sich selbst zu lachen. Sie können die Schärfe der Eifersucht – in der ja auch stets mitschwingt: »Ich glaube nicht an deine Liebe, ich traue deiner Liebe nicht«, was den anderen verletzt – abmildern, wenn Sie von sich sagen: »Ach, ich bin mal wieder eifersüchtig. Gute Güte, er/sie hatte ein Leben vor mir, das ist ja geradezu entsetzlich.« Lachen Sie miteinander über ein ernstes Thema. Es hilft.

Zum Glück werden Oxytocin und Vasopressin auch beim Orgasmus ausgeschüttet, ein Grund mehr, warum Verliebte dauernd das Wochenende im Bett verbringen. Oder verbringen sollten, denn die beiden Stoffe sorgen auch für Zuneigung und nicht allein für Triebbefriedigung! Sex löst mehr Lust auf Sex aus, erhöht das Gefühl der Nähe und romantischer Liebe sowie die gegenseitige Anziehung. Männer definieren Nähe mehr als Frauen über Sex. Bei den Frauen zählen eher die Gespräche vor dem Akt. Der potentielle Freifahrtschein für Männer Richtung Ewigkeit lässt sich evolutionstheoretisch erklären: Wird sie schwanger, haben seine Gene eine Zukunft. Kaum ein Mann ist sich dieser Tendenz bewusst, doch seine Psyche sieht den Koitus als wesentlichen Bestandteil von Intimität, Beziehung und Mögen. Trifft es Männer deswegen umso tiefer, wenn sie um Sex betteln müssen oder er ihnen als Erziehungsmaßnahme verweigert wird – weil ihnen damit auch Nähe und Zuneigung entzogen werden? Sehr wahrscheinlich.

Umgekehrt fühlt sie sich weniger geliebt, wenn er nicht mit ihr redet. Das Gefühle reflektierende Gespräch ist für Frauen die Essenz der Liebe. Weswegen sie mit Gedichten, langen Telefonaten oder werbenden Briefen auch eher zu erweichen sind als ohne.

Ganz ohne Sex wollen wir Ladys aber auch nicht. Unser Orgasmus regt nicht nur den bindungssteigernden Oxyitocinhaushalt an, sondern macht auch schön und sexy. Werte Herren, je mehr Orgasmen Ihre Herzdame hat, desto besser. Auch wenn das Ejakulat eine prima Ersatzdroge wäre: Die Brühe, die die Samenfädchen umgibt, enthält großzügige Portionen an Dopamin, Noradrenalin und sogar Östrogene! All die kleinen Mittelchen, die im Gehirn für den Verliebtheitsbonus sorgen! Nebeneffekt: Die Samenflüssigkeit kann sogar depressive Symptome lindern. Das ist jetzt allerdings kein Freifahrtschein für die Herren, nach mehr Blow-Jobs inklusive Schlucken zu verlangen – es geht um Sperma im Scheidenkanal, nicht im Rachen!

Sex kann also ein verdammt guter Motor der Verliebtheit und Nähe sein, und natürlich auch alles, was mit ihm zusammenhängt: Streicheln, Massieren, Kuscheln, Wiegen, Liebesworte flüstern … Sex als Nebensache abtun ist wie die Macht der italienischen Küche unterschätzen: Leben kann man auch ohne Pasta durchaus, aber mit Pasta um einiges genussvoller und befriedigter. Also, gehen Sie ins Bett und seien Sie gut zueinander.

+ Erste Hilfe bei Sexpannen

Der Sex der ersten Nacht war Mist? Sie fragen sich, warum er oder sie nach lächerlichen sechs Wochen nicht mehr täglich mit Ihnen schlafen will? Dazu sei mal eins gesagt:

+ Sex funktioniert nie einfach so, beide Beteiligten haben zu viele Erwartungen und Ängste, vor allem beim ersten Mal.
+ Sie brauchen sich nicht gegenseitig zu beweisen, wie gut Sie es draufhaben.
+ Fahren Sie nicht das ganze Vollprogramm ab: Sextoys, wilde Stellungen, S/M-Light, Rollenspiele, Augen verbinden, es im Hotel tun, im Aufzug, sonst wo. Leistungsdruck fördert Furcht vor sexuellen Begegnungen. Gerade Männer, denen nachgesagt wird, dass sie immer können oder zumindest wollen, sind sensibler, als Frauen ahnen. Zu viel Druck schreckt sie ab, zu viel Initiative auch. Fahren Sie sich runter. Und reden Sie miteinander.
+ Setzen Sie Sex nie als Lob oder Strafe ein.
+ Sie dürfen auch miteinander kuscheln, ohne miteinander zu schlafen.
+ Behelfen Sie sich mit einem »Sexverbot« – damit entheben Sie

sich der Annahme, es tun zu *müssen* ... und werden wie von selbst wieder Lust bekommen.

+ Fragen Sie sich ehrlich, ob Ihnen die Impotenz oder Unlust nicht eigentlich gelegen kommt; vielleicht um zu wissen, dass er nicht nur Sex will?
+ Wenden Sie bei frühzeitiger Ejakulation bitte künftig nicht mehr den Trick an, an etwas Unangenehmes zu denken. Das Gehirn kann nicht gleichzeitig genießen und an den Anpfiff des Chefs denken. Versuchen Sie lieber, sich auf die Gefühle zu konzentrieren, die Sie während des Akts haben. Es bedarf einiger Übung, aber Sie werden sehen: Je mehr Sie genießen und wahrnehmen von dem, was Sie da tun, desto länger und lustvoller wird es sein.
+ Wahr ist auch: Wäre es nicht ernst mit Ihnen beiden, hätten Sie auch keine ernsthaften Probleme. Ergo: Würden Sie nicht beide mehr als nur Sex voneinander wollen, hätten Sie auch keine Probleme beim Sex.

Verliebte sind zwangsneurotische Verhaltensgestörte

Doch vor der Bettgeschichte steht immer noch das Herzflattern, die Ungewissheit, das panikgleiche Entzücken der Verliebten, für die schon ein Flattern der Finger an der Wange orgiastische Freuden bedeuten könnten.

»Mikroparanoia« nennen Therapeuten den Zustand frisch Verliebter gern. In den leicht wahnhaften Zustand wird das Gehirn von einem unscheinbaren Molekül mit dem unromantischen Namen Phenylethylamin (PEA) versetzt; dieser Stoff wirkt im Zusammenhang mit den anderen Neurotransmittern halluzinogen! Das Zeug entsteht in der Großhirnrinde, eben dort, wo etwa auch Kokain oder Stimmungsaufheller wirken.

Dann bilden wir uns gern mehr ein, als da ist – aber nicht nur Schönes, sondern auch Beängstigendes. Warum sonst erscheint das Telefon plötzlich als Feind, warum sonst denken wir bereits an gemeinsame Urlaube, obwohl wir nicht mal den Nachnamen des Fremden kennen, der uns da gegenübersteht?

+ Erste Hilfe bei der ewigen Telefonfrage

Es reicht! Rufen Sie ihn an! Wie, *er* soll anrufen? Warum eigentlich? Ach so, Sie wollen sich nicht als die »Schwache« sehen, die es nicht länger aushält, die vor Sehnsucht vergeht, die also »verloren« hat. Sie wollen sich nicht verletzbar zeigen und dazu auch noch andeuten, Sie wollten was von ihm. Weil er dann ja wissen würde, dass er mit Ihnen spielen und Sie verletzen kann, ganz klar. Also bloß nie sich von selbst melden, weil er dann denkt: Die läuft mir ja nach!

Die logische Konsequenz davon ist, dass Sie erwarten, dass er anruft. Halten Sie *ihn* dann für den Verlierer? Den, der sich schwach zeigt? Wollen Sie also mit ihm machen, was Sie von ihm befürchten? Meine liebe Lady, wir leben im 3. Jahrtausend, Frauen *dürfen* Männer anrufen. Wenn Sie befürchten, von ihm verachtet zu werden, ist es dann nicht so, dass Sie auch ihn verachten würden, wenn er anriefe? Und warum eigentlich? Ist er deshalb schwach? Hat es nicht eher mit Ihren Minderwertigkeitskomplexen zu tun, dass Sie fürchten, schon ein Anruf könnte Ihren Wert heruntersetzen, so dass er sich nicht für Sie interessiert? Und falls es so sein sollte? Wäre es dann nicht so, dass also ohnehin nur ein Depp, ein Blödmann, ein Schwächling bei Ihnen anruft? Könnte es sein, dass Sie sich vielmehr selbst verachten und darauf warten, dass er Sie davon erlöst? Oder würde Sie nur ein Schwächling, ein Versager lieben, weil Sie ja doof sind? Und finden Sie ihn dann nicht auch irgendwann doof, wenn er Ihnen »hinterherläuft«?

Und wenn er dann schließlich anruft und Sie erleichtert sind – haben Sie sich dann nicht viel stärker vom vermeintlichen Wohlgefallen abhängig gemacht, als wenn *Sie* anrufen würden? Jedes Mal, wenn er anruft, sind Sie ihm dankbar. Schöner Mist, denn was ist, wenn er es mal vergisst, verschlampt? Wollen Sie Ihr Leben lang neben dem verfickten Scheißtelefon warten? Das kann nicht Ihr Ernst sein!

Bei jedem Anruf, den Sie sich verkneifen, erhöhen Sie nur die Komplexe und setzen Ihren Selbstwert herab. Sonst würden Sie doch wohl nicht auf diesen idiotischen Gunstbeweis pochen wie blöde. Hingabe und Abgrenzung, begehren und rar machen, Liebe und Sehnsucht schaffen, all das findet woanders statt als beim Starren aufs Telefon!

Machen Sie es doch künftig so: Wenn Ihr Bauch sagt, ich will ihn anrufen, sprechen, hören, mich verabreden, ihn was fragen – dann nehmen Sie den Hörer in die Hand und tun es. Verlieren Sie bitte nicht Ihre Würde und rufen Sie nur deshalb nicht an, weil Sie es in irgendeinem Ratgeber gelesen haben oder weil Sie glauben, mit weiblicher Hinhaltetaktik mache frau sich rar und interessant. Er kennt Sie eh nicht, was ist da an einem ausbleibenden Anruf interessant? Wenn Sie ihn meinetwegen nach dem dritten Date nicht gleich anrufen, haben Sie bereits Sehnsucht wachgerufen, da können Sie sich den Anruf ruhig mal verkneifen. Aber Himmelherrgott, alles andere ist Humbug!

Dieses Kleinmädchengetue von wegen »*Er* soll aber anrufen!«. Da hab ich was für Sie: Wenn Sie sich nicht bewegen, bewegt sich auch kein anderer. Stehen Sie für sich ein! Und vergessen Sie endlich »The Rules«, sie sind sogar für Leute überholt, die nichts anderes im Kopf haben, als sich heiraten zu lassen, und dabei vergessen, dass Männer auch nicht blöde oder ständig drauf aus sind, Frauen zu verletzen, und dass sie keine Lust haben, sich von Ihnen als unnatürliches, lebendes Regelwerk an der Nase herumführen zu lassen. Bleiben Sie auf dem Teppich! Ich kenne keine

Frau, die auf dem Sterbebett gemurmelt hätte: Ach, hätte ich *ihn* doch anrufen lassen. Nein, häufiger ist wohl die Variante: Hätte ich mein Leben doch mehr in meine Hand genommen, anstatt es von anderen lenken zu lassen …

Thema Telefon erledigt, ja? Andere Frage: Wie kommen eigentlich die Sehnsüchte aus dem limbischen System – auch Schmetterlinge genannt – in den Bauch?

Wenn sich erwachsene Frauen wie meine Freundin Larissa plötzlich in ein Schulmädchen verwandeln? Sie, 36, ein Kind, geschieden, seit vier Jahren solo, trifft ihn, Tom, 32, Schauspieler, zwei Kinder, frisch getrennt. Und dreht ab. Ist ständig im selben Café wie er. Simst zwischendurch panisch, ob sie sich nun zu ihm setzen soll oder nicht; wer zuerst nach der Nummer fragt, hat verloren! Bloß cool bleiben, so cool, dass sie ihre Sonnenbrille beim Gespräch besser nicht absetzt und beim Hallobussi den Kopf dreht, damit er nicht auf ihrem Mund landet; aus Angst, dass sie gleich über ihn herfallen würde. Sie versucht, minutiös zu planen, wann sie ihn wo wiedersieht, aber dabei möglichst nicht durchblicken zu lassen, dass sie interessiert ist. Vorschläge für ein Rendezvous außerhalb des Cafés lehnt sie erschrocken ab, aus Furcht, sie könne ihm nicht so gut gefallen wie er ihr. Taucht er unvermittelt auf, ist ihre Aufmerksamkeit wie in einem Bannstrahl auf ihn gerichtet, sämtliche Gespräche mit Freundinnen wirken auf einmal gestelzt und bemüht. Nach den Treffen mit ihm wird der Talk detailgetreu auseinander genommen und jedes Wort so lange hin- und hergedreht, bis es mehr an Bedeutung erhält, als es je haben könnte. Sie versucht, Regeln zu folgen, von denen sie nicht weiß, ob sie funktionieren. Nicht zu jeder Bitte um eine Verabredung Ja sagen! Nicht zu interessiert sein! Nicht zu distanziert! Nicht zu laut, nicht zu leise, nicht zu sexy, ihn aber trotzdem eifersüchtig machen! Ihn zappeln lassen, aber dabei nicht wissen, ob er das überhaupt merkt. Ständig an ihn denken, aber bei seinem Anruf so tun, als ob sie seinen Namen vergessen hätte. Über jede SMS eine Stunde brüten und sie dann trotzdem mit dem Gefühl abschicken, irgendwie zu pushy, zu aufdringlich zu sein. Schwanken zwischen »Wer nicht wagt, der nicht gewinnt« und dem Gefühl »Wenn er was will, soll er kommen, ich will erobert werden, um mir sicher zu sein, dass er wirklich mich meint«. Des Wartens müde sein, ihn anrufen oder besuchen und sich hinterher vorwerfen, nicht geduldig gewesen zu sein, es ihm zu einfach gemacht zu haben und immer noch nicht zu wissen, was er nun will oder, vor allem, nicht will. Und genau das lieber nicht wissen zu wollen und sich stattdessen lieber mehr und mehr in die Traumwelt zu beamen, in der alles möglich ist, eine Zukunft, oder vielleicht doch erst mal nur eine gemeinsame Nacht? Was will ich und was von ihm? Ihn oder nur das Gefühl, geliebt zu werden? Und: Was ziehe ich morgen an, wenn er vielleicht wieder im Café sitzt, und wie lange soll ich sitzen bleiben und auf ihn warten, ohne dass es peinlich wird? Sollte ich nicht doch gleich gehen, wenn er kommt, damit er auch mal merkt, was Sehnsucht ist, und mich vielleicht deshalb eher liebt … Wahnsinn! Alles ist richtig, alles ist falsch, kein Rezept weit und breit, verdammter Mist, göttlicher Zustand, Tränen der Freude, Tränen der Verzweiflung, das pure, pralle Leben!

Ihre Freundinnen wiederum leiden mit ihr mit, denn wissen sie nicht allzu gut, wie es ist, sich in jemanden zu verlieben, einfach so, Stück für Stück und dann noch mehr, und hineinzugeraten in den Strudel, wo das Herz zwischen Jubel und Schmerz taumelt? Wenn es kein anderes Thema mehr gibt als diesen Mann, der alles andere in den Hintergrund drängt? Wenn man sich selbst fast verachtet ob der Fixierung und sie gleichzeitig das Erstaunlichste im Leben ist, zumal man sich lebendig fühlt, wie aus einem Schlaf erwacht, wie dem Sarg entstiegen? Sollte man sich da gleich wieder in Taktik-Käfige einsperren?

+ Erste Hilfe bei der Frage: Was ist richtig, was ist falsch?

Es gibt kein Richtig oder Falsch, weil weder der eine Trick garantiert zum Erfolg führt, noch die andere nicht eingehaltene Regel zum Misserfolg. Die beste Taktik ist – keine Taktik. Vermeiden Sie jedoch Verhaltensweisen, die nicht zu Ihnen passen, von denen Sie aber mal gelesen haben, dass sie funktionieren. Dazu gehören:

+ Auf hilflos machen, weil Männer das angeblich brauchen, um ein Held zu sein. Nein, Augenhöhe ist das Schlüsselwort: Seien Sie klein, wenn Sie sich klein fühlen, aber groß, wenn Sie es sind. Dauernd hilflose Frauen gehen Männern auf Dauer auf den Zwirn.
+ Desinteresse vorheucheln – denn es ist mehr als absehbar, dass weder er noch sie das lange mit sich machen lassen.
+ Ständig abrufbereit sein – so sexy wie ein Fußabtreter.
+ Immer alles verstehen, was der andere meint, denkt und fühlt: Sind Sie denn ein rückgratloses Gummibärchen?
+ Sich von der Gunst des anderen abhängig machen: Gefällt ihm, was ich für ihn tue, und wenn ja, sollte ich nicht besser damit aufhören, damit er sich nicht daran gewöhnt …? Stellen Sie sich immer erst die Frage: Gefällt *mir*, was ich da tue?

Was aber führt denn nun dazu, dass wir durchknallen und uns plötzlich über jede Kleinigkeiten Gedanken machen, schlaflos in Dinslaken liegen, das Telefon hypnotisieren und unsere Mitmenschen mit Fragen terrorisieren wie: »Wie meint er das?«, »Soll ich einen kurzen Rock zum ersten Date tragen oder lieber nicht?«, »Meinst du, sie hat was gegen meinen Beruf?«

Grund für den rauschähnlichen Zustand und den zeitweiligen Verlust des gesunden Menschenverstandes ist das Serotonin und der veränderte Serotoninspiegel im Blut. Ähnlich wie bei zwanghaft verhaltensgestörten Personen sinkt bei Verliebten der Wert dieses körpereigenen Botenstoffes stark ab – zum Teil bis zu 40 Prozent unter den Normalwert. Serotonin gilt in der Wissenschaft als Schlüsselsubstanz für menschliche Gefühle. Ist zu wenig davon vorhanden, werden Hemmschwellen abgebaut und der Mensch neigt zu irrationalen Handlungen, bis das Serotonin wieder zupackt und im Gehirn auch wieder im erhöhten Maße vorkommt. Mangel an Serotonin wird unter anderem durch Frustessen kompensiert. Es ist zum Beispiel in Schokolade, Milchreis, Sesam oder Bananen enthalten. Sinkt der Serotoninspiegel ab, wird die Psyche krank – Zwangsneurotiker beschäftigen sich mit ritualisierten Handlungen, zum Beispiel andauerndem Händewaschen, und Verliebte denken ständig über *die* Person nach. Herzwaschung?

Ein bis eineinhalb Jahre wuseln die Dinger durch unseren Körper. In der Zeit sind wir nicht ganz wir selbst, aber gleichzeitig lebendiger, wahrhaftiger, romantischer, sinnlicher und authentischer in all unserem Sehnen als je zuvor. Einige bedauern den Verlust des Verliebtseins – aber genauso, wie wir nicht ständig betrunken sein können, weil es der Gesundheit schadet, würde uns auch Dauerverliebtsein gehörig an die Substanz gehen. Intensive Leidenschaft verbraucht viel Energie und Zeit, Besessenheit würde unseren Seelenfrieden beeinträchtigen und den Alltag unlebbar machen. Es hat seinen Sinn, dass wir irgendwann langsam aufhören, uns ausschließlich auf den anderen zu konzentrieren. Nach der Lust kommt der Frieden.

Erst dann setzt die Phase ein, in der wir den anderen kennen lernen, so wie er ist; und in der wir halbwegs realistisch einschätzen können, was aus uns wird.

Und ab da wird es erst recht spannend: Was lässt sich von der Begeisterung mitnehmen in das, was sich Beziehung und Partnerschaft nennt? Können wir im magischen Jahr vorbauen, Sicherheitsnetze spannen, Basiszuneigung zementieren, die durch schwierige Zeiten hilft? Eins ist leider klar: Der Dopaminanteil lässt sich nie wieder in solche Höhen schrauben wie in der Zeit des zauberhaften Anfangs. Das Gehirn ist ja nicht blöde, es erkennt, wenn wir es austricksen wollen. Auch wenn Sie ein paar neue Dessous vorführen, sind Sie immer noch dieselbe Frau; auch wenn er in einem neuen Auto vorfährt, ist er immer noch derselbe Mann. Die Hirnregion, die für Freude, Genuss und Zuneigung zuständig ist, lässt sich zum Glück aber auch anders beschäftigen. Es muss nicht immer Dopamin sein …

Doch egal, wie das Biest heißt, das Verliebte schweben lässt, für Wissenschaftler sind sie definitiv eins: verhaltensgestört, neurotisch und nicht ganz sie selbst.

So haben sie das Gefühl, emotional high zu sein, untersucht und die dabei auftretenden chemischen Vorgänge im Gehirn mit denen zwangsneurotischer Patienten verglichen. Sich verlieben – eine Krankheit, eine Sucht nach eben diesen Drogen? Sind Verliebte Zwangsneurotiker?

Ein paar schweizerische Therapeuten rund um den Psychologen Hans-Peter Zimmermann tragen sich halb ernsthaft mit der Idee, Verlieben als Krankheit in den Katalog der Weltgesundheitsorganisation (WHO) aufnehmen zu lassen. »Beweise« verbreitet der »ganzheitliche Unternehmensberater« in seinem Newsletter (Zitat aus der Online-Version):

> »An unserem letzten Therapeuten-Treff entwickelte ich mit ein paar Kollegen zusammen die These, dass man eigentlich die Verliebtheit als Neurose ins ICD aufnehmen sollte. Zur Erklärung: ICD heißt »International Classification of Diseases« und stellt das Standardwerk der Weltgesundheitsorganisation dar, nach dem sich die meisten Mediziner richten.

Und hier ein paar Punkte, die diese These stützen:

- Der Verliebte liebt nicht wirklich. Er sieht das Objekt seiner Begierde nicht so, wie es wirklich ist, sondern romantisch verklärt. Oder mit anderen Worten: Er projiziert in sein Liebesobjekt all seine Träume.
- Der Verliebte liebt nicht wirklich. Das merkt man spätestens dann, wenn sein Liebesobjekt ihn zurückweist. Er reagiert beleidigt, verunsichert oder gewalttätig. Alles Verhaltensweisen, die bei wahrer Liebe nicht vorkommen.
- Der Verliebte lebt nicht in der Gegenwart, sondern permanent entweder in der Vergangenheit (»Ach, die vergangene Nacht …«) oder in der Zukunft (»Schatz, ich freue mich schon auf morgen …«).
- Der Verliebte interessiert sich nicht wirklich für sein Gegenüber, sondern lediglich für die Befriedigung der eigenen Bedürfnisse. Geschenke werden nicht gemacht, damit es dem anderen besser geht, sondern weil man sich davon eine Belohnung verspricht.
- Verliebtheit besteht, im Gegensatz zu wahrer Liebe, nicht nur aus positiven Gefühlen. Bei den meisten Verliebten mischen auch Traurigkeit und Verlustangst kräftig mit.
- Ein wirklich Verliebter ist nicht im Besitz seiner geistigen Kräfte. Er kann kaum klar denken. Außerdem befindet sich sein Körper in einem außergewöhnlichen Zustand. Höherer Puls, höherer Blutdruck, veränderter Hautwiderstand. Da deutet doch alles auf eine echte Störung hin.«

Ende des Zitats, Danke, Herr Zimmermann. Umso schlimmer – wie kann jemand, der nicht er selbst ist, sich so geben, wie er ist, um geliebt zu werden? Absoluter Ausnahmezustand! HILFE!

Verlieben sich Männer anders als Frauen?

»Angst«. Das war die Antwort auf meine Frage an Paul, als ich ihn fragte, welches Gefühl vorherrscht, wenn er sich verliebt. »Angst, ihr nicht zu genügen. Angst, dass sie mir nicht genügt, ich das aber erst zu spät merke. Angst davor, dass ich sie nie wiedersehen könnte. Angst, dass ich mich beim ersten Date schon für den Rest meines Lebens zwangsverpflichten muss. Angst, eine Entscheidung zu fällen, Angst, es nicht zu tun und dabei das Großartigste zu verpassen, was ich im Leben kriegen kann. Angst, dass wir nichts zu reden haben. Angst, dass ich zu viel rede oder sie von ihrem Exfreund anfängt. Angst, dass sie mir so gut gefallen könnte, dass ich ohne sie nicht mehr leben kann. Und Angst, dass ich im entscheidenden Moment keinen hochkriege.«

Kein Wunder: Das erste Mal – und die drei folgenden ebenfalls – sind der reinste Stress für Monsieur, handelt es sich doch dabei laut Kinsey-Report um ein »ziemlich kompliziertes ›sensorisch-motorisch-neurohormonal-vaskulär-psychosoziokulturelles interpersonales Ereignis‹«.

Ach so.

Ich erwähne bei der Gelegenheit, dass ich der Wissenschaft und vor allem jener Kinseys nur bedingt traue, seitdem ich weiß, dass man die Mitarbeiter des Instituts in frühen Forschungsjahren aufforderte, es gefälligst auch untereinander zu tun, also Kollege mit Kollegin, Ehefrauen mit Ehemännern – nicht den eigenen, versteht sich –, um die Forschung zu unterstützen und Erkenntnisse nachfühlen zu können. Unter Seelengesundheit stelle ich mir da etwas anderes vor. Falls Sie übrigens die persönlichen Hintergründe der bekanntesten Sexforscher rund um die Welt interessieren, um sich *Ihre* Meinung zu bilden – ich empfehle nur zu gern das Buch »Die neuen Sex-Fronten« von Mariam Lau

(Alexander Fest Verlag). Plötzlich sieht man einige Forschungen in einem ganz anderen Licht …

Doch in diesem Fall hatten Kinsey und Co. nicht Unrecht: Mann hat Angst. Na, prima. Da laufen Männer sich auf der Suche nach ihrer Traumfrau die Hacken ab, gehen zum Speed-Dating und zum Chorsingen, auf Demos und Kirchentage, in Tanzkurse und Waschsalons, uninteressante Vernissagen und Raucher-Entwöhnungskurse, zu Dichterlesungen und ins Museum, verkaufen Frauenklamotten auf Flohmärkten, um eine kennen zu lernen, mogeln sich im Chatroom schön oder rennen bei Wohnungsbesichtigungen in Hütten, die sie gar nicht mieten wollen – um dann, wenn sie Herzklopfen haben, Angst zu bekommen. Vor der Erfüllung ihrer Wünsche?

Gott sei's gedankt, dass auch Männer diese panikartigen Abstürze haben: Ich verdiene ihn/sie nicht, ich bin zu langweilig, zu offen, zu mutig, zu klein, zu groß, zu … ich selbst eben. Kennen sich gut, die Jungs, sie würden's nur nie so recht zugeben. Im Definieren ihrer Gefühle sind Männer sowieso nicht auf der Höhe, wenn sie reden könnten, würde sich ein wahrer Abgrund an menschlichen Zweifeln auftun.

+ Erste Hilfe für ängstlich verliebte Männer

+ Sie brauchen weder Heirat noch lebenslange Liebe zu versprechen. Sie sollen nur herzlich sein, offen, loyal, ehrlich und mutig.
+ Sie brauchen keinen Dauerständer zu haben.
+ Sie brauchen nicht mit dem zu prahlen, was Sie können oder haben. Da stehen zwar andere Männer drauf, aber Frauen nicht.
+ Sie müssen nicht jederzeit mit Ihrem blendenden Allgemein-

wissen protzen. Viel wichtiger ist, Probleme der Frau als solche anzuerkennen und nicht mit Phrasen abzutun.

+ Im Zweifel sagen Sie lieber »Ich versteh dich nicht, erklär dich mir«, als den jasagenden Heuchler zu spielen, der die Frauen eben versteht.
+ Bewahren Sie sich Ihre Männlichkeit und hören Sie auf, zu jammern, Männer würden nur als schlechte Frauenkopie gelten.
+ Sagen Sie, dass Sie sich zurückziehen, weil Sie über sich nachdenken müssen, *bevor* Sie es tun. Eine Frau, die Sie darüber im Unklaren lassen, wird Sie bei der Rückkehr auseinander nehmen.
+ Eine Frau ist eine Frau und nicht Ihr Feind. Sie ist nicht darauf aus, Ihre Schwächen aufzudecken, mit Ihnen zu konkurrieren und sich über Sie lustig zu machen. Ausnahme: Wenn Sie dauernd nur nett sind. Zeigen Sie Flagge. Bewahren Sie sich Ihre Würde!
+ Wissen Sie, was Sie wollen, und wissen Sie, was Sie nicht wollen? Wissen Sie es zum Beispiel jetzt gerade? Wenn nicht: aufschreiben. Und danach leben.
+ Lassen Sie sich nicht nur bemuttern. Bemuttern Sie zurück.
+ Geben Sie einer Frau das Gefühl, Sie hätten selten einen Menschen getroffen, der so klug, warmherzig, schön, geschweige denn so sexy ist. Es kommt weniger darauf an, dass Sie wollen, dass sie Sie toll findet – sondern darauf, sie toll zu finden. Sie wird sich in Ihrer Gegenwart zu gern aufhalten.
+ Ersetzen Sie Fürsorglichkeit nicht durch teure Geschenke.
+ Ersetzen Sie Körperlichkeit nicht durch Fürsorge.
+ Werten Sie Rückzug nach der zweiten Verabredung nicht als Desinteresse, sondern als Taktik. Desinteresse ist es erst, wenn sie Ihnen nicht mehr in die Augen sieht und abends auf Wochen keine Zeit mehr hat, vor allem, weil sie im Job so eingebunden ist.

+ Wenn Sie sich im Büro verlieben: Natürlich müssen Sie privat und geschäftlich trennen. Es aber zu übertreiben, tut der Frau Ihres Herzens weh. Bekennen Sie sich selbstbewusst zu ihr, das bedeutet nicht, dass Sie jeden Tag im Flur Rosenblätter streuen müssen!
+ Rufen Sie nach der ersten Nacht innerhalb von acht Stunden an.
+ Spielen Sie sich nicht als Oberlehrer auf.
+ Machen Sie eine Frau nicht klein, indem Sie sie »frech« nennen.
+ Sie brauchen ihr nicht alles recht zu machen, um geliebt zu werden. Überfordern Sie sich nicht.
+ Betrinken Sie sich nicht in ihrer Gegenwart aus Angst, sonst nicht witzig genug zu sein.

Männer und Frauen scheinen sich also in dem, was sie bei einer neuen Beziehung als besondere Sorge betrachten, zu unterscheiden: Frau überlegt, ob sie ihm gefallen könnte. Mann überlegt, wie sehr sie sein Leben ändern könnte – Veränderungen aber machen Männern Angst: Da kennen sie sich nicht aus. Und wie in einer fremden Stadt, in der er sich nicht auskennt und gleichwohl nicht nach dem Weg fragt, verhält er sich auch in der Liebe. Sonst würde er sich als unmännlich wahrnehmen. Ihre Verwundbarkeit einzugestehen ist für Männer so schlimm, dass sie lieber angeben oder sich beinhart zeigen, als zuzugeben, dass sie einfach Menschen mit Herz und Seele sind. Viel zu gefährlich! Und dennoch sind sie mindestens genauso liebeskrank wie Frauen, wenn nicht sogar schlimmer, wie ich insgeheim befürchte.

Behaupten Männer nicht (aus Selbstschutz?), Romantik sei Kitsch – dabei sind wir Frauen es, die ab und zu an die Liebe herangehen wie an einen Haushaltsmixer: Wie funktioniert das, wo ist die Garantie, was tu ich, wenn sie abgelaufen ist, und wo finde ich das Gerät mit dem besten Preis-Leistungs-Verhältnis? Männer dagegen lassen sich in die Liebe hineinfallen wie in einen Topf Milchreis, sind entsprechend desorientiert und hoffen, dass alles gut geht. Das ist wahre Romantik … Liebe Ladys, sehen Sie das als zynischen Beitrag, ich weiß genau, wie es sich als Frau anfühlt, ebenfalls in diesem Topf Milchreis zu versinken, und ich kenne Männer, die sich ihre Ehefrau nach Herkunft und Haarlänge aussuchen. Doch immerhin sagte Zsa Zsa Gabor mal: »Männer mit dickem Bankkonto können gar nicht hässlich sein.« Bei manchen ist die Liebe eben doch eine Art Tauschhandel: Geb ich dir Schönheit, gibst du mir Wohlstand.

Wenn Männer sich verlieben, glauben sie jedoch, mehr aufzugeben als wir Frauen: ihre Maske der selbst gewählten Einsamkeit, ihre wie ein Fähnchen vorgehaltene Selbständigkeit. Frauen sind da anders – sich als einsame Wölfin zu sehen, ist für die meisten keine Notwendigkeit, sie stehen leichter dazu, dass sie lieber zu zweit sind. Deswegen legen Frauen sich am Anfang mehr ins Zeug, und Männer flüchten sich in ihren Alltag zurück, den sie so ungern hergeben wollten.

Der Wiener Verhaltensforscher Karl Grammer bestätigt das. »Sind Frauen verliebt, tendieren sie mehr zur Offenbarung ihrer Gefühle als Männer, haben größere Konzentrationsschwierigkeiten, sind euphorischer, kurz, sie zeigen sich engagierter.«

Männer scheinen hingegen froh zu sein, die Phase des Werbens erfolgreich abgeschlossen zu haben, so nach sechs bis acht Wochen, wenn das Leben erzählt ist, der Sex eingespielt, die drei Worte angedeutet sind. Die Kuh ist vom Eis – jetzt schön Formel 1 gucken. Und sich freuen, dass Mann wieder seine Ruhe hat, zumindest was die Jagd nach der Traumfrau angeht. Indes, innere Ruhe findet er nicht.

Denn Männer haben auch Furcht vor dem Leben, das jetzt mit dem ihren vereinigt werden soll. Sie hoffen, sich selbst nicht ganz aufgeben zu müssen, und bauen darauf, dass die geliebte

Frau ihr eigenes Leben behält und sie nicht plötzlich dafür zuständig sind, Glückserfüller zu sein.

Und diese Ängste machen sie bereits vor der dritten Verabredung durch! Durch die Begegnung mit einer Frau nehmen sie sich selbst anders wahr: Wie sieht sie mich? Und was ist, wenn sie mal gehen sollte und ich ohne sie nicht mehr ich selbst bin?

Bevor das passieren kann, ziehen sich Männer lieber noch mal zurück, ans Ufer, auch wenn die Liebe sie bereits fest im Griff hat. Die Angst vor der Abhängigkeit macht sie vorsichtig und unberechenbar. Kaum eine Frau kann einem Mann in den ersten Wochen der Verliebtheit diese Furcht nehmen; er würde sie auch kaum zugeben. Die Suche nach Vokabeln, um ihren Gefühlszustand zu beschreiben, ist für Männer mühsam; manchmal, aber nur selten, bricht es aus ihm heraus. »Ich habe Angst, ohne dich nicht leben zu können, ich könnte es nicht ertragen, wenn du gehen würdest«, platzen sie heraus, nur weil man eben mal nach dem Essen fragte, was denn los sei, er gucke so komisch.

Manche Männer messen Liebe nach dem, was sie empfinden, wenn die Liebste nicht da ist. Ist sie zu nah, wird es ihm zu eng, geht sie, verliert er sich. Fast ein Trauerspiel, das Verliebtsein für Männer, aber dennoch funktioniert es irgendwie.

Denn einerseits baden Männer im Gefühl, geliebt zu werden – wenn sie dieses Gefühl denn lokalisiert haben; oft genug wissen sie nicht mal, ob sie dem Ganzen so recht trauen können. Die Liebe einer Frau erfüllt sie. Aber wehe, sie will etwas – schon fürchten sie, es nicht zu bringen. Mit jeder Forderung, ganz gleich, was es ist, deckt sie seine Mängel auf. Die Frau, die ein Mann liebt, hat Macht über ihn. Ihre Liebe belebt ihn, ihre Forderungen (die völlig normal sind, selten überzogen) enttarnen ihn. Eine Zwickmühle – ohne sie kann er nicht, mit ihr wirkt das Leben bedrohlich. Er muss sich beweisen und ist doch von ihrer Wertung abhängig. Er sieht Alleinsein als Freiheit an und sein Sehnen nach Zweisamkeit als Schwäche; er fragt sich, wie er gleichzeitig Frauen begehren kann, ohne eine Frau nur halb am Leben ist – und sich dennoch in emotionaler Unabhängigkeit sicherer fühlt. Wie kann er sie auf Distanz halten und trotzdem die Nähe genießen, die er braucht, um ganz er selbst zu sein?

Genauso schwankend verhält sich ein verliebter Mann auch konkret. Eben noch könnte er einen auffressen, und plötzlich macht er die Luken dicht. Eben noch redete man die Nächte durch, und gleich darauf behauptet er, Angst vor der weiblichen Tiefe und Emotionalität zu haben, nicht zu genügen, nicht mithalten zu können. Die geliebte Frau hält ihm Schwächen vor, die er ohne sie gar nicht sehen würde, aber ohne sie kann er bereits nicht mehr so intensiv leben. Verdammter Mist! Beim Verlieben gibt's nur das Komplettpaket: Er weiß, es wird toll und mindestens genauso grässlich. Verlustangst, noch bevor überhaupt eine Bindung zustande kommt. Wow. Oder eher: O je. Denn der Knick in seiner Begeisterung kommt genau an dem Punkt, an dem eigentlich die Pflegephase einer neuen Beziehung beginnt, nach etwa drei bis vier Monaten. Eben war man doch ganz dicke, und plötzlich will Mann nur noch weg, allein sein, zieht seine Grenzen dichter um sich herum, erhöht den Abstand.

Nein, nicht weil er weniger liebt. Sondern weil er sich so sehr eingelassen hat, dass er sich selbst nicht mehr kennt. Er braucht Zeit, um sich zu vergewissern, wer er ist.

Dumm nur: Das sagt kaum einer. Gerade dann, wenn eine Frau weit offen ist, für ihn eine Schneise zu ihrem Inneren gelegt hat, hält er nur noch einen Türspalt auf. Ausgerechnet an dem Punkt, an dem es darauf ankommt, in dem magischen Moment, da aus Verliebtheit Liebe wird, gar eine Beziehung, eine Partnerschaft. Die Drei-Monats-Tücke ist da.

Machen das Männer absichtlich? Jahrtausendelang haben Männer Frauen unterdrückt oder verachtet. Aus Schutz vielleicht, ansonsten ganz und gar der Liebe zu verfallen und sich damit abhängiger zu machen, als sie es ertragen können? Warum ziehen Männer in den Krieg – flüchten sie vor der Liebe, oder lieben sie es, zu ihr zurückzukehren, immer wieder, um daraus die Sicherheit zu schöpfen, dass sie auch dann geliebt werden, wenn sie nicht da sind? Fragen über Fragen, ich kenne die Wahrheit nicht, möchte aber die Möglichkeit, dass es so sein könnte, nicht ausschließen.

Ich möchte in solchen Momenten kein Mann sein. Ich kann wenigstens über all diese Gegensätze und Widersprüche reden. Und durch lautes Reden wieder zur Ruhe finden und mich auf Liebe einlassen. Ich weiß, sie kann nicht alles. Und dennoch erhoffen wir es von ihr.

Aber Männer? Sie hüllen sich in ihr schützendes Schweigen und finden keine Worte für das, was sie fühlen. Sie sind »unsäglich« verliebt.

Und dann treffen sie auf eine Frau, die sehnlichst ein Bekenntnis, eine Beichte, das Geständnis, eben einfach klare Worte erwartet. Ausgerechnet das, was er nicht analysieren kann, soll der liebeskranke Mann in Worte kleiden! Wo doch im Kopf gerade sowieso alles drunter und drüber geht und all die fiesen Hormone ihm das Denken erschweren.

In seinem Zustand kann er auch verschiedene Erregungsquellen kaum auseinander halten. Ist ein Mann im Stress, hat er sich geärgert, lebt er in einem erfolgsbedingten euphorischen Hoch oder trauert er über den Tod eines Familienangehörigen, kann sich sein Verliebtheitsgrad dramatisch steigern. Stellt eine Frau dann auch noch Dinge mit ihm an, die in seinem »Belohnungszentrum« im Gehirn für ein Schnellfeuer der Neuronen sorgen – Porsche zum Geburtstag mieten, geschmacksintensive Mahlzeit, gewagte sexuelle Stellungen, abenteuerliche Kajakfahrten oder nächtliche Spaziergänge im Raubtierzoo –, dann koppelt er seine Empfindungen für die Situation an die Frau an seiner Seite.

Sehr gut unterscheiden kann der Mann dagegen zwischen

Liebe und Lust – pure Lust ohne Verliebtsein aktiviert die Hirnregion um den Hypothalamus, Liebe dagegen deaktiviert sie, vor allem, wenn es sich um Liebe handelt, die nicht sexuell, sondern auf seine Nachkommen ausgerichtet ist.

Übrigens bin ich in diesem Fall eine Gegnerin Freuds, der behauptete, wenn Männer lieben, hätten sie keine Lust, und wenn sie Lust empfänden, seien sie nicht verliebt. So einfach ist es nicht, im Gegenteil; Liebe und Lust gehören auch für Männer zusammen, wenn sie sich ganz erfüllt fühlen.

Wenn sie sich verlieben, steht allerdings ein Gefühl im Vordergrund: Sie wollen fliehen und sich verstecken, doch die Liebe dennoch haben. Frei sein und doch nicht allein sein, alles wollen dürfen, aber bitte keinen Schmerz. Sie suchen in der Liebe einer Frau das, was ihnen fehlt, und bedauern im selben Moment schon, damit zu offenbaren, dass ihnen überhaupt etwas fehlt!

Und da halten wir Frauen uns damit auf, uns zu überlegen, wer wen zuerst anruft?

Während Männer Sehnsucht nach einem »wir« als unbehaglich empfinden, gehen Frauen damit entspannter um. Doch während der Mann schon jetzt Angst vor dem Ende hat, haben Frauen eher Angst, dass es beginnen könnte. Und dass sie gleich am Anfang alles falsch machen und das später bereuen könnten.

Es gibt ja so vieles zu beachten! Soll ich gleich mit ihm schlafen, oder wird er sich dann im Fall einer Partnerschaft eher langweilen und fremdgehen? Soll ich keine Initiative zeigen, oder wird er dann später den Macho rauskehren, der alles für mich regeln will? Soll ich ihn mit der »Ich-bin-ein-harmloses-Gänseblümchen«-Nummer verführen, und wie wird er mich dann sehen: als Weibchen? Vor meiner starken Seite erschrecken? Wird er sich später, wenn ich ihn heute mit dauernd neuen Einfällen vom Hocker reiße, nicht zurücklehnen und immer darauf warten, dass ich alles mache?

Und überhaupt, was ziehe ich an, welchen Lippenstift nehme

ich oder lieber gar keinen? Was ist, wenn er Mundgeruch hat? Was ist, wenn er nur mit mir schlafen will, oder sich erst hinterher überlegt, wie es mit uns weitergeht – wird er mich verachten für das, was ich bin, was ich tue, gebe ich mir eine Blöße, wenn ich mit ihm schlafen und den Rest meines Lebens mit ihm verbringen möchte?

Frauen hoffen, durch Regelwerke alles regeln zu können. Jeder Schritt will geplant sein, soll aber spontan, flexibel und generös wirken. Die wenigsten Frauen versinken in Verliebtheit, ohne mit ihren Freundinnen über das Für und Wider des taktischen Vorgehens zu reden. Männer machen das mit sich allein aus und hoffen, nicht von einer weiblichen Taktik überrannt zu werden.

+ Erste Hilfe für ängstlich verliebte Frauen

+ Sie brauchen nicht abzunehmen, wenn Sie es vorher auch nicht mussten oder wollten. Er findet Sie nicht zu dick, sonst hätte er sich nicht verabredet.
+ Sie brauchen beim Sex nicht den Bauch einzuziehen. Wie sollen Sie da jemals kommen? Ihnen gut tun schmeichelt dem männlichen Ego und nicht, ob Ihr Bauch eins Komma zwei Zentimeter flacher ist.
+ Sie müssen nicht alles innerhalb von 48 Stunden klären: ob er Sie will, und wenn ja, wie; ob er Kinder haben will, und wenn ja, wann; ob er Ihre Neurosen und auch noch die Ihrer Freundinnen und Eltern kennen will. Nichts davon entscheidet sich gleich jetzt. Wenn Sie jedoch etwas beschäftigt, was Sie am liebsten *jetzt gleich* klären wollen, dann tun Sie sich und ihm und der zarten Pflanze einen Gefallen: Schlafen Sie eine Nacht drüber!
+ Sie müssen ihm nicht gefallen, Sie gefallen ihm sowieso. Hören Sie auf, nach kleinen Kommentaren zu fahnden, die Auf-

schluss darüber geben könnten, wie er sich eine Frau wünscht. Rothaarig, mit Blümchenkleidern, quer gestreift oder hochkant: Er mag das alles, ja, aber nicht immer, und nicht immer an Ihnen. Er kriegt Sie so, wie Sie sind, peng, mit allem Entwicklungspotential. Klar dürfen Sie gefallen wollen, aber nicht an erster Stelle und ständig. Gefallsucht ist unsexy. Er bleibt nicht bei Ihnen, weil Sie versuchen, perfekt für ihn zu sein. Er bleibt eher da, weil er die Person mag, die Sie sind. Hören Sie auf, sich verändern zu wollen, wie es ihm passen könnte.

+ Erkennen Sie die Besonderheit der Begegnung, bevor Sie zum Alltag zurückkehren, den Sie aus vorangegangenen Beziehungen nur zu gut kennen. Weder müssen Sie nach drei Monaten für Sie beide kochen, noch muss er von Zusammenziehen reden, und Sie brauchen auch keinen Urlaub drei Jahre vorauszuplanen.
+ Männer wurden nicht erfunden, damit sie Frauen ständig wehtun. Erwarten Sie nicht das Schlimmste, aber hoffen Sie das Beste.
+ Versuchen Sie nicht, ihn aufzumotzen. Es gibt ihn nur in der Ausführung, in der er da ist. Brauchen Sie ihn für sich oder zum Angeben? Und fänden Sie einen Mann, der sich zu »seinem Besten« verändern lässt, auf Dauer wirklich sexy? Werden Sie erwachsen und gehen Sie mit seinen Macken um, wie er mit Ihren (hoffentlich, sonst muss er dieses Buch lesen, während Sie zu Nina Georges »Der Weg der Kriegerin«, Droemer, greifen, um zu erfahren, was die Kunst des Beziehungführens ausmachen kann und welche Fehler Sie dabei lässig vermeiden können).
+ Gehen Sie aus und flirten Sie mit so vielen Männern wie möglich. Es gibt mehr da draußen, als Sie ahnen. Warum das hilft? Es hält Sie davon ab, sich für ihn noch besser machen zu wollen, als Sie sowieso sind!

Es gibt noch einen »kleinen« Unterschied: Männer verlieben sich schneller, Frauen trennen sich schneller. Zum Beispiel weil der Herzprinz nicht alle ersehnten Wünsche auf der geheimen, stetig wachsenden Liste erfüllt. Oder weil sie jetzt schon weiß, dass sie seine Macken auf Dauer nicht ertragen kann. Männer sind etwas anders gestrickt: Sie rennen dem Gefühl selbst dann noch hinterher, wenn es aussichtslos ist. Nicht umsonst werden 70 Prozent aller Trennungen von Frauen eingeleitet.

Verliebte Männer werden übrigens gern von ihren Kollegen und Kumpels belächelt, als ob es eine Schwäche sei, sich von Gefühlen aus dem Takt bringen zu lassen. Ein Mann steht da drüber! Hat schließlich auch Horst Schimanski gezeigt, der sich nie dauerhaft verlieben durfte, immer nur ein bisschen, gerade so, dass die Frau mehr leidet als er.

Und warum? Weil Männer wie er und solche, die das Vorbild mögen, glauben, die »schöne Zeit« als freier Mustang auf der Wildbahn sei vorbei. (Gleichzeitig sehnen sie sich aber danach, anzukommen, angenommen zu sein, nach einem Zuhause. Haben Sie das eine, wollen sie das andere. Verrückt, nicht?)

Natürlich gibt es auch genügend Frauen, für die Unabhängigkeit in jeglicher Form das Lebensziel ist. Doch im Allgemeinen werden Frauen nicht dafür verhöhnt, wenn sie sich verlieben. Vielleicht weil sie, ähnlich wie bei Kopfweh, trotzdem ihren Job machen können?

Männer fürchten, es würde sie mehr Zeit, Energie, Aufwand kosten, als sie sich leisten können, wenn sie sich neu auf eine Frau einlassen. Sie fürchten, sich nicht mehr auf sich, den Job, die Freizeit oder das süße Nichtstun konzentrieren zu können. Meine Güte! Kann es also sein, dass im Gegensatz zur landläufigen Meinung Männer 24 Stunden täglich an ihr Gegenüber denken, während Frauen damit warten, bis sie mit dem Job fertig sind?

Allen, und ich betone allen, allen meinen Freundinnen und auch mir ist aufgefallen, dass dieser Faktor für Männer, die drauf und dran sind, sich ernsthaft zu verlieben, etwas Beängstigendes hat. »Hilfe, mein Leben wird sich ändern!« bedeutet offenbar nicht nur, dass sich das seelische und erotische Leben ändert, sondern der Alltag gleich dazu.

Angst vor Veränderung haben wir alle, Männer besonders. Bedeutet sich verlieben Opfer bringen? Den Job vernachlässigen, alles aufgeben? Herrje, das verlangt bestimmt keine Frau! Das verlangen allenfalls Männer von sich selbst, die Angst ist hausgemacht!

Sich verlieben heißt ein neues Leben anfangen

Das Gefühl, das uns beim Verlieben durchflutet, gehört nur uns allein, und damit gehen wir wahlweise hausieren oder freuen uns heimlich ein Loch in den Bauch: Hurra, ich bin verliebt. Dieses Gefühl zu hüten ist erst mal wichtiger, als dem anderen gleich an den Kopf zu werfen »Hey, ich liebe dich, glaub ich« und eine Antwort zu riskieren, die auch lauten könnte, »Ach ja? Ich dich leider nicht«. Nein, nein, lieber erst mal im absoluten Gefühlsrausch schwelgen! Der sich immer höher schwingt, je weniger man über die Gefühlslage des anderen weiß. Es liegt in der Natur der Romanze, dass sie umso spannender ist, je ungewisser sie erscheint.

Was für eine Bestätigung dessen, was man schon längst ahnte: Ich bin eine Lichtgestalt, die tief fühlen kann. Die den Mut hat, auch noch nach all den Jahren an Enttäuschungen, Mist und Verletzungen sich dem hinzugeben, was pures sahniges Glück ist! Die Fähigkeit, sich überhaupt zu verlieben, wird dankbar aufgenommen wie von einer Wüstenblume, die zu lang die Sonne und zu selten frisches Quellwasser gesehen hat: Ja, man konnte unverliebt prima leben und alles, aber hallo, was für eine Energie jetzt auf einmal da ist!

Man kommt sich richtig kühn vor, ist doch nur allzu bekannt, dass das Leben nicht immer nur Schönheit und Lust mit sich bringt, sondern auch Leid und Frust. Wie tapfer also, sich dennoch wieder mal auf das Ungewisse einzulassen.

Der Stolz darauf, gepaart mit der Dankbarkeit, fühlen zu können, wollen zu dürfen, der inneren Sehnsucht nach Zweisamkeit eine Plattform geschaffen zu haben, ist schier überwältigend.

Nicht umsonst flehen jede Menge Unverliebte da draußen: »Ich will mich mal wieder verlieben!« Und zu Recht: Es macht das Leben lebenswert. Es gibt uns die Bestätigung, noch emotional zu sein, nicht nur von Joberfolg, Diätzensur, Riesterrente und Hartz IV angetrieben zu werden, sondern das Leben in seiner Ganzheit zu genießen.

Sich zu verlieben heißt Mensch sein, ganz und gar. Sich spüren, tief hineingreifen. Sich neu zu verlieben ist für jeden Einzelnen die Chance, wieder einmal in Urtiefen hineinzufassen, die bisherige Lebensweise in Frage zu stellen und auf all das neu zu hoffen, was man verdrängt und vergessen hatte.

»Mit jeder neuen Liebe beginnt ein neues Leben« hieß mal eine schluchzige Schnulze – und dummerweise hält man's für schmalzig, nur weil ein eintöniger Schlagerrhythmus unter dem Text lag. Dabei ist es wahr. Die Verheißung auf ein neues Leben hat sich eingeschlichen, Aufbruchstimmung, Morgendämmerung, endlich ist der Morgen da, von dem wir alle erhoffen, dass alles gut wird.

Wer sich verliebt, sieht die Zukunft greifbar vor sich. Was war, hat ausgedient, wird losgelassen, weggeheilt. Na ja, nicht ganz, aber das weiß man in der Euphorie des Neubeginns noch nicht.

Sich zu verlieben ist die greifbare Chance, all das besser zu machen, was man bisher vermasselt oder verpasst hat, sich zu verlieben ist genau der Moment, auf den wir gewartet haben, um auf Start zu gehen und endlich die Zeit zu genießen, von der wir stets träumten. All das zu hoffen ist leicht. Und wenn nun einer kommt und sagt: Na super, und der andere muss all diese Hoffnungen ertragen? Wie soll er das denn schaffen, dein Leben hübsch machen und in Ordnung kriegen, deine Wunden heilen und die alten Geister vertreiben? Du traust dich ja nicht mal, ihn anzurufen, wie soll denn jemals der Tag kommen, an dem er dich ansieht und sagt, ja, du bist es.

Egal! Darum geht es beim Genuss des Verliebtseins nicht, solange man damit allein ist. Alles schwebt, alles ist leicht. Egoboosting vom Feinsten, und das ohne dass der andere, der Auslöser, auch nur das Geringste getan hat! Einfach weil es ihn gibt und er dümmlich gegrinst hat, als uns auch nichts anderes einfiel, als ein Dorfidiotenlächeln aufzusetzen, vor lauter Glück, *ihn* gefunden zu haben.

Das ist die eine Seite. Die wunderbare. Wenn wir keinen Schlaf brauchen und nichts zu essen und glücklich sind zu leben. Wenn es sich wie ein Geschenk anfühlt, was wir da bekommen haben. Und noch gar nicht so viel in Gedanken passiert, was der andere wohl denkt, meint, fühlt, ob es ihm genauso geht. Nein, die tiefe Glücksbefriedigung entsteht ganz in uns selbst. Man blickt in den Spiegel und freut sich: Hey, du bist verliebt! Ich bin verliebt! Ich, ich, ich!

Narzissmus vom Feinsten

Man kann sich da richtig hineinkreiseln – das funktioniert genauso wie das Gegenteil, sich in ein tiefes Loch des Selbstmitleids zu vergraben, nur eben in die andere Richtung.

Als Raphael, mein Engel, eines Tages vor mir stand, verbrachte ich nach der Begegnung und dem Austausch sinnfreier 32 Worte zwei Stunden am Telefon. Ich hatte einen Kühlschrank bestellt, er half tragen, ich sah ihn an, er mich, Dingedingdong. Er verschwand nach zehn Minuten wieder, aber das reichte, um mich ins All zu befördern. Zwei Stunden wegen zehn Minuten und diversem Lächeln und haltlosem Gestotter mit wenig Sinn. Ich rief alle meine Freundinnen an, um zu berichten, was mir eben passiert war und wie ich mich fühlte. Dazu vertraute ich die Geschichte Papa an und Mama auch sowie meinem Notizbuch, Letzterem in Versen reinster Poesie.

Die zehn Minuten wurden in Slowmotion abgespult, wieder und wieder, und sobald ich auflegte, holte ich mir das Ganze noch mal ran. Zoomte auf Einzelheiten, wälzte mich in dem Gefühl, mich verguckt zu haben, verknallt, verliebt, was scherte mich in dem Moment die Begrifflichkeit, ich wollte ihn wiedersehen und ich meinte, aus einem langen Schlaf zu erwachen und plötzlich das Leben in all seiner Farbenpracht deutlicher vor mir zu sehen. Alles leuchtete. Wie er da stand, am Fenster. Wie er meine Karte nahm und darauf starrte, als sei es das Geheimnis allen Lebens. Wie duftig seine Härchen auf den Unterarmen aussahen, welch schönstes Blau doch seine Augen besaßen, seufz, unsere Söhne würden so niedlich aussehen, und die Töchter erst … Ich schlief in dieser Nacht wunderbar. Ich würde ihn wiedersehen, das schwor ich mir und war allein davon tief erfüllt. Eine Sehnsucht war zurückgekehrt, und diesmal lächelte sie.

Als ich nicht verliebt war, war es nur ein ungewisser Schmerz gewesen und das Gefühl, die Liebe, das Verliebtsein zu vermissen. Nun, da es kam, traf es mich unvorbereitet. Ich war krank, hatte meine Tage, einen Herpes und Fieber, wollte meine Ruhe und keinen Mann mehr in meinem Leben, jedenfalls nicht so bald. Ich wollte nur eine Kühlvorrichtung – und bekam viel mehr als das. Ich hatte nicht danach gesucht, aber es hatte mich gefunden, das Verliebtsein. Raphael hatte nichts damit zu tun, er hatte nichts getan, es entstand in mir. Wie in jedem. Wie in

Ihnen. Und glauben Sie mir: Da, wo das herkommt, ist noch mehr an hausgemachten Emotionen vorhanden.

Na? Haben Sie Lust, sich wieder mal zu verlieben?

Wann hat man schon dieses Gefühl, so genießen zu dürfen, sich selbst der absolute Mittelpunkt zu sein, hoch zufrieden mit sich? Eben. Verständlich, wenn Nicht-Verliebte Rotz und Wasser heulen und uns beneiden. Sie sind nicht kiebig auf den Auslöser, o nein, der interessiert nicht – sie beneiden uns um das selbst inszenierte Glück. Da fühlt sich eine/einer einfach so, so, so … neurotisch, panisch, manisch, frei und prall. Unverschämt! Verliebte sind manchmal schwer zu ertragen mit ihrem Riesenlächeln, obwohl es bisher nur ein einziges Date gab oder lächerliche zehn Minuten, die zu schnell vorbeigingen …

Ihre Egozentrik macht aus ihnen allerdings jemand anders, als sie sonst sind. Freier, wilder, stärker – und dennoch so sensibel. Die Reaktionen verändern sich. Wer plötzlich über die Unflätigkeiten des Chefs lacht, anstatt wie sonst drei Tage darüber nachzugrübeln, wie man aus dem Job rauskommt, der benimmt sich auch anders, wenn er dem Auslöser gegenübersteht. Nicht weil die rosarote Brille das weniger Schöne, das Nervige verdeckt, das, was einem von vornherein sagt, dass diese Verbindung zum Scheitern verurteilt ist, sondern weil wir all diese Unzulänglichkeiten zwar registrieren, aber damit anders umgehen. Nicht weil wir dies wollen, sondern weil wir nicht anders können. Wir sind nicht mehr wir selbst. Alles ist anders. Nichts ist so, wie es mal war. Verliebte verwandeln sich sekundenschnell in Menschen mit einem anderen Gesicht.

+ Erste Hilfe bei: Verliebt in zwei!

Kann es ja mal geben: Sie sind verliebt. Aber in zwei Männer, oder in zwei Frauen. Und nun? Ist das eine weniger wahr als das andere?

Da Verliebtheit zu einem Zustand gehört, der mehr mit »könnte« als mit »ist« zu tun hat, und man sich vor lauter Schmetterlingen im Bauch sowieso großartig fühlt, breitet sie sich bisweilen auf mehr als die übliche eine Person aus. Sonst würde man am liebsten »nur« die ganze Welt umarmen, jetzt eben abwechselnd zwei Menschen. Wenn Sie das für vier, fünf Verabredungen, vielleicht sogar mit Sex, diskret hinbekommen: Sehr schön, Sie haben nichts versprochen, Sie müssen sich auch nicht entscheiden, sondern können gucken. Kommt so schnell nicht wieder, und vielleicht haben Sie sich ja nach vier, fünf Wochen bereits entschieden. Nach Sex stehen Sie allerdings mehr in der Pflicht als vorher!

+ Wenn Sie sich nicht entscheiden müssen, rate ich: Sehen Sie zu, dass keiner von beiden was mitkriegt. Halten Sie die Reviere peinlich getrennt und hängen Sie Ihre Klingel ab. Nicht, dass Sie gerade zu Gange sind und der andere steht mit Gedichten und Blumen vor der Tür, um Sie zu überraschen und Ihnen zu zeigen: Du bist es! Wär ja schon schade, wenn er da nicht der Einzige ist.
+ Wenn Sie meinen, sich entscheiden zu müssen, stelle ich Ihnen die Gretchenfrage: Wessen Gesicht wollen Sie sehen, kurz bevor Sie sterben?
+ Und wenn Sie sich fragen, ob das eine Verliebtheit ist und das andere Liebe: Sehen Sie den Vater, die Mutter Ihrer ungeborenen Kinder in seinen/ihren Augen?
+ Wie, Sie wollen den Zustand nicht ändern, bevor nicht einer der Männer definitiv gesagt hat, dass er Sie liebt, oder eine der Frauen deutlich gemacht hat, dass sie eine Beziehung will, also zwei Eisen im Feuer behalten, für alle Fälle? Dann wollen Sie nur Sicherheit, aber weder die eine noch den anderen. Geben Sie beide frei.
+ Bei wem würde der Verlust mehr schmerzen? Warum auf

emotionale Unabhängigkeit beharren und sich doch nach Verschmelzung sehnen? Machen Sie sich das Leben nicht so scheißschwer!

+ Fahren Sie drei, nein, besser fünf Tage weg und seien Sie unerreichbar. Klären Sie die Sache für sich. Entscheiden Sie, wen Sie vermissen.

Zauber des Anfangs – Kosten Sie ihn aus!

Es ist die Magie der Kleinigkeiten, die Verlieben so kostbar macht. Alles ist bedeutsam, alles ist wertvoll, alles führt zu einem fetten Grinsen. Noch. Vor dem Fall, dem kleinen Stolpern, wie es bei jeder verliebten Begegnung stattfindet. Stattfinden muss, denn um in den Himmel zu kommen, muss man wissen, wie es sich in den unteren Regionen anfühlt. Also plumpst jeder bei Gelegenheit raus und runter. Bis zum Noch – was meist die erste Nacht ist, und vor allem: der Morgen und der Tag danach – ist alles Zucker. »Ohhh, er schmiert mir ein Brot, das ist ja sooo toll …« Jeder normale Mensch, der seit Jahren ein vernünftiges und eingespieltes Frühstück bekommt, kann darüber nur mäßig Begeisterung zeigen.

Die Stunden, Minuten, Tage, Wochen vor dem ersten Kuss, das erste Mal zwischen die Beine gefasst, sind die allerbesten Momente, die es in dieser Zeit geben kann. Zu Hause ist dort, wo man verliebt ist. Wenn Gedichteschreiben und CDs-Brennen plötzlich einen höheren Stellenwert einnehmen als die Gehaltserhöhung. Wenn Klamotten mit dem Ansinnen gekauft werden: Könnte es ihm gefallen? Wenn Städteführer auswendig gelernt werden für den Fall, dass man mal einen Spontantrip unternimmt. Wenn die Wahl der Unterwäsche wichtiger wird als die Landtagswahl, wenn selbst das Warten in der Kinoschlange zum Dahinschmelzen genutzt wird oder das eigene

Bett einem wie das falsche vorkommt. Wenn nichts mehr zählt, als alles richtig machen zu wollen in der Gewissheit, alles falsch machen zu können.

Ja genau, in dieser Zeit – später kommen andere Zeiten. Es ist, wie es ist, in dem Augenblick, in dem Sie es erleben. Werfen Sie sich rein in diese Zeit, sie ist ungefährlich und doch die Basis für all das, was vielleicht – aber nicht zwingend! – folgt, wenn Sie ein Paar werden sollten.

Sie sind so frei miteinander, wie es nur zwei Menschen sein können, die mehr als Zuneigung füreinander empfinden, aber noch nicht miteinander geschlafen haben. Sie sind nicht verpflichtet, irgendetwas zu tun oder zu lassen, nur weil Sie einander nackt gesehen und berührt haben. Das kommt alles erst noch. Jetzt haben Sie die Freiheit, von der Sie immer träumten. Sich treffen. Ausgehen. Zitroneneis essen. Aufs Wasser gucken und einander bisweilen anlächeln, schüchtern, oder mutig. Flirten ohne Ende. Darauf fiebern, einander endlich wiederzusehen, und das Hüpfen in der Magengegend.

Es mag sich läppisch und überflüssig anhören, aber er dient Ihnen: der Rat, es auszukosten. Es langsam angehen zu lassen. Klar, wenn es gleich am ersten Abend passt, können Sie sofort in die Kiste hüpfen, viel Spaß, und denken Sie an Kondome. Aber: Wie wär's mit ein bisschen Verliebtheit vorher?

Kapitel 2

Leidender, hoffnungstrunkener Optimist, in Duldungsstarre verharrender Pessimist – Welcher Typ sind Sie?

»Wenn ein Mann über eine Frau nachzudenken beginnt, gehört er ihr schon halb.«

Marcel Pagnol, Schriftsteller, 1895–1974

Es sind ja immer nur die anderen, über die wir den Kopf schütteln. Der Nachbar, der sich wie ein Trottel benimmt und mit glasigen Augen am Fenster steht, bis die Angebetete nach Hause kommt. Der Bruder, der panikgleich um seine Unabhängigkeit fürchtet und das Reden verlernt, wenn die Liebste um die Ecke kommt. Die Freundin, die täglich anruft, um genau zu besprechen, was sie mit ihm schon am Abend zuvor besprochen hat, oder die Kollegin, die sich in ein Schneckenhaus zurückzieht und um Selbstkontrolle ringt, um sich bloß nicht dem Gefühl des Verliebtseins auszusetzen.

Aber genauso wie es bei Partnerschaften oder Singles eine Typologie der Art Bindung, Nicht-Bindung und des Verhaltens gibt, lassen sich auch Verliebte in verschiedene Typen einteilen: jene, die sich je nach Charakter selbst im Weg stehen, die alles auf einmal wollen oder Angst haben, alles zu bekommen, und die bei jeder neuen Liebe die alten Fehler wiederholen, ohne es zu merken.

Vom Single zum Verliebten

Das Zukunftsinstitut im hessischen Kelkheim hat neun Haupttypen von Alleinlebenden (11,3 Millionen) ausgemacht. Fun-Singles: freizeitorientierte junge Menschen, die mit Partnerschaften experimentieren, Hauptzielgruppe der Werbung. Nestflüchtlinge: junge Leute, die mit 20 bis 25 das Elternhaus verlassen, sich ihre Kleinwohnung aber von den Eltern bezahlen lassen. Weibliche Panik-Singles: berufstätige, gebildete Frauen zwischen 30 und 40, deren Partnersuche durch hohe Ansprüche erschwert wird. Männliche Frust-Singles: schlecht ausgebildete 30- bis 45-jährige Männer, die von anspruchsvollen Frauen nicht »abgeholt« werden. Taktische Singles: Menschen, die auch bei Partnerschaft nicht zusammenziehen und aus taktischen Gründen eine Rückzugsstätte behalten. Teilzeit-Singles: Menschen mit Bindung und gemeinsamer Wohnung für einen Teil der Woche, oft mit Kindern, die etwa aus Job-Zwängen einen zweiten Haushalt führen oder zeitweise in Hotels leben. Arbeits-Singles: Menschen, die sich trotz Partnerschaft dauerhaft für zwei weit voneinander entfernte Arbeitsplätze und zwei Haushalte entscheiden. Aktive ältere Singles: Menschen über 55, manchmal verwitwet oder geschieden, die allein leben, aber offen sind für neue Partnerschaften. Resignierte Alt-Singles: bewusst allein lebende Senioren.

Ob es auch so was wie resignierte Sich-oft-Verliebende gibt, Taktisch-sich-Verliebende oder Teilzeit-Verliebte? Da sich Verliebtheit nicht wirklich steuern lässt (was sie mit der Liebe gemein hat – obwohl alle so tun, als sei die Liebe etwas, woran man arbeiten könne, um sie zu gestalten, hahaha, was für eine schöne Vorstellung!), müssten Taktieren und Teilzeitverlieben eigentlich entfallen.

Oder doch nicht?

Wie jemand mit seinen Gefühlen und Gehirnkrankheiten als

Verliebter umgeht, so wird er sich auch später in der möglichen Beziehung entpuppen.

Zum Glück weiß man das nicht bei der ersten Begegnung. Frühestens nach drei, vier Verabredungen besitzt man so was wie einen Grundriss des anderen, fühlt sich ineinander ein, bekommt eine Vorstellung von dem, was der andere will und was nicht.

Die ersten Verabredungen ... Seufz. In Hollywoodfilmen werden sie meist in einem schnellen Schnitt zusammengemixt, da sieht man das Paar am Strand glücklich aufeinander zulaufen, im Park picknicken und Fangen spielen oder Kinder beobachten (aha!), eng umschlungen in der perfekten Bar zu perfekter Musik tanzen oder sonstigen hochromantischen Kram tun, der auf dem Bildschirm ganz toll aussieht, aber im wahren Leben selten zu verwirklichen ist. Was aber tun, wenn Sie *die* Verabredung Ihres Lebens haben?

+ Erste Hilfe für erste Verabredungen

+ Planen Sie nicht unbedingt ein Sport-Date ein, es sei denn, Sie sehen so was von scharf aus in Ihrem Rollschuh- oder Eislaufdress. Doch bedenken Sie: Wenn der andere weniger fit ist als Sie, kann es zu Enttäuschungen und Beschämungen kommen, die Sie nun gewiss nicht wollen, etwa wenn er ihr hinterherhechelt, als sei er kurz vor dem Kreislaufkollaps, oder sie sich unwohl fühlt, weil er ihre Brüste unterm Shirt hüpfen sieht. Sport-Dates daher bitte nur unter Gleichtrainierten, gleich Fitnessfixierten! Für Schüchterne bieten sich übrigens Kletterwände an, da kann man sich so hübsch gegenseitig helfen – das verbindet – und braucht vor allem nur wenig zu reden!
+ Meiden Sie laute Bars (da muss man sich dauernd anschreien), leise Kinos (da kann man nur schweigen) oder

superedle Restaurants (einer von beiden ist immer underdressed, und wollen Sie gleich beim ersten Date das Gefühl vermitteln, es sei die Macht des Geldes mit im Spiel?).

+ Spazierengehen ist auch nicht unbedingt der Hit. Wir Frauen lieben nun mal unsere High Heels, und die können wir am Strand so schlecht vorführen. Das ist ein Ding fürs dritte Date, denn da entwickeln sich endlich die Gespräche, die interessant sind und nicht mehr nur der Selbstdarstellung dienen.

+ Gehen Sie nicht zwingend dorthin, wo Sie jeder hinter der Bar kennt. Es sei denn, es ist so nett, dass Sie sich dort sicherer fühlen. Aber wenn dauernd Stammgäste an Ihren Tisch kommen, nervt das gewaltig.

+ Lassen Sie Ihre Freunde als Zaungäste und potentielle Kritiker außen vor, zumindest bei den ersten drei Verabredungen. Oder wollen Sie sich jetzt schon anhören, was alles nicht stimmt, oder jetzt schon riskieren, auf Ihre Freundin eifersüchtig zu werden, weil die sich einen Hauch zu gut mit Ihrem neuen Schwarm versteht? Wenn Sie unbedingt einen Kumpel-Check-up haben wollen, um eine zweite Meinung einzuholen (»Ich glaube, sie ist verrückt nach mir, aber vielleicht bilde ich mir das nur ein – kannst du nicht zufällig mal für fünf Minuten auftauchen und sie dir ansehen?«), dann wirklich nur kurz, kurz, kurz, und nicht plump eingefädelt von wegen »So ein Zufall – du auch hier?«. Also nicht in Restaurants oder Bars, wo Ihr Schwarm sich beobachtet fühlen wird, wenn Ihre Freundinnen oder Kumpels drei Tische weiter lange Hälse machen. Wenn Sie beim dritten Date ins Kino gehen, können Sie sich meinetwegen vorher am Gummibärchenstand oder hinterher vor den Toiletten begegnen. Oder auf einer Ausstellung, wo jeder nach dem Check-up-Smalltalk seiner Wege geht.

+ Reservieren Sie immer vor, egal was Sie tun. Ist eigentlich ein

Gentleman-Ding, aber auch Frauen dürfen problemlos, besonders wenn sie den Vorschlag machen, wo's hingeht. Sie darf ihn aber auch darum bitten, dass er die Karten besorgt, den Tisch, die Tickets. »Reservieren unerlässlich« gilt für Restaurants und Bars ganz besonders, die wegen ihrer Aussicht aufs Wasser oder die nächtliche Stadt berühmt sind. Und wieso? Weil nichts nerviger ist, als wenn Sie irgendwo nicht mehr reindürfen und sich was anderes überlegen müssen. Es fällt Ihnen nämlich auf die Schnelle garantiert nichts ein und Sie fangen an, sich Gedanken zu machen, ob der andere Sie jetzt für einen Versager hält.

+ Schieben Sie nie ein Date irgendwo dazwischen. Es sei denn, Sie gehen vor dem Job zusammen frühstücken. Das ist zwar heikel, geht aber gerade so. Ansonsten ist es unschön, wenn Sie nach ein, zwei Stunden sagen: »So, ich geh dann mal, hab noch 'ne Verabredung ...«.

Man will es ja von Anfang an besonders gut machen. Hat jede Menge Regeln im Kopf, die von sonst woher unsere Hirne infiltrieren (»Die Frau beendet das Rendezvous, das Telefonat, küsst nicht und gewährt auch keinen Kuss und ist überhaupt scheinbar desinteressiert« – kurz: blabla, »Der Mann zahlt alles, lässt sich alles einfallen, redet nicht zu viel und hört nur zu«), Frau wie Mann weiß nicht, was anziehen, versucht sich zu merken, bloß nicht gleich was vom oder von der Ex zu erzählen oder nur zu jammern, hat im Hinterkopf natürlich trotzdem die lange, irgendwann angelegte Liste (»keine Jogger mehr, muss kochen können, Kinder mögen, nicht das jüngste Kind sein, das gibt nur Ärger, wenn sie nur einen Salat isst, muss ich mir später ständig anhören, sie sei zu dick«) – und soll dann auch noch wissen, wo man hingeht? O je.

Räumen Sie Ihren Kopf als Erstes von den »Regeln« frei. Dazu gehören:

+ Erste Hilfe gegen die »Regel«-Manie (fast nur für Frauen)

Ich zitiere hier anteilig aus einem Ratgeber namens »The Rules« (Regeln), der verspricht, den Mann fürs Leben zu finden, der einen dann auch flugs heiratet. Die »Rules« sind im Grunde so konstruiert, dass sie einem Mann vorgaukeln, frau sei stets beschäftigt, unerreichbar, genüge sich selbst und sei üüüberhaupt nicht an ihm interessiert. Sie gehen zudem von der Annahme aus, dass Männer sich ansonsten wie Schweine benehmen, die in der angepeilten Ehe auf Dinge wie ein eigenes Leben und Freunde Wert legen, und drohen unterschwellig damit, dass frau einen Mann verliert, wenn sie nett ist oder ganz einfach so ist, wie sie ist. Dieser US-Ratgeber wird dermaßen gut verkauft, dass er zwar unwiderlegbar beweist: Wir wollen Liebe, wir wollen Männer, wir wollen alles richtig machen – nur: Alles gilt nicht für alle. Die Beispiele dort drin, von Jeff und Mandy, von Tina und Greg, von Lauren und Ferry, scheinen die Wirksamkeit der »Regeln« zu belegen. Mit ein bisschen Nachdenken allerdings entpuppen sie sich als Beihilfe zur taktischen Schauspielerei, in der eine Frau ihr eigenes Wesen vergisst, und vermitteln den Eindruck, kein Mann habe Anstand, Gefühl oder Geist. Deswegen wage ich es, diese »Regeln« zu demontieren, die nur aus der Angst geboren sind, je wieder verletzt zu werden, je wieder zu scheitern. Doch das Leben ist ein Mix aus scheitern und gewinnen, aus verletzen und verletzt werden, aus Liebe und Gefühl, aus Versuch und Irrtum. Die Liebe in ein Regelwerk zu pressen ist genauso fragwürdig wie die Form fließenden Wassers zu beschreiben. Diese »Regeln« sind auf kurze Strecken ausgelegt; was jeder aus seinem Leben und seiner Beziehung macht, steht außerhalb solcher »Gesetzmäßigkeiten«.

Ich bitte Sie deswegen, nicht in folgende »Regel«-Fallen zu tappen:

+ Die Telefon-Falle (wir haben sie als zentral erkannt und schon angetippt): »Rufen Sie Männer von sich aus nicht an oder nur selten zurück, telefonieren Sie nicht länger als zehn Minuten, kaufen Sie sich eine Eieruhr, um die Zeit einzuhalten, und beenden Sie das Gespräch mit der Begründung, Sie seien ziemlich beschäftigt, damit er darüber nachdenkt, was Sie wohl Spannendes machen. Engagieren Sie sich gefühlsmäßig nicht. Denn sonst hat er es in der Hand, sie zu verletzen, zu demütigen, sich nie wieder zu melden.«

Humbug! Wir leben im 21. Jahrhundert. Frauen dürfen Männer anrufen. Ich wiederhole mich bei diesem Hinweis richtig gern. Männer sind nicht von Geburt an schlecht und nur darauf aus, so viele Frauen wie möglich zu verletzen und zu demütigen. Die Erfinderinnen dieser Regel stammen aus den USA, wo Klischees an der Tagesordnung sind, weil das Land sonst von wenig zusammengehalten wird. Sie aber sind eine Frau mit Herz, Hirn, Verstand und genügend Erfahrung. Sie wissen, dass nicht jeder Mann ein Schwein ist. Sie dürfen anrufen. Sie dürfen auch Stunden am Telefon verbringen. Das Einzige, was Sie sich sparen können, ist, gleich schon am Anfang mit ihm zu reden wie mit einer langjährigen Freundin (wozu das Telefon ja durchaus einlädt). Und sonst noch? Rufen Sie ihn nicht im Job an, sondern hinterlassen Sie ihm eine Nachricht. Männer können nicht so schnell auf Flirten am Telefon umschalten. Das brauchen Sie nicht persönlich zu nehmen. Geben Sie ihm lieber die Chance, ohne Zuhörer zu säuseln. Wenn Sie es absolut nicht erwarten können, dann rufen Sie ihn allenfalls mit der Bitte an, Sie um Punkt sowieso zurückzurufen. Übrigens: Männer denken weniger über das nach, was Frauen wohl machen, wenn sie ein Telefonat als Erste beenden. An einen anderen Mann denken sie jedenfalls nicht. Frauen mögen einen Hang dazu haben, aber von sich auf ihn zu schließen und zu hoffen, Sie würden sich mit Kurztelefonaten samt vorgeschobener Beschäftigung interessant und ihn eifersüchtig machen – leider: nein.

+ Die Rendezvous-Falle: »Nehmen Sie am Mittwoch keine Verabredung für den Samstag an. Es sagt viel über die mangelnden Gefühle eines Mannes für Sie aus, wenn er nicht schon Anfang der Woche um ein Date am Wochenende bittet. Partnerschaft sollten Sie wie einen Job angehen, mit Verhaltensregeln und Vorschriften. Sie müssen unnahbar sein. Er ruft Sie sonst nur an, weil ihm langweilig ist oder weil er sich einsam fühlt. Aber er meint nicht Sie. Wenn Sie einmal zu einer spontanen Verabredung zugesagt haben, wird er denken, Sie seien leicht zu haben.«

Wie schön, dass die Autorinnen wissen, wie die Gefühlslage eines jeden Mannes aussieht, der dienstags nicht anruft, um sich für den Samstag zu verabreden. Stellen Sie sich mal vor: Ihr Schwarm ruft also am Donnerstag an, weil er am Samstag mit Ihnen Boot fahren und dann ins Konzert gehen möchte, und Sie unterstellen ihm insgeheim, dass er Sie gar nicht wirklich mögen könne, sonst hätte er ja wohl früher angerufen. Sie messen seine Zuneigung am Zeitpunkt des Anrufs, anstatt an dem, was er Ihnen vorschlägt. Schön blöde. Halten Sie es ganz einfach so: Wenn Ihnen danach ist, sagen Sie zu. Wenn Sie keine Zeit haben, sagen Sie ab. Lassen Sie diese Kindergartenspielchen von emotionaler Bestrafung, weil er sich nicht angemessen verhält – oder wollen Sie ihn erziehen? Wie wollen Sie zu einer erwachsenen Person, die Sie erziehen müssen, Nähe aufbauen? Sich je fallen lassen? Immer mit der Angst, etwas falsch zu machen, weil Sie »Ja« sagten auf seinen Vorschlag, jetzt gleich mit einem Picknickkorb vor der Tür zu stehen? Sie verbauen sich schöne Erlebnisse. »Sich rar machen« können Sie sich eh erst, wenn er Sie ein bisschen kennt. Aber vielleicht ist das dann nicht mehr nötig, weil er Ihrem Vertrauen gerecht wurde?

+ »Beenden Sie die Verabredung als Erste, ziehen Sie den Abend nicht in die Länge. Wenn Sie ihn wirklich heiraten wollen, dann gehen Sie.«

Bitte? Woher sollen Sie oder ich, woher sollen wir nach zwei, drei Verabredungen wissen, ob wir ihn heiraten wollen? Heiraten ist eine Sache, die grundsätzlich auf Lebenszeit angelegt ist, also sollte man sich schon ein wenig Zeit lassen, um herauszufinden, ob man das wirklich will! Und wer als Erste geht und meint, damit sein Interesse gesichert zu haben, kann auch davon ablenken, dass er sie möglicherweise doch nicht so spannend gefunden hat, wie sie dachte. Das Rendezvous zu beenden garantiert sein Interesse nicht! Wenn er nach drei Dates nie wieder anruft, liegt es weniger daran, dass Sie die Regeln nicht befolgt haben, als schlicht und einfach an der Tatsache, dass er wohl nicht verliebt ist. Und das rücken auch geplante Rendezvous-Abgänge nicht wieder gerade.

+ »Warten Sie mit dem Sex, bis Sie in einer festen Beziehung leben, oder mindestens zwei, drei Monate. Es kann sein, dass er wütend wird, weil er von anderen Frauen verdorben wurde, die schon bei der zweiten Verabredung mit ihm geschlafen haben. Tun Sie es doch, riskieren Sie, dass er am nächsten Tag in der Umkleide vor seinen Jungs mit Ihnen als leichtem Mädchen angibt. Wenn es irgendwann doch dazu kommt, dann zeigen Sie auf keinen Fall Ihre Gefühle, egal, wie heiß der Sex ist. Reden Sie nicht, seien Sie nicht kompliziert und fordernd.«

Wow. Ich fühle mich gerade sehr weit zurück in die Vergangenheit katapultiert. Also: Andere Frauen haben ihn verdorben, sind also schuld, Sie werden sich auch schuldig machen, und wenn es dann so weit ist, seien Sie bitte schön ein stilles Mäuschen ohne Emotionen. Dann wird auch alles gut. Sonst bekommen Sie einen widerlichen Kerl mit widerlichen Angewohnheiten! Mindestens. Die Begründungen sind es, die meinen Zorn entfachen, und die Aufforderung, keine Gefühle zu zeigen. Es kann doch nicht sein, dass wir uns irgendwo zwischen drohen und versprechen verstellen müssen, damit ein Mann uns mag! Und es kann nicht sein, dass Männer alle tratschen! Am besten, Sie lesen die Regel noch mal durch und stellen ganz von alleine fest, was daran alles nicht stimmt. Ich bin nämlich sprachlos.

Als männlicher Leser fragen Sie sich jetzt wahrscheinlich, was denn sonst noch in diesem Buch steht. In den 34 Tipps wird Frauen unter anderem dazu geraten, niemals einen Mann von sich aus anzusprechen, mit ihm Schluss zu machen, wenn er ihr kein Geburtstagsgeschenk allererster Sahne überreicht, ihm die Führung zu überlassen und nicht ans Telefon zu gehen, bis fünf zu zählen, bevor sie eine Verabredung annehmen, seine Hand beim Spazierengehen als Erste loszulassen… ja, ja, und alles, um Sie zu ködern, Sie unsicher zu machen, auf dass Sie alles anstellen, um sie zu bekommen, ihr einen Antrag machen und fortan ein leichtes Leben mit ihr führen. Für die Partnerschaft nach Regeln werden zudem Tipps mitgeliefert, die hauptsächlich darauf hinauslaufen, es dem Mann möglichst einfach zu machen: möglichst nie weinen, keine Wutanfälle, keine lauten Worte. Sie kriegen dann eine prima Puppe. Lesen Sie es mal, Sie werden sich köstlich amüsieren. Oder sich fragen: Hm …. und warum gibt es keine »Rules« für Männer? Bitte sehr – allerdings ohne Garantie, dass Sie in drei Monaten der glücklichste Mann der Welt sind –, aber ich verrate Ihnen gern, was wir Frauen mögen. Mit folgenden Dingen können Sie Ihre Traumfrau sicherlich erfreuen:

+ Erste Hilfe bei »Regel«-Fragen – für Männer

+ Rufen Sie nach der ersten Nacht am selben Tag an. Keine SMS, das ist billig!
+ Sagen Sie, so oft es geht und der Wahrheit entspricht: »Ich möchte dich wiedersehen.«
+ Helfen Sie ihr in den Mantel, machen Sie ihr die Beifahrertür

auf, erst recht, wenn das Auto über Automatikverriegelung verfügt.

+ Gießen Sie ihr nach, geben Sie ihr Feuer – und keinen Vortrag über die Vorteile des Nichtrauchens.
+ Jammern Sie nicht über Frauen, während Sie mit einer Frau aus sind.
+ Setzen Sie sich in der Bar nicht mit dem Blick zur Tür, um zu gucken, wer als nächstes Spannendes reinkommt.
+ Legen Sie nie wieder Ihren Porscheschlüssel neben das erdnussgroße Hightechhandy auf den Tresen. Und schalten Sie dasselbige aus.
+ Rasieren Sie sich direkt vor der Verabredung.
+ Stehen Sie zur Begrüßung immer auf, wenn Ihr Schwarm den Ort der Verabredung betritt.
+ Verzichten Sie in der Anfangszeit darauf zu busseln. Entweder ganz oder gar nicht.
+ »Ich hab dich lieb« mag für Sie vielleicht etwas wie ein Ehegelübde sein, sie hört nur enttäuscht heraus, dass es für Liebe wohl nicht reicht. Ganz ähnlich ist »Das sieht nett aus, was du da anhast«. Sagen Sie, wie gut sie aussieht, und streuen Sie Begriffe wie toll, großartig, schön, sexy nach Belieben ein.
+ Kein Tätscheln. Ob Hand oder Oberarm: So können Sie einen Hund streicheln, nicht aber eine Frau.
+ Seien Sie lässig, aber nie cool.
+ Reden Sie nicht, handeln Sie. Meiden Sie Versprechen und Vorhaben, außer Sie können sie sicher ausführen. Tun Sie dies innerhalb von sechs Wochen, egal ob Sie mit ihr nach Südfrankreich fahren oder ins Kino gehen wollen.
+ Beherzigen Sie die folgenden Gentleman-Prinzipien:
    - Akzeptieren Sie ein Nein widerspruchslos – aber erst, nachdem Sie einmal nachgehakt haben. Sonst ist die Dame enttäuscht, dass Sie nicht wenigstens ein bisschen Mühe gezeigt haben.

- Seien Sie formvollendet: Ladys first heißt es im Umgang, im Bett. Sie bekommen nur dann eine Lady, wenn Sie sie so behandeln!
- Gehen Sie niemals ohne Feuerzeug aus dem Haus.
- Wenn Sie schon Kosenamen vergeben, dann immer in Verbindung mit dem Namen der Angebeteten.
- Lieben Sie sich selbst, anstatt von ihr zu verlangen, Sie ständig zu bestätigen.
- Tragen Sie die alleinige Verantwortung für Ihr Scheitern.
- Seien Sie, wie Sie sind – nicht mehr, aber auf keinen Fall weniger.
- Leben Sie Gleichberechtigung – aber niemals Gleichmacherei.
- Seien Sie formvollendet auch zu den Freundinnen Ihres Schwarms – aber nie netter als zu ihr.
- Sagen Sie sich jeden Morgen: Ich bin ein Mann, und ich bin der Liebe wert, ich liebe das Leben und das Leben liebt mich. Vergessen Sie danach nicht, sich ausgiebig die Zähne zu putzen.
- Vögeln Sie mit dem Schwanz, denken Sie mit dem Kopf, lieben Sie mit dem Herzen.
- Seien Sie großzügig und freuen Sie sich über ihre Begeisterung.

+ Frauen interpretieren für ihr Leben gern; Ihre E-Mails, Ihre SMS, Ihr Verhalten, Ihre Kleidung. Selbst scheinbar klare Worte hinterfragen sie. Bleiben Sie gelassen, sabbeln Sie weniger und handeln Sie mehr.
+ Seien Sie niemals wieder feige. Wenn Ihr Schwarm nicht das ist, was Sie suchen, hören Sie auf, mit ihr zu schlafen, und sagen Sie ihr, wie es um Sie steht: dass Sie nicht verliebt sind. Und dann verschwinden Sie aus ihrem Leben. Sie wird sich schneller erholen, als wenn Sie sie im Unklaren lassen.

- Legen Sie sich im Kopf eine Liste der Namen an, die eine Frau im Gespräch erwähnt. Sie werden immer wieder auftauchen.
- Benutzen Sie Kondome. Die haben Sie entweder im Haus oder Sie holen sie in der Apotheke. Eine Tüte im Portemonnaie macht einen falschen Eindruck, es sei denn, Sie sind ein Allzeit-bereit-Mann.
- Suchen Sie körperliche Nähe, die nicht auf Sex hinauslaufen muss.
- Schenken Sie Ihr eine Wärmflasche in Herzform, anstatt sich über ihre kalten Füße zu beschweren.
- Bringen Sie niemals Dessous als Geschenk mit. Ausnahme: Seidennachthemdchen, aber bitte nicht in Rot. Auch Grün und Gelb scheiden aus.
- Machen Sie keine praktischen Geschenke. Ausnahme: Schuhregal.
- Gestehen Sie Ihre Zuneigung nicht per SMS oder auf dem Anrufbeantworter. Schreiben Sie einen Brief, oder sagen Sie es ihr persönlich.
- Sagen Sie eine Verabredung nie per SMS ab, auch wenn die Zeit im Chaos der Überstunden nicht zu mehr reicht. Was ist wichtiger: Die Frau oder das Problem im Job?
- Öffnen Sie ihr immer die Taxitür und lassen Sie sie niemals durchrutschen, sondern steigen Sie auf der anderen Seite ein.
- Hören Sie auf, die Klitoris als Rubbelbildchen zu behandeln.

Doch vor dem Sex steht in der Regel der erste Abend – da scheint es, als wäre für Männer der Abend davor wichtiger und für Frauen der Tag danach. Klar ist jedoch: Ob Sie beim ersten Date oder erst bei der zwölften Verabredung Richtung Schlafzimmer, Hotel, Wiesengrund oder Hintergasse starten: Es soll schön werden. Zauberhaft und anrührend. Es war ein großes Glück, dass ich mit Engel Raphael zu den Nacht-Wasserspielen bei mir gleich um die Ecke gehen konnte oder per Zufall in einer Bäderstadt das beeindruckendste Feuerwerk gesehen habe, das es gibt, dass unsere Picknicke spontan waren und das passende Feld dazu so malerisch, dass es wie bestellt wirkte. Aber dieses Glück ist uns nicht immer beschieden (siehe dazu meine Erfahrung 15 Jahre vorher). Es bleibt also oft die Frage: Wohin? Was tun? Ist es romantisch da? Und wenn nein – wie kann ich es romantisch machen? Bitte sehr:

+ Zweite Hilfe für Verabredungen – Wie wird ein Date romantisch?

+ Pool-Time! Tauchen Sie das Becken entlang, bis Sie Ihren Schwarm gefunden haben. Tauchen Sie auf und ziehen Sie ihn unter Wasser bis auf den Beckenboden. Küssen Sie sich, eng umschlungen, und lassen Sie sich dabei vom Wasser emportragen!
+ Ein Theater, eine Oper ist besonders anregend, wenn Sie beide als Einzige in den Gängen umherlaufen. Gehen Sie kurz vor der Pause mit Ihrem Schwarm aus dem Zuschauerraum, entführen Sie ihn auf die Toilette oder in eine Garderobe abseits, die gerade nicht besetzt ist.
+ Lassen Sie sich am Sonntagmorgen von einem bestellten Taxi dorthin bringen, wo Sie mit Ihrem Angebeteten gerne sein möchten: Sonnenaufgang, eine Flasche Champagner, Gläser, Kaffee und Apfelkuchen an einem Ort, wo Sie den Himmel sehen können, dazu er, der Mensch, der Ihnen feuchte Hände beschert – das frühe Aufstehen wird sich lohnen.
+ Bootstour mit Sekt und Shakespeares Sonetten in der Taschenbuchausgabe.
+ Gehen Sie gemeinsam in einen Ein-Tages-Kochkurs. Man erinnert sich an Dinge, die man zusammen *getan* hat – nicht immer an die, die man zusammen *gesehen* hat.

- Alles, was Sie selbst zusammenbasteln oder schreiben, ist romantischer als noch so teurer Kram.
- Falls Sie Gitarre spielen können: Tun Sie es.
- Gehen Sie nach einem Kinoabend unbedingt in Ruhe spazieren und nicht sofort in eine Bar. Gucken Sie sich eine romantische Komödie an.
- Planen Sie, aber lassen Sie das Ende immer offen. Soll heißen: Gehen Sie ruhig zu einer Lesung, einem Konzert, einer Schiffstaufe – aber lassen Sie danach den Raum frei für alles, was sich entwickeln könnte.
- Meiden Sie alles, was zu hell, zu kalt und zu laut ist. Das gilt für Restaurants, Bars, Freiluftkonzerte im Herbst.
- Die Naturgewalten sind auf der Seite der Verliebten. Regen, Stürme, Gewässer, Wolken, Regenbogen, Wald, Berge, Meer. Suchen Sie die Nähe zur Natur. Und sei es, dass Sie sich nur mitten auf dem Weg zur nächsten Bar Zeit nehmen, in den Himmel zu gucken, dicht hintereinander und eng umschlungen.
- Meiden Sie Menschenansammlungen, und wenn es sich nicht vermeiden lässt, bleiben Sie Beobachter.
- Treffen Sie sich nicht gleich bei sich zu Hause, es sei denn, Sie haben ein einfaches Essen gekocht oder könnten etwas herzaubern.
- Wenn Sie für beide kochen, füttern Sie Ihren Schwarm zwischendurch mit kleinen Leckereien und geben Sie ihm was zu trinken.
- Stellen Sie das Radio lauter, wenn ein romantischer Song kommt.
- Lachen Sie. Maßregeln Sie nicht.
- Seien Sie leichten Herzens. Besprechen Sie schwerwiegende Probleme zunächst mit Freunden oder Ihrem Therapeuten.
- Verabreden Sie sich zu unmöglichen Zeiten an unmöglichen Orten, zum Beispiel um 18.18 Uhr auf Parkdeck 8, um Mitternacht am See, um sechs am anderen Ende der Landebahn.

+ »Das Hängebrücken-Experiment« nannten Forscher die Methode, um herauszufinden, was Männer an Frauen attraktiv empfinden. Das überraschende Ergebnis: Lernten sie eine Frau in einer aufregenden Situation – auf einer schwankenden Hängebrücke, in einem ruckelnden Lift, bei einer Demonstration – kennen, »verwechselten« sie ihr Herzklopfen mit Herzklopfen für die Frau! Gut für Sexgöttinnen: Planen Sie Ausflüge mit Herzklopf-Faktor. Pferdewetten. Jegliche Art von schneller sportlicher Betätigung. Fahrtraining. Live-Musik-Clubs. Die Ruhe sollte bei Ihnen zu Hause im vertrauten Bereich einkehren – und die Spannung entlädt sich.

Romantische Idealisten

Sie wünschen sich chronische Verliebtheit, und das jedes Mal. Jedes Mal ist es die wirklich große Liebe, auch wenn sie es davor und davor und davor auch schon behauptet haben. Besonders Frauen neigen dann dazu, bereits nach zwei Wochen zu behaupten, »zusammen« zu sein. Eine Beziehung zu haben. Nach 14 Tagen! Dabei wissen sie NICHTS voneinander!

Sie verwechseln Verliebtheit mit Liebe, sie setzen beides einander gleich – obwohl es nicht dasselbe ist! Umso schlimmer, wenn der Angebetete dann Macken zeigt, die der Idealist nicht akzeptieren will. Oder wenn der Zauber nachlässt, der einen zu Beginn aneinander kleben ließ. Da bricht eine Welt zusammen, mindestens.

Den Romantiker kennzeichnet der Glaube, dass Partnerschaft alles andere in den Schatten stellt, dass erst durch Zweisamkeit alles zu schaffen ist, der Wunsch, dem anderen das Paradies zu sein, und die Hoffnung, der andere möge ebenso denken und fühlen.Grenzenlos sind die Hoffnungen, grenzenlos die Wünsche, grenzenlos die Erwartungen. Auch an sich selbst! Das

Eingeständnis, hier sind meine Grenzen, ich kann nicht alles erfüllen, was du dir wünschst, ist schwer. Romantiker können geradezu depressiv werden bei der Vorstellung, nicht zu genügen und es zugeben zu müssen. Sie laden sich Schuldgefühle auf, aber auch latente Aggressionen: Warum funktioniert es nicht so, wie es anfing? Warum erfüllen sich die Sehnsüchte nicht, wieso bist du der, der du bist, in den ich mich verliebt habe, und warum habe ich mehr in dir gesehen, als da ist? Hast du mich getäuscht, hab ich dich getäuscht? Wieso fühle ich mich jetzt minderwertig, warum beschämst du mich?

Und schon folgen die Dramen …

Das gilt aber nicht nur für die Beziehung, sondern auch für den anderen. Romantische Idealisten haben den Hang, einen potentiellen Lebenspartner beim ersten Mangel zu demontieren. Lieber lassen sie sich auf gar nichts ein, als sich damit abzufinden, dass der andere nicht all das mitbringt, was sie sich vom Traum aller Träume erhofft haben. Auf ihre Erwartungen angesprochen, plustern sie sich auf: »Ja, aber das ist doch mein gutes Recht! Wieso muss ich mich mit weniger begnügen, wo ich das doch auch von mir verlange!« Gute Güte! Anstatt eine Art Schnittmenge zu schaffen, halten Romantiker an ihrem Bild des Traumpartners fest. Versagt er, kippt gleich die ganze Begegnung.

Um das klarzustellen: Wir reden hier nicht von eindeutigen Verfehlungen wie: beim Date versetzen, anlügen, saufen und rumhuren. Wir reden von Dingen wie: Er kocht mir den Tee nicht so, wie ich es mir wünsche. Er kann nicht so gut mit Kindern umgehen, wie ich es mir von einem künftigen Eventuellvater wünsche. Er ist ja doch nicht so eichenfest und gelassen, wie ich das brauche …

Diese fordernde Seite hat allerdings auch ihr Gutes: Romantiker sind so oft von sich überzeugt, dass sie nicht von der Lobhudelei eines anderen abhängig sind, sondern auch allein bestehen können. Romantiker wollen nicht gebraucht, sondern »nur« ganz und gar verstanden und angenommen werden. Klappt das nicht, empfehlen sie sich bald.

Oder – sie wachen auf und sehen, dass ein gewisser Prozentsatz an Flexibilität sein muss, wenn sie je zum Ziel – höchste emotionale Verschmelzung, kombiniert mit erotischer Leidenschaft – kommen möchten.

+ Erste Hilfe gegen romantische Über-Idealisierung

+ Schreiben Sie Ihre Lieblingsliebesfilme auf. Machen Sie sich dann klar, dass Ihr Leben kein Spielfilm ist und Sie Ihrer romantischen Ader einen Hauch mehr Realismus gönnen dürfen.
+ Dauerharmonie ist ein Mythos. Harmonie ist der Tod jeder Spannung, die aber wiederum die Liebe zum Wachsen und Entwickeln braucht. Geraten Sie nicht in Panik, wenn Sie mal nicht derselben Meinung sind oder sich ein Streit ankündigt, wenn sie mal mucksch ist oder er sich einen Abend lang nicht meldet. Harmonie ist immer nur zeitlich begrenzt, aber sie stellt sich auch immer wieder ein. Genauso wie die Disharmonie. Sie gehören zusammen wie das Ein- und Ausatmen. Alles andere, was Sie als Ideal ewigen Gleichklangs sehen, ist Erstickung.
+ Romantische Abendessen, Frühstück in Paris, der Brilli in der Praline, all das sind konsumorientierte Romantikattribute, die nichts mit dem zu tun haben, was wirklich zählt. Romantik beginnt bei Kleinigkeiten, bei geklauten Gänseblümchen oder dabei, sich gegenseitig zuzudecken, im Kerzenschein auf die Lachfältchen anzustoßen oder in einem Raum voller Leute einander gleichzeitig anzusehen. Hecheln Sie nicht hinter romantischen Inszenierungen fremder Leute her.

+ Hören Sie auf, dem anderen heimlich vorzuwerfen, was er Ihnen nicht von den Augen abliest. Gehen Sie nicht von sich aus, wenn Sie Zuneigungsbekundungen bewerten. Wenn er Sie nicht zu einem Picknick abholt, heißt das nicht, dass Sie ihm egal sind. Wenn sie auf einer Bootstour nicht gleich in Stimmung kommt, sondern von den Sorgen im Job spricht, bedeutet das nicht, dass Sie ihr als Mann egal sind. Suchen Sie nicht nach Zeichen, die Sie geben würden, sondern erkennen Sie die Zeichen, die Ihnen gegeben werden.
+ Und, ach ja: Es ist kein schlechtes Zeichen, wenn das Objekt der Begierde sich nicht dreimal am Tag meldet. Erst ab dem dritten Tag ohne Kontakt wird es spannend, denn dann kann es zwei Möglichkeiten geben: Erstens, es ist Taktik, dann können Sie aufatmen, denn würden Sie der Person nichts bedeuten, würde sie nicht taktieren. Zweitens, es ist Desinteresse oder zumindest nicht dasselbe Interesse wie bei Ihnen. Um herauszufinden, was von beidem in Frage kommt: Reden Sie Klartext. »Ich möchte dich gern wiedersehen. Willst du mich auch wiedersehen? Und wenn ja – wann?« Alles Nuscheln ohne definitive Terminaussicht ist nicht mehr Taktik, sondern Unlust. Und tschüss, bis auf Widerruf.
+ Schreiben Sie die berühmte Liste mit 100 Punkten, was Sie sich von einem Menschen wünschen, mit dem Sie eine Liebesbeziehung nach Ihren Vorstellungen eingehen möchten. Streichen Sie 20 Punkte an, auf die es Ihnen nicht wirklich ankommt, die Sie nur der Vollständigkeit halber draufgeschrieben haben. Je schwerer es Ihnen fällt, diese 20 Minuspunkte herauszufiltern, desto mehr sind Sie gefangen in Ihren, Verzeihung, Wahnvorstellungen, was jemand mitbringen muss, um neben Ihnen zu bestehen. Woher stammen diese Wünsche? Welche haben wirklich etwas mit Ihnen zu tun? Sie haben sich über die Jahre hinweg mit Sicherheit verändert. Haben Sie Ihre Wünsche dem angepasst?

- Überlegen Sie sich, was Sie mit Ihrer irre großen Liste vermeiden wollen? Haben Sie vielleicht Angst vor dem Scheitern?
- Brauchen Sie nicht. Hören Sie auf, sich selbst dauernd die gleichen Fehler im Leben vorzuwerfen, und Sie können leichter ertragen, wenn Ihr Traumpartner sich gelegentlich als allzu menschlich zu erkennen gibt.

Manisch Verliebte

»Manie, die: mit Erregung, übersteigertem Selbstgefühl u. a. verbundene Gemütskrankheit; leidenschaftliche Liebhaberei, Trieb, Sucht.«

Liebhaberei? Danke, liebes Fremdwörterlexikon, das wirft mir mein Steuerberater immer dann vor, wenn ich mich in einem Job aufreibe, viel investiere und nichts dabei rumkommt. Irgendwann stolpert das Finanzamt darüber und macht einen rund, warum man Geld und Zeit in Dinge steckt, die nichts bringen, schon gar keine Steuern.

Tja. Warum wohl? Aus Freude? Spaß? Weil es eine Droge ist, Dinge zu tun, die nichts bringen? So ähnlich, wie sich hochgradig in Menschen zu verlieben und nicht wirklich etwas zurückzubekommen?

Ähnlich wie in »Eine verhängnisvolle Affäre«, wo Glenn Glose dem Grübchenmolch Michael Douglas hinterhersteigt, bis er sie ertränken will, so konzentriert sich der manisch Verliebte tunnelgesteuert auf eine andere Person.

Aber ist wirklich die Person gemeint – oder doch eher der Kampf um das Gefühl?

Manische Verliebtheit kennzeichnet sich zwar durch eine Fixierung auf das Gegenüber oder den Hang zu sonstigen verhängnisvollen Affären wie verliebt in die Chefin, die Schwester der eigenen Frau, überhaupt ständig verliebt, obwohl verheiratet oder verlobt, doch scheint der manisch Verliebte mehr dem Gefühl nachzujagen und erst dann der Person. Als ob diese ihm was schuldet, als ob sie ihn aus dem bisherigen Leben erlösen könnte oder es erleichtern soll.

Manisch Verliebte sind anstrengend. Ständig befürchten sie, zu kurz zu kommen. Sie erzwingen Entscheidungen, wo es noch keine Basis für Entscheidungen gibt. Sie geben etwas von sich her und bedauern es im selben Moment, sie laufen der anderen Person nach, um etwas zurückzuerhalten, was sie sich selbst nehmen: die eigene Würde.

Sie ist nie leicht, die manische Verliebtheit, sondern durchtränkt mit Hoffnungen und Forderungen, Zweifeln und Ängsten. Sie ist die graue Seite der rosa Brille, und so mancher manisch Liebende weiß um seine Schwäche. Deswegen versteckt er sie lieber unter sogenannter Selbstkontrolle, denn er weiß: Lass ich mich fallen, werde ich tief fallen und kann mich nicht mehr aufhalten. Oft werden solche Selbstkontrolleure dazu angehalten, ihren Gefühlen doch endlich nachzugeben, sind die Schleusen aber geöffnet, geht's richtig rund. Nicht umsonst gibt es zahlreiche Storys von Menschen, die erst ganz desinteressiert waren und später nicht mehr loslassen konnten. Stellen Sie sich mal vor, das Objekt Ihrer Verliebtheit ist bis oben hin zugeknöpft, steif und scheint Ihre Liebesbekundungen nicht so recht zu erwidern. Kann es sein, dass dahinter ein manisch Liebender steckt? Der Sie am liebsten auffressen würde, wenn Sie ihn ließen, um das Gefühl zu erhalten, dass er geliebt wird?

Anstatt also immer erst zu vermuten, es liege an der Kälte des anderen oder dass Sie nicht genügen, fragen Sie sich lieber, was passieren könnte, wenn der Vulkan ausbricht … Manchmal sind es gerade die sehr stillen Frauen und Männer, die nie viele Worte machen, die sich zu manisch Liebenden entwickeln. Sie leiden, sie lieben, sie bleiben ergeben, und das oft unerkannt oder noch Jahre über eine Trennung hinaus.

Manisch Liebende achten panisch auf jedes mögliche Abwenden der geliebten Person. Freiheit ist für sie eine Bedrohung der Intimität, also klammern sie. Der eine lautstark mit Eifersucht und Getöse, die andere still und lieb, ist einfach immer da und hat kein eigenes Leben; der Nächste trompetet sein Glück oder Unglück permanent in die Welt hinaus, der Übernächste will ja nur das Beste und hilft, wo er kann, in der Hoffnung, so ein unzerreißbares Band zu knüpfen. Manie hat viele Gesichter. Doch nur weil Sie nachts wachliegen, nachdem Ihr Schwarm sich nicht mehr am Abend gemeldet hat, sind Sie noch nicht manisch. Wenn Sie sich allerdings ein Jahr nach der Trennung immer noch kasteien, dann sollten Sie sich fragen, ob Sie die nächste Liebe auch so manisch durchleiden wollen ... Natürlich, der Maniac Lover kann nicht immer etwas dafür. Er fürchtet sich panisch vor Verlusten in der Beziehung, ist zutiefst unsicher und fahndet oft erfolglos nach seinem Selbstwert. So macht er die andere Person, ihre Reaktionen und Liebesbeweise, Liebesverweigerung und was auch immer für Unarten zum Mittelpunkt seines Denkens.

+ Erste Hilfe gegen eine verhängnisvolle Affäre und latente Manie

+ Vögeln Sie nie da, wo Sie arbeiten. Keinen Kollegen, keinen Chef, keine Mitarbeiterin, keine Kundin.
+ Lassen Sie die Finger von den Verwandten Ihrer Freunde, Ihres Partners.
+ Fragen Sie sich, was Sie wollen: gegen jemanden gewinnen, um ihn oder sie zu bekommen – oder weil Sie die umworbene Person mögen?
+ Was genau wird besser, wenn Sie diese Person bekommen? Die Antwort »Alles« ist unzulässig und zählt nicht.

- Sie dürfen Angst haben. Das ist keine Schwäche. Schwach wäre es, sie zu verleugnen oder abzuwerten.
- Sex ist keine Verpflichtung zu einem gemeinsamen Leben. Weder Sie noch der andere können solchen Garantien geben.
- Beobachten Sie Katzen. Sie können eine Katze genauso wenig zu Zuneigung zwingen wie einen Menschen. Was Sie einer Katze an Streicheleinheiten geben, werden Sie nach Gutdünken zurückbekommen. Ja, bei Menschen ist das genauso.
- Get a life! Bleiben Sie bei Ihrem Leben. Fangen Sie nicht dasselbe Hobby wie der Liebste an, versuchen Sie nicht, ihre Freunde zu Ihren zu machen, und nehmen Sie sich mindestens einen Tag in der Woche nur für sich. Tun Sie etwas, was Ihnen Spaß macht.
- Hören Sie auf mit dem Listengetue, wer wen anruft, wer wem welches Geschenk macht oder wer öfter sagt »Ich liebe dich«.
- Schwören Sie nicht ewige Liebe, wenn Sie sich gerade drei Wochen kennen.
- Je dichter Sie dem anderen auf den Pelz rücken, desto mehr drücken Sie ihn von sich weg. Treffen Sie nicht immer schon die nächste Verabredung, wenn Sie sich gerade erst gesehen haben.
- Suchen Sie sich eine Tätigkeit zum Ausgleich. Die einen beginnen zu jonglieren, andere zu laufen oder Musik zu machen.
- Verschaffen Sie sich innere Kompetenz. Ja, das ist eine Aufforderung zum Selbstgespräch. Wenigstens quasselt Ihnen da keiner dazwischen. Reden Sie vor dem Spiegel mit sich selbst. Fragen Sie sich, ob Sie sich gefallen, so manisch-panisch, wie Sie sind. Legen Sie gegen alles Widerspruch ein, bis Sie diese innere Zwiesprache auch ohne Spiegel beherrschen. Lautes Nachdenken unterbricht Ihre gedanklichen Zweifelkreise.
- Lesen Sie keine dramatischen Schicksalsbekenntnisse oder Liebesromane. Hören Sie für eine Weile keine Musik mehr, die

Sie zum Weinen oder Grübeln bringt. Unterbrechen Sie den Kreisel in Ihrem Kopf!

+ Gehen Sie jeden Abend eine Stunde vor dem Schlafengehen spazieren. Manisch Verliebte leiden unter Schlafmangel, da werden sie noch dünnhäutiger und reagieren noch überzogener. Sie brauchen Schlaf!
+ Essen Sie genug. Es hat keinen Sinn, sich selbst zu zerstören und in Hungerstreik zu treten, bis Sie geliebt werden.

Der Pessimist

Der Pessimist geht davon aus, dass alles Gute eh alsbald ein Ende hat. Es gibt ihn in drei Formen: Er/sie befürchtet, erstens, die eigenen Macken würden dem Glück zuletzt doch entgegenstehen, zweitens, die noch zu ergründenden Macken des Gegenübers würden siehe oben, und drittens, dass das Schicksal es für Pessimisten ohnehin nicht eingerichtet hat, dass sie sich verlieben oder lieben, geschweige denn, dass sie geliebt werden.

Also wird mit größtmöglichem Bremsschaum gearbeitet und freundliche Nachfragen der Freunde werden abgewiegelt mit: »Ach, mal sehen, bloß nicht so hoch hängen, wir kennen uns ja kaum.«

Eins aber kann der Pessimist hervorragend: sich während des Zusammenseins einbilden, wie schön es wäre, wenn es schön wäre. Dabei verpasst er meist den ganz gegenwärtigen Glücksmoment, weil er überzeugt ist: Er hat ja doch keine Zukunft.

Er verlangt damit mehr, als vom Verliebtsein je zu erwarten ist: Garantie. Er verlangt mehr Beweise, dass alles gut ist, als andere, er stellt fast alles in Frage und sucht so lange nach Hindernissen, bis sie tatsächlich da sind. Seine Fähigkeit zur sich selbst erfüllenden Prophezeiung ist fast grenzenlos.

Das wird sich teilweise auch später in einer Beziehung fortsetzen, sobald das magische Jahr – wenn der Pessimist endlich daran zu glauben wagt, dass er nicht träumt – vorbei ist. Vieles wird beim anderen als Absprung bewertet, obwohl es das eigentlich gar nicht ist. Der normale Wunsch nach Freiraum wird als beginnender Ablösungsprozess betrachtet, eine unterschiedliche Meinung als der Anfang von »nie mehr verstehen«, andere Interessen mit dem Makel »Wir leben uns auseinander« behaftet. Ohne Zweifel ist der Pessimist zur Liebe fähig. Aber er selbst ist vom Typus »Bindung unsicher«, während er vom anderen das genaue Gegenteil verlangt, also Sicherheit, Nachsicht, Zuspruch – aber bloß nicht so, dass er sich doof vorkommt! Hat ihm seine Vergangenheit nicht gezeigt, wie oft es bei ihm schief ging, ihm soll keiner was erzählen, ihm Pechvogel. Auf die Idee, dass er unbewusst darauf hinarbeitet, kommt er selten.

+ Erste Hilfe gegen: Alles wird schlechter

+ Hören Sie auf zu grübeln, was kommen könnte. Je mehr Sie sich hineinsteigern, desto eher werden Sie unbewusst nach Ihren Ängsten handeln. Die sich selbst erfüllende Prophezeiung beginnt in Ihrem Kopf.
+ Was vorbei ist, ist vorbei. Tun Sie der/dem anderen nicht Unrecht, wenn Sie von ihr/ihm dasselbe Verhalten befürchten wie von den Vorgängern?
+ Versuchen Sie, Ihre neue Liebe so zu sehen, wie sie ist, anstatt zu ergründen, ob es sichtbare Anzeichen für das gibt, vor dem Sie sich fürchten. Stellen Sie Ihren Ängsten Fakten gegenüber. Fakten zählen für Sie umso mehr, als Ihre Intuition zu sehr mit Furcht und Grau überzogen ist.
+ Sagen Sie sich ab heute vor dem Spiegel jeden Tag etwas Nettes.
+ Erwarten Sie nicht, dass der andere Ihre Ängste kennt und deswegen automatisch weiß, wie er mit Ihnen umgehen soll.

+ Schließen Sie nicht von sich auf andere.
+ Treiben Sie Sport. Gehen Sie in die Sonne.
+ Trainieren Sie Ihr Gehirn um. Pessimismus ist so was wie ein eingelaufener Trampelpfad in den Synapsen Ihres Gehirns. Je mieser Sie denken, desto größer wird Ihr Miesmacher-Areal im Gehirn und desto schwieriger wird es, Ihre Einstellung zu ändern. Sie selbst werden sich kaum völlig ändern, Sie werden immer einen Hang zum Schwarzsehen haben. Aber Sie könnten so langsam mal anders damit umgehen! Entscheiden Sie sich, die Sonne zu sehen. Suchen Sie sie in Kleinigkeiten, nehmen Sie sie wahr. Machen Sie die Augen auf, wenn Sie durch die Welt gehen, und selektieren Sie neu: Früher sahen Sie nur Mist. Aber daneben gibt es auch anderes. Schönes, Feines, Glück. Das ist kein Esoterikkram, falls Sie das gerade denken sollten (was typisch für Sie wäre), sondern die vereinfachte Formulierung, mit der ich Ihnen 35 Seiten neurologische Forschungsergebnisse in verquarztem Deutsch erspare.
+ Hüten Sie sich davor, weiterhin Situationen zu schaffen, in denen Sie ziemlich sicher enttäuscht werden: Kreuzen Sie nicht vor der Tür der angebeteten Person auf, wenn Sie doch genau wissen, dass sie keine Zeit hat, im Bett liegt, Freunde da hat oder betrunken ist. Tauchen Sie nicht ausgerechnet dann im Büro auf und fordern Liebesschwüre, wenn in der Firma gerade eine Entlassungswelle droht. Lassen Sie sich beim Friseur nicht nur einen Zentimeter Haar abschneiden, um dann trübselig darauf zu warten, dass es ihm/ihr auffällt. Machen Sie keine Geschenke, von denen Sie nicht sicher wissen, dass sie ankommen.
+ Bekennen Sie sich zu Ihren Liebesgefühlen, anstatt so zu tun, als ob das alles nicht an Sie ginge. Sie verletzen damit mehr, als Sie ahnen.
+ Überprüfen Sie Ihre innere Liste dessen, was jemand alles mitbringen muss. Was ist realistisch? Und was steht Ihnen

im Weg, ganz andere, überraschende Eigenschaften wahrzunehmen? Sie brauchen nicht wahllos zu sein, aber bitte suchen Sie auch nicht die eierlegende Wollmilchsau. Ihre Vermeidungsstrategie ist durchsichtig, und außerdem verlangen Sie damit sich selbst ab, perfekt zu sein. Da das auszuschließen ist – wie sollten Sie dann Ihre Wollmilchdingens befriedigen können?

Verliebt ins Verliebtsein

Verlieben kann eine Droge sein. Wer in die Liebe verliebt ist, zeichnet sich durch eine rasante Art zu lieben aus: Partner und Eroberungen folgen im stetigen Drei- bis Sechs-Monats-Rhythmus aufeinander, jedes Mal ist es »die große Liebe«, ganz wirklich, und dann ist sie auch schon wieder vorbei, hopp, der/die Nächste, bitte.

Wie Sie inzwischen wissen, ist die Liebe ein Rausch, eine süße Krankheit, ja, eine Droge bisweilen – und der ins Verliebtsein Verliebte ist süchtig. Nach Phenylethylamin, kurz PEA. Diese Substanz wird bei Verliebtheit ausgeschüttet und kann seelisch wie körperlich so süchtig machen, dass die Befallenen selten die Person meinen, sondern nur dem Gefühl hinterherjagen. Ein solcherart Süchtiger verliebt sich auf Knopfdruck oder bei Gelegenheit und lässt kaum jemanden aus, um sich mit Phantasie, Sehnsucht und einer Menge Projektionen in den Rausch hineinzusteigern.

Süchtig nach Verliebtheit? Ja, zwar selten, aber das gibt es. Genauso wie Alkohol-, Spiel-, Nikotin- oder Drogensucht gibt es die PEA-Sucht. Die Sehn-Sucht nach großen Gefühlen, dauernd, immer wieder, immer mehr.

Dass der Rausch nun mal verschwindet, wenn man nicht bereit ist, sich wirklich einzulassen und sich selbst zu durchschauen, will dem In-die-Liebe-Verliebten nicht einleuchten. Irgendwer anders ist dann eben schuld, wenn der Rausch verflogen ist. Es ist oft schwierig zu erkennen, wann jemand PEA-süchtig ist oder wann jemand einfach nur Pech hat und ständig an den Falschen oder die Falsche gerät.

Gesellschaftskritiker meinen, die PEA-Sucht werde noch zunehmen, da wir ständig auf noch schnelleres Glück, heftigere Emotionen, totale Selbstverwirklichung aus sind – und dazu gehört auch der Egoismus, dauernd glücklich zu sein. Wenn nicht mit demselben Partner, dann wenigstens mit dem Dauergefühl.

Aber ist man schon nach einer Reihe von kurzen Liaisons PEA-süchtig? Die serielle Monogamie könnte ein Zeichen für wachsende PEA-Abhängigkeit sein, und ich bitte mitlesende Wissenschaftler, sich dazu mal Forschungsreihen zu erarbeiten. Denn PEA-Sucht zu heilen ist mühsam, das kann ich Ihnen nicht mit einem flockigen Tippkasten abnötigen.

Zudem befürchte ich, dass auch ich einen Anflug von PEA-Sucht hatte, und ich bin nicht mal sicher, ob ich ihn gänzlich überwunden habe: Ich pflegte mich nämlich mit Anfang 20 ganz gern zu verlieben, war drei Jahre solo, hatte aber immer »was laufen«, wechselte ständig zwischen himmelhochjauchzend und zu Tode betrübt, und das Leben fühlte sich nach Leben an. Ich buchte es unter Ausprobieren ab. Später folgten eine knapp fünf- und dann eine dreieinhalbjährige Beziehung. Auch am Ende der fünfjährigen Liebe verliebte ich mich ständig, unter anderem in den damals Neuen, und als ich mit ihm zusammen war, hielt ich nach zwei Jahren bereits wieder nach neuen Erfahrungen Ausschau und verliebte mich – unglücklich, denn fremdgehen wollte ich nicht – immer wieder neu. Die Abstände wurden immer kürzer, kaum hatte ich mich entliebt, war schon der Nächste da, und das alles, während die »alte« Beziehung andauerte! Das Karussell samt Trennung drehte sich immer schneller: Im Mai verliebte ich mich in A, im September in B, im Februar in C und im Juli in D! Alle fünf Monate neu! Der eine heilte jeweils die Wunden der vorherigen Begegnung, aber irgendwas stimmte dann doch wieder nicht. Tränen, Dramen, Selbstzweifel. Bis ich irgendwann nicht mehr vom einen zum Nächsten taumelte, sondern mir selbst ein Single-Dasein verordnete. Und gerade als ich mich daran gewöhnt hatte, kam Raphael …

Ich gebe zu, ich fürchte mich etwas. Zu viel über ein Thema zu wissen, kann für Betroffene auch schlecht sein. Ich fürchte mich vor der Drei-Monats-Tücke und meiner ganz persönlichen Fünf-Monats-Marke. Ich habe Angst, PEA-süchtig zu sein.

Genau diese Angst ist es aber auch, durch die ich mich einfühlen kann in andere Verliebte, die sich fragen: Bin ich wirklich verliebt?

Ich bin sicher, dass ich verliebt bin. Ich kann mir heute, nach vier Monaten, nicht vorstellen, diesen Mann herzugeben, auf ihn zu verzichten, oder einen »besseren« zu finden. Und ich hoffe so sehr, dass ich das auch noch nächstes Jahr um diese Zeit finde. Denn ein bisschen kenne ich mich und fordere deswegen auch Sie auf, sich weniger schöngefärbt zu betrachten: Ich weiß, dass ich in der Vergangenheit dazu neigte, immer wieder auf die Suche zu gehen und oft zu glauben: Das ist es jetzt. Dinge, die dagegen sprachen, blendete ich aus. War ich jung, war ich dumm? Nein. Wir alle lernen ständig, und das war eben mein Weg. Der der Sehnsucht.

Auch wenn ich mir heute der Verfehlungen bewusst bin, auch wenn ich jetzt anders handle, auch wenn ich jetzt weiß, dass ich mir Männer aussuchte, mit denen es gar nicht klappen konnte (verheiratet, psychopathisch, 30 Jahre zu alt, zu sehr Macho, um auf eine erfolgreiche Frau nicht zwangsläufig eifersüchtig zu sein, zu weit entfernt wohnend usw.), und es jetzt dagegen so rosig aussieht wie noch nie – so kenne ich mich. Und hoffe, mich diesmal nicht überlistet zu haben, sondern so klar zu sehen wie jetzt, da ich es Ihnen, dem Leser, gestehe. Ja, auch Autoren machen nicht alles richtig im Leben, aber sie lernen daraus und teilen sich mit, wenn sie einen Weg gefunden haben. Verzeihen Sie mir die Nabelschau, sie ist gänzlich unwissenschaftlich.

+ Erste Hilfe bei Verdacht auf PEA-Sucht

+ Gehen Sie in Klausur, bleiben Sie drei Tage zu Hause. Ziehen Sie den Telefonstecker raus und schalten Sie Handy und Rechner nicht an. Am ersten Tag ist das leicht. Am zweiten werden Sie sich fragen, wieso überhaupt. Am dritten werden Sie mich für die Idee hassen. Setzen Sie zwei Wochen drauf, an denen Sie nicht ausgehen, sondern sich vorstellen, nur Beobachter eines Aquariums zu sein, das die Welt und Ihre Umwelt darstellt. Lernen Sie sich selbst zu ertragen.
+ Setzen Sie sich vor einen Spiegel und sehen Sie sich in die Augen. Mögen Sie sich?
+ Ihr Gehirn braucht Zeit für den Entzug der Liebesdrogen. Versuchen Sie, drei Monate mit niemandem zu schlafen.
+ Hören Sie auf, sich mit Aktivitäten zu betäuben, und entschleunigen Sie Ihren Lebenswandel. Nur für sechs Wochen. Stellen Sie fest, dass es Ihnen gut tut, nicht auf allen Hochzeiten zu tanzen.
+ Fangen Sie an zu laufen. Kommen Sie einmal täglich ins Schwitzen.
+ Entwerfen Sie das Bild einer Beziehung, wie Sie sie mögen. Was macht den Menschen aus, mit dem Sie diese Beziehung haben wollten? Stellen Sie sich ihn so genau wie möglich vor. Noch genauer! Wie fühlt sich das an, diesen Menschen zu sehen? Lassen Sie jetzt in Gedanken denjenigen, mit dem Sie gerade turteln, durch Ihre Gedankentür eintreten und stellen Sie ihn neben Ihr neu geschaffenes Bild. Nimmt er es damit auf? Könnte er es überhaupt? Würden Sie es wollen? Oder bringt

er etwas mit, was Ihnen wichtiger ist als all das, was Sie bis eben noch wollten?

Der Masochist

Er sucht sich Menschen aus, die möglichst schwer erreichbar sind. Die Schwester der eigenen Frau. Die Frau des Chefs. Den Geliebten der besten Freundin. Den Mann auf dem anderen Kontinent, den Verheirateten, die Bisexuelle, den Star, die Psychotherapeutin, den bösen Buben, die ewige Diva, den Alkoholabhängigen, die Süchtige … Hauptsache, die Sache hat etwas Unerreichbares an sich, und wenn es zu einer Beziehung kommt, dann mit größtmöglichen Schwierigkeiten.

Sich selbst gern leiden zu lassen beruht auf der fälschlichen Annahme, es nicht besser verdient zu haben. Viele Masochisten lassen zwar sich gern leiden, können sich selbst aber nicht leiden. Sie finden sich unausstehlich und durchwandern in ihrem Leben tiefe Täler von Selbsthass, der Zweifel und der Suche. Was für ein Mensch bin ich? Ein guter? Oder unfähig? Bin ich ein Versager, auf allen Gebieten? Wieso fühle ich so wenig oder fühle ich nur Selbstmitleid? Oft haben sie eine nicht gerade beneidenswerte Kindheit hinter sich, in der sie wenig Zuneigung bekamen. Sie wissen nicht, wie es sich anfühlt, sich gut zu fühlen. Bestätigt. Geliebt. Bewundert. Akzeptiert und respektiert. Es hat Folgen, statt wollen zu dürfen funktionieren zu müssen, und früh zu begreifen, dass man nicht für das geliebt wird, was man ist, sondern für das, was man tut oder vermeidet, wie es sich als braves Kind gehört.

Es gibt auch Masochisten, die in den prägenden Jahren zwar Liebe und Aufmerksamkeit bekamen, sich aber im Lauf der Zeit aus anderen Gründen wirksam eingeredet haben, warum die Liebe nicht für sie geschaffen ist. Manche erklären es mit ihrem

Talent zu einer Sache: Die Schriftstellerin bildet sich ein, der Preis für ihre Schreibkraft sei, allein oder wenigstens unglücklich zu bleiben. Der Supermathematiker sühnt für seine Hochbegabung, indem er sich schwierige Beziehungen schafft. Der reiche Vielgeliebte ist nicht sicher, warum er denn auch noch in der Liebe Glück haben soll. Es sind nicht selten die Begabten, die besonders an sich zweifeln und sich das Leben schwer machen.

+ Erste Hilfe für Märtyrer

+ Schreiben Sie alle Eigenschaften, die Sie an sich mögen, auf. Streichen Sie alles, was mit dem Thema »Anderen helfen« zu tun hat. Was bleibt übrig?
+ Bieten Sie der Person, in die Sie frisch verliebt sind, nicht gleich Hilfe in allen Lebensbereichen an. Erst wer sich selbst hilft, wird auch in der Lage sein zu erkennen, wer Sie sind. Außerdem werden Sie sich dann nicht später fragen: Bleibt er bei mir, weil ich was tue? Liebt sie mich, weil ich ihr weiterhelfe? Oder bin wirklich ich gemeint? Niemand liebt Sie mehr, nur weil Sie helfen. Das ist leider so – Dankbarkeit ist keine gesunde Basis für Liebe.
+ Hören Sie auf, anderen das Leben leichter zu machen, wenn Sie es sich selbst mit diesen Handlungen schwer machen.
+ Fragen Sie sich, warum Sie glauben, Sie seien nichts wert.
+ Fragen Sie sich, warum Sie eine Beziehung vermeiden. Haben Sie Angst vor der Erfüllung Ihrer Wünsche? Weil Sie meinen, Sie verdienen sie nicht?
+ Sie wollen sich abhängig machen? Warum?
+ Glauben Sie, dass Ihre Existenz weniger bedeutsam ist, wenn Sie nicht leiden? Engagieren Sie sich sofort für andere, von denen Sie keine Liebe wollen! Ehrenamtlich. Als Mentor. Als Tagesmutter. Jedes Mal, wenn Sie sich versteigen, etwas für

den/die Unerreichbare/n tun zu wollen, dann tun Sie etwas für sich oder für jemand anders.

+ Versuchen Sie, in der Gegenwart zu leben. Wenn Sie jedes Mal das Ende einer Liebe sehen, sobald Ihr Schwarm etwas tut, sagt oder andeutet, was Sie schon einmal erlebt haben, dann werden Sie Ihrem Herzblatt nicht gerecht. Nur weil Ihr Liebster heute gern zum Fußballgucken geht, heißt das nicht, dass er wie einer der Verflossenen Sie eines Tages mit einer Rothaarigen betrügt, die er in der Fankurve kennen gelernt hat. Nur weil Ihre Herzdame gern tanzen geht wie eine Ihrer Exen, bedeutet das nicht, dass sie Sie für einen Langweiler hält, wenn Sie nicht mitkommen, wie eine Ihrer Damen von früher. Die Vergangenheit mag etwas Bleibendes sein, aber gehen Sie mit der Gegenwart bitte besser um. Sonst hecheln Sie dem Leben ständig hinterher.
+ Gleich welche Verfehlungen Sie sich im Leben vorwerfen: Sie büßen sie in der Sekunde ab, in der Sie Ihre Schuld erkennen und bereuen. Sie brauchen nicht Ihr Leben lang Buße zu tun.
+ Hören Sie auf, Lügner strafen zu wollen. Deren Strafe besteht bereits darin, anderen nicht mehr glauben zu können.
+ Behalten Sie Ihre Leidensgeschichten für sich. Oder ist es das Publikum, an dem Sie sich berauschen? Schreiben Sie ein Buch. Bibliotherapie ist das, wofür andere Leute Geld bekommen, wenn es gedruckt wird, erspart einem aber die Sitzungen beim Therapeuten.

Die Lust, andere in sich verliebt zu machen

Ja, es macht Spaß, das Spielen, das Flirten. »Ich liebe die Frauen«, sagt ein Mann, der es vorzieht, andere in sich verliebt zu machen, statt sich selbst zu verlieben. »Ich bin nicht für einen Einzigen gemacht«, denkt die Frau, die es mag, Männer anzulocken, zu verwirren und kurz vor dem Ziel abzuweisen.

Der Don Juan und die Femme fatale haben zwar eine Menge Erfolg beim anderen Geschlecht, dennoch schützen sie mit ihrer Art ihre eigene tiefe Verletzlichkeit. Gerade sie sind es, die oft als anziehend gesehen werden: Knack ich ihn, werde ich eine schöne Liebe bekommen; finde ich bei ihr den Schlüssel, dass sie sich verliebt, werde ich auf ewig in ihrer Dankbarkeit aufgehoben und sicher sein.

Die Ego-Polisher, die in der Verliebtheit der anderen schwingen, spüren und genießen zwar die Liebe, die ihnen entgegengebracht wird, aber sie lassen sie nicht ein. Dabei bleiben sie immer getrieben von der Sehnsucht nach Liebe, der Sehnsucht, endlich auch einmal fühlen zu können, endlich erfüllt zu sein von eigenen Gefühlen anstatt von denen anderer. Den Kern jedoch schützen sie weiterhin, lassen das Glück nur in Momenten zu, wenn wieder mal jemand für sie entbrennt, in der Hoffnung, sie zu erwecken – nicht ahnend, dass sie sich selbst im Wege stehen. Tragisch.

Oft ist es so, dass sie sich Schmerzen und Leid vom Leib halten wollen. Die Wahrheit aber ist: Liebe schützt vor Leiden nicht. Sie bringt es nicht automatisch mit sich, aber es ist ein häufiger Begleitumstand. Fühlen heißt alles fühlen: Glück und Schmerz. Nur eins geht nicht: das eine über das andere zu definieren. Gewiss, es gibt Grenzen der Leidensfähigkeit, aber wer Angst vor Schmerzen hat und sie durch Kontrolle, gefühlsmäßige Distanzierung oder Vermeidung von Gefühlen aus seinem Leben raushalten will, verbaut sich selbst die Reifung zum liebesfähigen Menschen. Liebe entsteht, wenn zwei miteinander ringen, umeinander leiden, Liebe leben. Vereinigung ist eine Tätigkeit, ein Vorgang, kein fester Zustand, keine Schutzschablone. Ohne die Einsicht, dass Liebe und Lieben handeln und reifen heißt, dauert es eine Weile, bis die Sehnsüchtigen ihre Liebe finden – wenn überhaupt …

+ Erste Hilfe gegen Ego-Polishing

+ Denken Sie daran: Sie sind nicht James Dean im Regen, einsam, aber stolz, sehnsüchtig, aber dabei, ach ja, so unabhängig.
+ Sie fällen keine Entscheidung, die für die nächsten 50 Jahre gelten muss. Hören Sie auf, so zu tun, als ob Sie sich für immer festlegen müssen, wenn Sie eine Beziehung eingehen. Das brauchen Sie nicht, aber eins sollten Sie sich angewöhnen: es ernsthaft versuchen zu wollen.
+ Es ist eine Illusion, dass Sie vor Schmerzen und Verletzungen sicher sind, wenn Sie sich nicht verlieben. Denn Sie laden sich stattdessen eine schöne Fuhre anderen Mist auf: ein schlechtes Gewissen, den anderen bei sich zu behalten, anstatt ihn oder sie freizugeben, um einen Menschen zu finden, der ihn/sie liebt, wie er/sie es verdient, sowie ständige Streitereien und Diskussionen, warum Sie Ihre Liebe nicht zeigen können (klar: Weil da nix ist, Sie das aber nicht zugeben wollen und sich lieber in Lügengebilde verstricken).
+ Sie werden sich allmählich selbst verachten, weil Sie keinen Mut zum Risiko haben, und irgendwann wird sich selbst in Ihren Ohren der Satz »Ich will aber nicht mehr verletzt werden« komisch anhören. Denn stattdessen verletzen Sie mit Ihrer Vermeidungstaktik ständig andere. Wie hoch ist dann noch die Chance, jemanden zu finden, der es ernst mit Ihnen meint, wenn Sie ach so abgebrüht daherkommen?
+ Tun Sie nicht so, als ob nichts an Sie herankommen könnte. Stehen Sie zu Ihrer Verletzlichkeit. Jemand, der vorgaukelt, ihn ginge alles nichts an, braucht sich nicht zu wundern, wenn ihm mehr zugemutet wird als jemandem, der Grenzen zieht:

Das tut mir weh. Hör auf. Sie sind sonst weiterhin grenzenlos, und grenzenlos verletzbar.

Wer sucht was? Die sieben Formen der Liebe

Leidenschaftliche Liebe (Verliebtheit)

Emotionalität gepaart mit Lust: Romantiker haben einen Hang zur leidenschaftlichen Liebe, die für sie am liebsten auf den ersten Blick entsteht. Sexualität spielt dabei eine wesentliche Rolle. Leidenschaftliche Liebe sollte sich wie Verliebtheit anfühlen – und zwar jahrzehntelang. Um sich das zu erfüllen, probieren Romantiker alles aus, wenn sie meinen, dass es sich lohnt. Ansonsten verbringen sie die Zeit mit Warten und Sehnen, auf dass sich etwas ändert oder dass sich was Besseres findet. Auf Verbindlichkeit wird derweil nicht der größte Wert gelegt – Paare, bei denen beide der leidenschaftlichen Liebe anhängen, werden nicht zwingend zusammenziehen oder gemeinsame Geschäfte machen, Kinder in die Welt setzen oder ein Haus bauen. Denn ihre Verbindung besteht zwischen Seele und Körper, aber Verpflichtungen gehören nicht dazu. Freiheit spielt bei der leidenschaftlichen Liebe eine große Rolle, so sein zu können, wie man ist, und so wenige Kompromisse wie möglich zu schließen. Und: Leidenschaftliche Liebe beruht auf großer körperlicher Anziehung. Darauf eine Beziehung zu bauen, ist heikel.

Übrigens haben Romantiker oft einiges gemeinsam: Sie sind in einem ähnlich romantisch-beseelten Umfeld aufgewachsen. Manchmal haben sie sich im Kino dieselben Romanzen angesehen, schon die Eltern verbindet eine romantische Geschichte – oder es war genügend Platz oder Not vorhanden, um sich in ein rosasüßes Schloss zu träumen, bis heute. Romantiker wollen alles Glück und nehmen alles Leid dafür in Kauf. Risiko total, für Leidenschaft, wo immer es geht. Bisweilen aufreibend.

Partnerschaftliche Liebe (Nähe und Verbindlichkeit)

Wann hat die Liebe eigentlich begonnen? Ach, man weiß es nicht mehr, man kennt sich schon ewig und ist nicht gleich aufeinander geflogen wie zwei ausgehungerte Katzen auf dem heißen Blechdach. Eine Menge Sympathie und Gleichklang der Interessen gehört zur »Storge«-Liebe der Freundschaft und einer Teambildung; man hält zueinander, auch wenn einen weniger die Verrücktheiten verbinden als eine große Übereinstimmung auf wesentlichen Gebieten: Ziele, Interessen, Sorgen. Man kann sich aufeinander verlassen, lebt in Ruhe miteinander, Sex ist zwar ganz angenehm, aber nicht wirklich wichtig und kein Gradmesser der Beziehung. Treffen zwei Storge-Liebende aufeinander – wunderbar. Einen Romantiker kann es allerdings schon verwirren, wenn er nicht ständig begehrt wird und es den Partner mehr interessiert, dass im Schlafzimmer auch Stauraum vorhanden sein sollte, als was man ohne Stauraum im Schlafzimmer anstellen könnte. Nähe mag der Romantiker durchaus, aber mit der ruhigen Verlässlichkeit wird er sich bald fragen: War's das schon? Kommt da noch was? Wo sind die Geigen, Flutwellen, Erdbeben, wo sind die Stürme, die einen doch zusammenschweißen sollen? Es ist irritierend, mit jemandem zu leben, dem Leidenschaft abgeht. Gemocht werden, ja, schön, verstanden werden, ganz toll – aber wann knallt's denn hier mal? Und der Storger weiß gar nicht, was er falsch macht … Auf der anderen Seite gilt aber auch: Fast jede Beziehung macht diese Phase durch, wenn der Sex zurücktritt und das Team-Sein nach vorne. Es ist ein ruhigeres Wasser, aber bisweilen auch das tiefere.

Verrückte Liebe (Leidenschaft und Verbindlichkeit)

Sie gehört zu meinen Favoriten, ich liebe am liebsten in Leidenschaft, Wildheit, Freiheit und Aufregung – aber mit genau dem Maß an Sicherheit, das mich an ihn und ihn an mich bindet. Manchmal ist es nicht einfach, zugleich ein wildes und ein ruhiges Leben zu haben mit persönlichen Grenzen, innerhalb derer eine gewisse emotionale Unabhängigkeit herrscht. Und warum keine absolute Verschmelzung? Ich bin mehr für ein »Ich«, das nur zum Teil zu einem »Wir« wird, und bestimmt nicht zum größeren Teil. Deswegen vertrete ich auch das Prinzip des Zusammenseins, aber nicht des Zusammenlebens, deswegen reite ich so darauf herum, dass jeder sein eigenes Leben behält und dem anderen nur einen Platz darin einräumt. Den aber dafür von ganzem Herzen. Wir faszinieren einander, leben Lust und garantieren Exklusivität, solange es geht. Und dieser Faszination ist allzu vertraute Nähe abträglich. Oder? Denn ist Nähe allein nicht doch nur »Mögen«? Auch Freundinnen bin ich nah; ich mag sie.

Totale Liebe (Leidenschaft, Nähe, Verbindlichkeit)

Alles, was wichtig ist: Lust, Intimität und Ausschließlichkeit – wow!. Das ist das Ideal, nach dem die meisten schreien, das sie aber selten zu leben fähig sind. Geht allerdings auch nicht mit jedem. Versuchen Sie mal, einem Pragmatiker klar zu machen, dass Sie mehr brauchen als Lust und Nähe, um sich auf ihn einzulassen, wenn er dagegenhält: Hey, wir passen doch gut zusammen, was kann da noch passieren? Vor dem dabei unausgesprochenen Nichts fürchtet sich eben nur der, den es nach Seelenverwandtschaft und Ausleben der Sexualität gelüstet, neben der Gewissheit, dass sich ein anderer dafür entschieden hat.

Spielerische Liebe (zu allem, aber ohne Verbindlichkeit)

Den lateinischen Begriff Ludus hat der römische Dichter Ovid (1. Jh. v. Chr.) verwendet, um dafür zu plädieren, die Liebe von der angenehmen und leichten Seite zu nehmen und sich die leidvollen, schwierigen Aspekte zu ersparen. Der ludisch Liebende sieht keinen Sinn darin, sich auf einen Partner zu beschränken und sich für die Zukunft festzulegen. Dagegen interessieren ihn die Vielfalt der Erfahrung und das Vergnügen in der Liebe. Es geht ihm dabei nicht nur um den sexuellen Genuss, sondern es ist das gesamte Spiel der Verführung, das ihm Freude bereitet. Allzu tiefe Gefühle und heftige Emotionen sind ihm unangenehm, er ist nicht eifersüchtig und überhaupt ist ihm die Liebe nicht das Wichtigste auf der Welt. Er möchte nicht verwickelt werden, sondern lieber die Kontrolle über sich und sein Liebesleben behalten. Deshalb bevorzugt er unkomplizierte und unverbindliche Beziehungen, häufig auch mehrere nebeneinander.

Pragmatische Liebe

Diese Liebesweise folgt der Philosophie der (barocken) Vernunftehe bzw. der arrangierten Ehe. Dabei wird möglichst nichts dem Zufall überlassen. Der pragmatisch Liebende ist der Überzeugung, dass die Liebe sich am besten entwickeln kann, wenn der äußere Rahmen stimmt. Deshalb achtet er bei potentiellen Partnern auf die Dinge, die ihm bezüglich dieses Rahmens wichtig erscheinen, geht gewissermaßen eine innere Checkliste durch. Dazu kann das Einkommen, die Karriereaussicht, der soziale Status, die Religionszugehörigkeit, das Zusammenpassen beider Familien, die genetische Ausstattung bezüglich späterer Kinder usw. zählen, über die der Partner verfügen sollte. Ein pragmatisch Liebender verlässt sich lieber auf seinen Verstand als auf seine Gefühle, denn eine Beziehung, die auf Verliebtheit beruht, erschiene ihm wie auf Sand gebaut.

Helfende Liebe (auch Selbstverleugnung genannt)

Hierunter versteht man das christliche Ideal der Nächstenliebe (Agape), in der das Glück des Liebenden darin besteht, den

Partner glücklich zu machen. Eigene Bedürfnisse bleiben dabei im Hintergrund. Derart selbstlos Liebende sind daher altruistisch, erwarten im Idealfall nicht einmal die Erwiderung ihrer Liebe, stellen keine Forderungen und keine Besitzansprüche an ihren Partner und bewerten das Geben höher als das Nehmen. Die Liebe entspringt aus einem tiefen Mitgefühl für den Partner und dem Bedürfnis oder auch der inneren Verpflichtung, ganz für ihn da zu sein, auch wenn es mit persönlichen Opfern verbunden ist und unabhängig davon, ob er es verdient hat oder nicht.

Die Art, wie wir lieben, und die Formen der Liebe können sich aneinander reiben, aber sie verändern sich auch mit der Zeit. Erstens, weil wir uns alle verändern und entwickeln, und zweitens, weil auch die Liebe einem Wandel unterliegt, dessen wir uns nicht erwehren können. Sich darüber zu beschweren, dass »es nicht mehr wie früher« ist, ist unlogisch: Sie sind ja auch nicht mehr wie früher. Betrachten Sie Wandlung als Wachstum, nie als Rückschritt.

Kapitel 3

Schon wieder der Traummann / die Traumfrau und wieder, wie immer, die falsche Wahl

»›Sie erinnern mich an meinen Vater‹
ist die netteste Art, einem Mann zu sagen,
dass er als Mann aus dem Rennen ist.«

*Peter Becker, Informatiker, *1949*

Frauen verlieben sich nicht »einfach so«, sagt die Wissenschaft zum Phänomen Wiederholungstäterin, sondern sind ziemlich genau auf einen bestimmten Typ programmiert – das bedeutet, zu einem ähnlichen Aussehen kommen auch eine ähnliche Persönlichkeitsstruktur und vor allem dieselben Macken hinzu. Männer hingegen sind eher auf die äußere Erscheinung festgelegt oder eine bestimmte herausragende Eigenschaft, aber lange nicht so Typus-fixiert.

Nach einer ddp-Umfrage haben 44 Prozent der Frauen immer wieder den Hang, sich aus hunderten von Kerlen genau den rauszusuchen, dessen äußere wie innere Merkmale deckungsgleich sind mit jenen des Mannes, den sie vorher hatten. Und davor. Und davor. Und … Und dass es nicht unbedingt der ist, der ihnen besonders gut tut, ist eine weitere frustrierende Behauptung.

Unsere Gesellschaft ist geprägt vom ewigen Zyklus: verlieben, experimentieren, hoffen, dass es endlich der oder die Richtige ist, scheitern, neuer Anlauf. Was dabei oft als Stolperstein wirkt: dieselben Fehler, und sei es der der Partnerwahl, die unsere Schritte von vornherein immer wieder zum Scheitern verurteilen können.

Dabei suchen wir alle doch nur die Wa(h)re Liebe.

Romantische Liebe – ein neues Modell

Historiker haben nachgewiesen, dass Verliebtheit als Entscheidungskriterium bei der Partnerwahl erst seit 200 Jahren zählt. Vorher wurden Ehen aus materiellen Gründen geschlossen, um Bindungen zwischen Clans zu festigen, um versorgt zu sein, um im selben Stand zu bleiben; außerdem war Liebe auf Lebenszeit eh kurz, da die Lebenserwartung um einiges niedriger lag.

Dass »wahre Liebe« in ihrer romantischen Form (sie muss ewig halten, sie ist immer leidenschaftlich, sie bedeutet alles, sie überwindet alle Grenzen, es wird nur aus Liebe geheiratet) erst relativ jung ist, beruht auf einem gesellschaftlichen Strukturwandel. Bis zur Industrialisierung im 19. Jahrhundert waren alle Kulturen kollektivistisch. Von da an entschieden grundsätzlich weder die Familie noch die Kirche noch bäuerliche Tradition länger über das Schicksal des Einzelnen, sondern dieser selbst. Zumindest in westlichen Kulturen – und zumindest bis zu einem gewissen Grad. Wie die Liebe empfunden wird, welchen Stellenwert sie hat, entscheidet jedoch mehr die jeweilige Gesellschaft als der Einzelne selbst. So ist sie bei uns ein hohes Gut, das auf Freiheit, Sympathie und Romantik beruht. Genauso soll sie sich dann auch anfühlen, so wird sie gelebt: im Versuch, Freiheit und Romantik zu vereinen.

In anderen Kulturen wird der emotionalen Bedeutung von Liebe oder Partnerschaft weniger zugemutet. Da konzentriert sich das Bedürfnis nach Geliebtwerden weniger auf eine einzelne Person, als auf ganze Familien und Bindungen, in denen man sich geborgen fühlt; manchmal lieben Männer ihre Mütter mehr, als sie sich je einer Frau hingeben würden, zum Beispiel in Japan oder Mexiko.

Liebe mehr im Kollektiv zu finden denn in einer Zweierbeziehung heißt auch, sich der familiären Kontrolle nicht entziehen zu können. In Afrika und Asien wie auch in islamischen Ländern sind deswegen arrangierte Ehen nichts Anrüchiges und verbreitet.

In China und Japan zum Beispiel ist unsere Vorstellung von romantischer, leidenschaftlicher Liebe mit all ihren Verrücktheiten geradezu unerwünscht. Eine Ehe, die allein auf der Basis der Liebe beruht, die auf gut Glück kommt und wieder verschwindet, kann nach Ansicht der asiatischen Kultur gar nicht gut gehen. Dort setzt man auf Stabilität der Bindung, da stört Leidenschaft nur.

Während westliche Studenten aus den USA und Deutschland Liebe bei einer Umfrage als positiv bewerteten, als wertvolles und anzustrebendes Glück, betrachteten japanische Studenten Verliebtheit und Liebe mit kritischem Blick: als unbehaglichen Zustand, der nur Eifersucht heraufbeschwöre, kontrolliert werden müsse und eindeutig auf menschliche Verwirrtheit schließen lasse.

Persönliches Glück in einer Beziehung zwischen einem Mann und einer Frau zu erwarten ist also vor allem in westlichen Kulturen Usus; in anderen zählt diese Komponente für Glück, Zufriedenheit oder Sicherheit weniger.

Im Westen änderte zudem das Streben nach Freiheit, Gleichheit, Glück und Individualismus auch die Beziehungsfrage und verdrängte die Vernunftehe; die Liebesehe gewann an Gewicht.

Und in den vergangenen 30 Jahren hat sich das Verhältnis noch einmal enorm verschoben. Ende der sechziger Jahre hätten noch viel mehr Frauen einen Ehemann nach pragmatischen Gesichtspunkten gewählt (Stand, Status, eine gesicherte Zukunft);

inzwischen können sich nur drei Prozent vorstellen, jemanden zu heiraten, mit dem sie keine Liebe verbindet.

Umso höher ist allerdings die Trennungsbereitschaft geworden: Finde ich mit der einen Person das mir zustehende Glück nicht, dann eben mit der nächsten. Liebe – der einzige Weg zum Glück? Kein Wunder, dass wir immer mehr Angst vor ihr haben und alles richtig machen wollen …

Aber selbst heute entstehen Ehen meist nur, wenn Faktoren wie Ausbildung, Hobbys, Religion und gesellschaftlicher Stand möglichst ähnlich sind. Unbewusst, versteht sich, wer will schon zugeben, dass Maurer für Medienwissenschaftlerinnen unakzeptabel sind … wobei Ausnahmen die Regel bestätigen. Frauen lieben nach Beuteschema. Männer, sagen wir es lapidar, nehmen eher, was kommt.

Es gibt aber auch durchgängige Übereinstimmungen: Wir mögen, was uns gleicht. Jemand, der zum Beispiel am gleichen Tag Geburtstag hat wie wir, ist uns gleich sympathischer. Ob Stand, Aussehen, Bildung, Attraktivität oder Erfahrungswerte: Stabiler ist eine Verliebtheit, je mehr Gemeinsamkeiten entdeckt werden, quasi als Vorab-Bonus. Je mehr uns verbindet, desto fester rücken wir zusammen, desto mehr Aussichten messen wir dem zu, was nach der Verliebtheit kommt.

Gleich und gleich gesellt sich also gern. Unklar ist unter Wissenschaftlern jedoch noch, ob Mann und Frau sich bereits vor ihrer Partnerschaft ähnlich waren oder ob sie dies erst im Laufe ihres Zusammenlebens geworden sind. In einem Versuch an der Uni Münster fanden die Psychologen Werner Langenthaler und Regina Maiworm diese »Homogamietheorie« bestätigt.

Paarforscher ließen Studierende raten, welche Männer und Frauen – alle in Einheitstrikots – zusammengehören. Sie rieten zu genau, als dass es Zufall sein könnte, und wussten oft mit einem Blick, wer ein Paar bildete: Die zusammengehörigen Frauen und Männer hatten alle ein ähnliches Attraktivitätsniveau: hübsch zu hübsch, groß zu groß, dick zu dick, unattraktiv zu unattraktiv usw. Paare wurden selbst dann ausgemacht, wenn man den Betrachtern Bilder aus Kindertagen zeigte, als sich die späteren Paare noch gar nicht kannten!

Partnerwahl – angeboren oder anerzogen?

In einem sind sich Wissenschaftler auf der ganzen Welt einig: Der Mensch des ausgehenden 20. Jahrhunderts trifft seine Partnerwahl noch immer nach den Fortpflanzungskriterien der Steinzeit.

Männer, so Evolutionspsychologen, wählen Frauen, die attraktiv, jung und treu sind. Schade, dass man ihnen das Letztere nicht ansieht, obwohl es Vorurteile gibt. So werden Blondinen als treuer empfunden als Brünette. Diese Eigenschaften signalisieren Fruchtbarkeit, Gesundheit und Sicherheit. Frauen hingegen achten bei einem potentiellen Partner vorrangig auf Herzensgüte, Zuverlässigkeit, hohen Status und Einkommen, was ihnen einen guten Vater, Familienmenschen und Ernährer verspricht.

Unsere Partnerwunschbilder funktionieren offenbar nach Auswahlkriterien, die sich evolutionär als lebbar erwiesen haben. Als »sexuelle Selektion« bezeichnet man diese unbewusste Wahl, die streng biologisch gesehen die Erhaltung unserer Art gewährleistet.

»Partnerwahl läuft viel weniger an Idealtypen orientiert ab, als wir vermuten«, meint auch der Flirt- und Attraktivitätsspezialist Karl Grammer. Die Wunschvorstellungen, die wir vom Traumpartner haben, geben uns lediglich Suchbilder vor. In der Realität passen wir diese dann notgedrungen der aktuellen Lage an.

Da nicht alle Frauen jung, fruchtbar und treu und genauso

wenig Männer reich, herzensgut und zuverlässig sind, greifen wir zum Trick des Ausgleichs: Ein Mann, der wenig Status und Geld hat, gleicht diesen Makel durch Verständnis und Fürsorglichkeit aus. Eine Frau, die nicht blond oder blutjung ist, zeichnet sich durch Treue, Güte und Fruchtbarkeit aus. Partnerwahl ist also eine flexible Strategie, die den Regeln der Evolutionspsychologen nicht durchschaubar folgt!

Alles ist allerdings nicht steinzeitlich, sonst gäbe es wohl kaum allein erziehende Eltern, sonst hätte Liebe keine Chance, sonst wäre sie logisch, und das ist sie bei weitem nicht. Unlogisch eigentlich, dass wir sie in Regeln pressen wollen …

Wahr ist nämlich auch, dass sich zwar gleich und gleich ganz gern gesellt, was äußere Interessen und gewisse Einstellungen wie jene zu Familie, Religion und Werte angeht, doch Gegensätze ziehen sich auch mächtig an, besonders wenn wir im anderen Dinge erkennen, die uns selbst fehlen. Dagegen ist es für das Gelingen einer Partnerschaft im Laufe der Zeit oft unerheblich, ob Sie reich sind oder arm, ob Sie sich gegenseitig aus dem Weg gehen oder die jeweiligen Verwandten gut leiden können. Diese scheinbaren Schwierigkeiten wiegen weniger, als wir befürchten.

Verlieben – eine Projektion?

Lassen wir mal die Theoretiker ran, die meinen, Liebe sei nichts anderes als der Wunsch, in jemandem das zu finden, was man selbst nicht hat.

In der Praxis sieht das so aus, dass wir an einer anderen Person Kompetenzen oder Qualitäten schätzen, über die wir selbst nicht verfügen, dass wir zum Beispiel Risikobereitschaft oder Vorsicht faszinierend finden, je nachdem, was uns gerade nicht gegeben ist. Wir suchen die Ergänzung, das aufregend Fremde, aber eben auch Gemeinsamkeiten. UFF! Mittels einer Beziehung versucht der Mensch also, die Vollkommenheit seiner Persönlichkeit herzustellen, in der Hoffnung, dass der andere jene Charaktereigenschaften lebt, die man selbst nicht besitzt oder aufzubringen vermag. Manchmal bildet der andere für uns sogar den Spiegel für das, was wir an uns vermissen, aber nicht wahrhaben wollen, dass wir es vermissen – und oft genug heiraten wir einfach nur unser Problem. Denn in vielen Ehen stellt sich heraus, dass uns, was wir am anderen am anziehendsten fanden, später gewaltig auf die Nerven geht.

Verrückt, nicht wahr? Was man selbst nicht hat, sucht man beim anderen. Der bringt all die Gegensätze mit, das gefällt uns auch ganz gut, solange es reibungslos läuft. Die Karrieristin sucht den Kreativen, weil sie das Kreative bei sich vermisst; der Jobhopper sucht die überlegte Frau, die einen vielleicht langweiligen, dafür aber soliden Beruf hat; die Liebhaberin von Fast Food ist vom Weinkenner fasziniert, der ewige Grübler von der unbeschwerten Sonnenfrau, die Melancholikerin vom Macher.

Läuft es nicht mehr, dann gehen uns genau diese Dinge, die so gegensätzlich sind, auf die Nerven! Die Karrierefrau fragt sich, ob der Kreative jemals verstehen wird, was ihr Erfolg bedeutet, der Jobhopper wünscht sich mehr Flexibilität und Verständnis für sein Leben, die Fast-Fooderin will einfach nur mal im Stehen aus der Pulle saufen, anstatt Vorträge zu hören …

Verkürzt gesagt: Was man am anderen anfangs am meisten mochte, kann mit der Zeit zum größten Problem werden und wird am allerwenigsten geschätzt. Wir spiegeln uns gegenseitig unsere Schwächen vor und hassen uns bisweilen dafür, ohne zu ahnen, warum: weil der andere uns mit seinem bloßen Sein dazu bringt, dass wir uns mit uns und unseren Makeln beschäftigen.

Es handelt sich dabei um einen Vorgang, den man in der Psychologie als »Projektion« bezeichnet. Wir projizieren uns und unsere vermeintlichen Defizite in den anderen hinein und erkennen unsere nicht gelebten Möglichkeiten (C. G. Jung hat das arg umfassend, aber mühsam in »Animus oder Anima« erläutert). Führt der andere uns irgendwann also vor, dass er unsere Defizite beherrscht, während wir sie nicht leben, und will umgekehrt Verständnis für seine Schwächen – oha. Dazu kommt, behaupten Psychotherapeuten, dass die verliebte Projektion eins nicht vermag: den anderen so zu sehen, wie er ist, sondern eben nur die Vision dessen, was aus dem Miteinander entstehen kann.

Visionen, Utopien – stehen sie nicht am Anfang von allem?

Wahre Liebe, so Paartherapeuten, kann erst dann gelebt werden, wenn wir die Persönlichkeit unseres Gegenübers objektiv sehen und uns nicht mehr mit bestimmten Wesenszügen identifizieren möchten.

Schreibt sich schnell, lebt sich schwer. Wir sind Menschen, die nicht dauernd reflektieren können, objektiv schon mal gar nicht, und außerdem geht Liebe auch so. Oder etwa nicht?

Die Liebe auf den ersten Blick basiert beim Mann auf der so genannten Anima-Projektion der Frau gegenüber und bei der Frau auf der Animus-Projektion dem Mann gegenüber. Die Anima ist der weibliche Seelenanteil und der Animus der männliche Seelenanteil, die beide in jedem Menschen vorhanden sind. Ein Mann kann seine weiblichen Züge oft nicht ohne Schwierigkeiten ausleben, weil der Druck des anerzogenen Männerbildes zu stark ist. Ebenso kann die Frau aufgrund der herrschenden Vorstellung, wie eine Frau zu sein habe, ihre männlichen Seiten nur sehr schwer integrieren. Sie sucht den weiblichen Mann, er die männliche Frau – und irgendwann geht ihr der »Softie« auf den Sack und ihm die dauernd »Fordernde«.

Zu schade!

+ Erste Hilfe bei Projektionswahnsinn

+ Stürzen Sie sich nicht in dasselbe Extremhobby wie der/die andere, um zu gefallen oder ihm/ihr nah zu sein.

+ Trachten Sie nach eigenen Erfolgserlebnissen, bevor Sie neidisch darauf werden, was der/die andere kann oder tut.
+ Prahlen Sie nicht mit dem, was der/die andere kann.
+ Fragen Sie, wenn Sie es sich trauen: »Wen siehst du in mir?«
+ Die andere Person und ihre Fähigkeiten sind ein Teil Ihres Lebens – aber eben nur ein Teil. Nicht das Ganze. Deren Fähigkeiten und auch Macken sollten deshalb ebenfalls nur ein Teil Ihres Lebens sein. Leben Sie das andere Leben nicht mit, auch wenn es verlockend wäre.
+ Sie dürfen phantasieren, was Sie alles zusammen auf die Beine stellen könnten, klar. Sie sollten es sogar – denn wenn Sie, als abgeklärter Mensch, der schon mal verliebt war und dabei festgestellt hat, dass Visionen selten Realität wurden, darauf verzichten und stattdessen Kontrolle und Illusionslosigkeit pflegen, wird Ihre Liebe leer bleiben. Nur Risikobereitschaft macht sie dynamisch und lässt Neues entstehen!

Aber warum bloß der, wieso bloß sie?

»Bereits in den ersten zehn Lebensjahren entwerfen wir einen exakten Bauplan unseres idealen Partners«, so US-Sexforscher John Money. Laut Money ist es dieser Faltplan der Liebe, der bewirkt, dass wir aus einer Masse immer den einen Typen ausgucken.

Um eine frühkindliche Beziehung aufarbeiten zu können, wählen wir in festen Partnerschaften immer wieder Elterntypen. So weist bei der Frau der Ehemann wesentliche Merkmale ihres väterlichen Vorbildes auf und die Ehefrau eines Mannes ähnelt in vielen Wesensmerkmalen seiner Mutter. Der Mensch verschafft sich so lange immer wieder die kindlichen und familiären Verhältnisse, bis er sie durchschaut und anfängt, bewusst an der Auflösung der anerzogenen, alten Muster zu arbeiten.

Bis Mädchen zehn, zwölf sind, speichern sie im Unterbewusstsein tausendfach Attribute von Männern in ihrer Umgebung ab. Wie der Vater riecht, der Deutschlehrer geht, der Bruder isst oder der Onkel Auto fährt. Aus diesem ganzen Kram mischt sich ein Plan zusammen aus dem, was sie an ihre Kindheit erinnert. Und was man kennt, das mag man. Später suchen sie das, was sie kennen, auch wenn es quasi unmöglich ist, alles in einem Mann vereint zu finden.

»Wenn man sich bei der Partnersuche von Kindheitserinnerungen statt von seiner aktuellen Lebenssituation leiten lässt, entspricht der Auserwählte eben sehr wahrscheinlich nicht den wirklichen Bedürfnissen«, so die Psychologen. Träumen Sie noch wie einst vom Prinzen auf dem weißen Gaul? Schwingen Sie sich selbst auf den Hengst, und galoppieren Sie Ihren Kleinmädchenhoffnungen davon. Prinzen, die alles können, gibt es nicht. Soll es auch gar nicht geben, denn nach kurzer Zeit kämen Sie sich selbst so minderbemittelt vor, dass Sie Ihren Herzprinz lieber wieder zur Adoption freigeben möchten.

Und Männer – leben sie ihr Mutterbild aus? Money sagt Yes: Auch ihre unbewusste »love map« setzt sich aus unendlich vielen Eindrücken zusammen, die gefallen oder missfallen: die Art, wie die eigene Mutter das Kind umarmte und liebkoste, wie sie roch, auf welche Weise sie es bestrafte oder auch welche Stimmung zu Hause herrschte.

Klar, dass Money mit dieser Theorie auf heftigste Kritik stieß. So behaupten andere Forscher, dieser »Bauplan des Traumpartners« bilde sich erst in der Pubertät, wenn Signale des anderen Geschlechts eine sexuelle Bedeutung bekommen. In dieser Phase werde die Ästhetik geprägt, also die Dinge, zu denen wir uns emotional hingezogen fühlen, die uns kalt lassen oder die wir gar ablehnen.

Klar ist: Ganz ohne kindliche und jugendliche Grundlagen kommen unsere ach so erwachsenen Wünsche jedenfalls nicht aus. Doch auf der anderen Seite sind sie keine Gleise, die wir notgedrungen befahren müssen. Wir alle entwickeln uns im Laufe der Zeit, und damit werden auch die Partnervorstellungen modifiziert.

Eine umfangreiche Partnerwahlstudie führte weltweit der amerikanische Evolutionspsychologe David Buss mit einem 50-köpfigen Team der Universität von Michigan durch. Über fünf Jahre lang haben sie insgesamt 10 047 Frauen und Männer in 37 Kulturen auf sechs Kontinenten und fünf Inseln nach ihren Kriterien bei der Partnerwahl befragt. Darunter in Sambia, wo Polygamie praktiziert wird, in Schweden, wo das Zusammenleben ohne Trauschein so normal ist wie die Ehe, in kapitalistischen wie in kommunistischen Systemen, in Konfessionen aller Art. »Die sexuellen Strategien sind überall gleich«, dokumentiert Buss, »ein Gujarati-Mann in Indien wählt seine Partnerin nach dem gleichen Suchmuster wie ein Zulu in Südafrika oder ein Student in den USA. Selbst extreme, kulturelle Unterschiede modifizieren nur unsere Partnerwunschbilder.«

Aha. Und woher kommen die, bitte sehr?

Das Rollendrama »Familie«

»Die Partnerwahl folgt der unbewussten Tendenz, vertraute Familiensituationen herzustellen«, meint Colene Sawyer, Partnerschaftspsychologin aus Kalifornien. »Wir suchen uns Menschen, die alte Verletzungen, Verlustgefühle oder Ängste heilen sollen – doch sie müssen auch jene Eigenschaften haben, die wir mit unserer Kindheit in Verbindung bringen können, selbst wenn sie Schwierigkeiten heraufbeschwören.« Sprich: Erst der Kerl, der bindungsscheu ist, soll die Verletzung durch beispielsweise väterliche Distanz heilen können. Und ist natürlich oft genug nicht dazu in der Lage. Die Wissenschaft sagt dazu: Wir suchen vertraute Muster, auch wenn's noch so wehtut. Der Name dieses Selbstbetrugs: Re-Inszenierung. Zu einfach? In der Tat – die Mechanismen der Partnerwahl sind verblüffend simpel.

Also auf zur nächsten Hypothek aus der Kinderstube: die in der Familie antrainierte Rolle. Wie wurde man gern gesehen? Als wohlerzogenes, duldsames Töchterlein? Als durchsetzungsfähige Erfolgsmaschine? Falls Sie einer Rolle entsprochen haben, um Ihren Eltern zu gefallen, ohne aber wirklich so zu sein, ist es Zeit, den eigenen Charakter neu zu schreiben, denn: »Wir suchen uns immer den Mitspieler, der genau in das Rollenspiel passt, so wie der Schlüssel zum Schloss«, erklärt Dr. Doris Wolf, Psycho- und Paartherapeutin. Und schwuppdiwupp hast du wieder jemanden an der Seite, für den du die duldsame Tochter mimst oder in dessen Gegenwart du dich stärker gibst, als du bist – um geliebt zu werden. Man lebt eine Rolle, die nicht echt ist, und sucht sich dann auch noch das entsprechende Gegenstück – zur Rolle, aber nicht zum wirklichen Selbst.

Ich könnte jetzt das »Drama des begabten Kindes« anführen – bei dem Mütter oft die Schuldzuweisung einstecken müssen, ihre Brut zu einem falschen Selbst zu erziehen, weil sie bei einem Kind weder Zorn noch Neid oder Eifersucht ertragen, es sogar ablehnen, und das Kind seinerseits, im Bestreben, zu gefallen und geliebt zu werden, all diese Gefühle unterdrückt und im Zaum hält. Was später zu einer unangenehmen Harmoniesucht führen kann, zu Gefallsucht, zu einem Verbiegen des eigenen Selbst, ohne dass man es selbst merkt. Bis man sich so weit von sich selbst entfernt hat, dass man den Weg allein nicht mehr zurückfindet.

Die Lust an der Wiederholung

Einmal falsch gewählt, und es kann uns immer wieder passieren. Besonders nach einer Trennung suchen sich viele just denselben

Typ Mensch aus, um es diesmal besser zu machen – anstatt sich einmal Ruhe zu gönnen, alte Muster zu erkennen und aufzubrechen, bevor es zu den alten Fehlern mit einer neuen Versuchsperson kommt.

Diplompsychologe Aristides Damdounis vom Institut für systemische Kommunikation, Berlin-Hamburg: »In diesem Falle handelt es sich um die Struktur der Wiederholung und der Re-Inszenierung von bereits Erlebtem. Es sind meist die helfenden, verständnisvollen, sich aufopfernden Frauen, die in ihrer Fürsorgerolle eine Selbstbestätigung erhalten. Dabei ist nicht entscheidend, ob diese Bestätigung positiv oder negativ gefärbt ist. Wichtig ist, dass sie das Bekannte, das Befürchtete oder auch Erhoffte reproduziert. Insofern ist die Wiederholungstäterin immer Täterin auf der Suche nach dem eigenen stimmigen Selbstbild.« Ich bin für dich da, also bin ich? Bleibt die Frage, wem wir daran die Schuld geben.

»Im Zweifel uns selbst. Dann eben ein weiterer Versuch. Irgendwann – so die Hoffnung – klappt es. Diese Illusion ist schön – doch sie wird wohl immer eine solche bleiben, wenn wir, Frauen wie Männer, uns nicht bewusst machen, was wir suchen, und dass das Gegenüber mehr erleiden muss als unsere schlechte Laune; es muss unsere Hoffnungen ertragen.«

Die Hoffnungen – etwa auch eine Frage der vorpubertären Programmierung? Damdounis: »Nein. Gegen Ende der Adoleszenz ist eine besondere Phase zu finden, weil hier die Orientierungsprozesse, die die ersten Erfahrungen der Kindheit noch mal relativieren könnten, abgeschlossen sind und sich die Muster definieren, die uns wohl das weitere Leben begleiten. Dies findet ab 17, 18 statt und geht in den Bereich bis Ende 20. Danach finden in der Regel längere stabile Partnerschaften statt, in denen eine Wiederholung nicht notwendig scheint.«

Am Ende aber bleibt: Re-Inszenierung von etwas Gewohntem scheint für viele sicherer zu sein als das Risiko eines Glücks, das sie in seinen Neuformen noch gar nicht kennen. Wir vermeiden das, was wir nicht kennen, und leben lieber das, was wir kennen – auch wenn es wehtut.

+ Erste Hilfe bei Wahlwiederholung

+ Schreiben Sie auf, was all Ihre vergangenen Beziehungen gemeinsam hatten: Waren alle Männer eifersüchtig auf Ihren Job? Waren alle Frauen jünger und haben sich dann in Gleichaltrige verliebt? Waren alle Männer im Gegensatz zu Ihnen phlegmatisch? Waren die meisten Frauen dominant? Suchen Sie das Muster!
+ Wenn Sie es haben, schreiben Sie auf, woran Ihre Beziehungen gescheitert sind. Hatte es etwas mit dem Muster zu tun?
+ Wenn ein Wunder passieren würde und all die Probleme, die Sie in den alten Beziehungen hatten, Sie nicht mehr belästigen würden: Was für eine Frau, was für einen Mann würden Sie sich dann suchen? Was würden Sie sich dann selbst nicht mehr vorwerfen?
+ Und warum tun Sie es nicht? Wovor haben Sie Angst?
+ Suchen Sie sich komplett neue Kreise. Gehen Sie in Vereine, engagieren Sie sich ehrenamtlich, besorgen Sie sich einen Bibliotheksausweis, fahren Sie ans andere Ende der Stadt in ein Café, hören Sie auf, sich im ewig gleichen Sud zu bewegen.

Der unerreichbare Partner

Sie haben nicht nur stets denselben Typus Mann – Sie tendieren auch noch zu den Bösen unter den Gemeinen? Sie werden erst erobert, dann entwertet, und eh Sie sich versehen, laufen Sie diesem geilen, fiesen Idioten hinterher, er spielt mit Ihnen, Sie wissen es und glauben trotzdem, ihn zu lieben? Höchst komplizierte Sache. Diplompsychologin Angela Voß (»Böse Männer kommen in jedes Bett«, MvS) hat beobachtet, dass es meist Frauen mit angeschlagenem Selbstwertgefühl trifft, an einen charmanten Fiesling zu geraten, aber auch solche mit ausgeprägtem Helfersyndrom oder jene, die lieber reagieren als agieren, weil sie es nicht anders gewohnt sind. Ganz abgesehen von denen, die sich danach sehnen, endlich mal zum Loslassen gebracht zu werden. Diese Gefühls- und Verhaltensmuster sind eine Kombination aus Erziehung und Erfahrung; und das Dumme daran ist: Ein böser Bube erkennt diese Schwächen. Er redet nicht, er vögelt; er reißt mit, er macht das Leben zur Achterbahnfahrt – für zwei Drittel aller Frauen ist er zumindest eine Versuchung. Anja zum Beispiel bleibt ständig an solchen Typen hängen; sie ist es von ihrer Familie her »gewohnt«, dass sie um Liebe ringen muss. Ihr anhänglicher Dauerverehrer Mark passt nicht in dieses Muster, denn instinktiv befürchtet sie: »Nur ein Depp könnte jemand Wertloses wie mich lieben. Also muss er ein Depp sein.« Wer sich jetzt gerade in diesem Sätzlein erkannt hat, sollte dringend anfangen, die Einstellung zu ändern, und den Fiesling abservieren. Doch das ist eine der schwersten Herausforderungen, weiß Psychologe Damdounis: »Verlust und der daraus resultierende Schmerz ist – im Unterschied zu Empfindungen von Glück – eine scheinbar authentischere Erfahrung: Glück kann ich mir einreden, Schmerz aber ist echt und nicht verlogen. Insofern liegt in der Enttäuschung auch immer ein Aspekt der Selbstversicherung der eigenen Identität. So bin ich. Ich leide. Gern.« Und schon rennen wir ferngesteuert und liebeskrank zum nächsten Idioten …

Aber es kann auch ganz anders kommen – dass Sie zum Beispiel, und das gilt scheinbar mehr für Frauen als für Männer, sich stets die Vergebenen aussuchen, eine ganz eigene Form des unerreichbaren Partners:

Verliebt in einen verbotenen, weil vergebenen Mann

Eine Affäre mit einem »verbotenen« Mann ist wunderbar. Sie haben die Rosinen auf dem Kuchen, seine »First Lady« die Krümel auf dem Teppich. Die bekommt zum Geburtstag eine Mikrowelle, Sie das schwarze Palmers-Ensemble. Bei ihr lässt er die Zahnpastatuben offen und seine Launen aus, bei Ihnen erscheint er ausgeglichen und schmusewillig. Er wird von ihr bei einer Grippe bedauert, bei Ihnen spielt er den potenten Helden. Doch, ein anderweitig vergebener Mann passt gut in das Leben einer selbstbewussten Frau: Er bringt prickelnden Sex, gute Gespräche, Bestätigung, alles ohne lästige Alltagsproblemchen. Eine Kür ohne Pflicht.

Blickwechsel: Eine Affäre mit einem vergebenen Mann ist scheußlich. Er weiß nichts von Ihren Sorgen und Sie kommen sich vor wie eine unverbindliche Freizeitgestaltung, deren einziger Vorteil sich in Verfügbarkeit erschöpft. Die Feiertage sind demoralisierend, und wie er seinen Morgenkaffee trinkt, werden Sie nie erfahren, weil er die Stunden mit Ihnen stehlen muss. Sie müssen ihn teilen und werden selten das Gefühl haben, dass er sie und nur sie ganz will. Er wird für seine Frau oder Kinder mehr Verantwortungsgefühl aufbringen als für Ihr Seelenheil. B-Frau in Wartestellung auf den A-Mann.

Zwischen diesen Gefühlsextremen pendeln knapp zwei Millionen Frauen in Deutschland; sie ist frei, er gebunden, sie »die andere«, er der Fremdgänger, der sich nicht entscheiden kann oder will. Doch es dürften mehr dieser verbotenen Liaisons existieren: Nach einer Umfrage der Gewis (Hamburger Gesellschaft für Erfahrungswissenschaftliche Sozialforschung) leisten sich 46 Prozent der Männer trotz fester Bindung eine Zweitliebe, mal für eine Nacht, mal über Monate und Jahre. Paarpsychologen schätzen, dass es in 70 Prozent aller Beziehungen zum (beiderseitigen) Seitensprung kommt. Die Wahrscheinlichkeit, dass Sie auf einen verbotenen Mann treffen, der wahre Liebe oder ein Lotterbett im Schweizer Diplomatenformat sucht, ist also ziemlich hoch.

Und was dann?

Die statistischen Chancen, dass er sich in Sie verliebt und Haus, Hund sowie Helga verlässt, um an Ihrer Seite zu leben, liegen laut Gewis bei 17 Prozent; immerhin entscheidet sich also nahezu jeder Fünfte für eine L(i)ebensänderung. Bevor Sie jedoch auf diese Lösung hinarbeiten, müssen Sie wissen, ob Sie das wirklich wollen oder ob Ihnen die Kür ohne Pflicht nicht doch erstrebenswerter erscheint.

+

Er sagt: »Ich habe mich verliebt.« Oder er stellt gleich klar: »Du bist eine tolle Frau, ich will Zeit mit dir verbringen, aber ich werde meine Frau/Familie/Freundin niemals verlassen.« Egal, welche Gründe er anführt, jetzt sind Sie dran – stolpern Sie verknallt in die Affäre und verdrängen Sie die Gewissheit, dass er sich wohl kaum je für Sie entscheiden wird? Oder sind Sie froh, weil Sie es gar nicht so übel finden, regelmäßig Sex und Aufmerksamkeit zu erhalten, ohne dabei auf Ihr übriges Leben und Treiben sowie die Möglichkeit zu verzichten, einen »erlaubten« Lebenspartner zu finden? Sie haben immer die Wahl.

So unüblich ist es – siehe oben – nicht, dass unverheiratete Kerle ohne Nachwuchs die Partnerin wechseln, mit heimlichem Übergang von einigen Wochen; selbst Väter gründen bisweilen neue Patchworkfamilien. Es *kann* sein – muss aber nicht. Aber die Verliebtheitsfalle wird das Prickeln einer Amour fou im unausgesprochenen »Kann«-Schwebezustand versäuern. Die Wehmut, wenn er nach der scharfen Hotelnummer seine »Offizielle« anruft, wird eher bitter denn süß sein. Die Gedanken, die um ihn kreisen, werden sich auf Ihren Alltag auswirken. Es gibt nur zwei Möglichkeiten. Entweder ist Ihre Liebe so beschaffen, dass es Ihnen entgegenkommt, wenn er nur für Stunden Ihr Leben erfüllt. Oder es ist von Liebe keine Rede, sondern einvernehmliche Sympathie mit einer satten Portion sexuellem Verlangen vorhanden. Dann ist es einfacher, die Regeln einzuhalten.

+ Erste Hilfe bei einer Affäre mit einem vergebenen Mann

+ Auf dem Teppich bleiben: Durch die Stunden voller Schokoladenseiten kann sich die Illusion einschleichen, es könnte immer so sein. Seien Sie sich bewusst, dass Liebe im Alltag kein Kekse-Essen ist, bevor Sie sich in Zukunftsträumen ergehen.
+ Sein Leben selbst gestalten, statt zu warten: Wenn Sie sich um acht verabredet haben und er ist um halb neun noch nicht da, dann gehen Sie aus. Backen Sie einen Kuchen. Aber vertrödeln Sie nicht das Leben in Hab-Acht-Stellung.
+ Nicht dulden – fordern: Wünschen Sie sich Blumen, regelmäßige Anrufe, kleine Aufmerksamkeiten? Fordern Sie es ein, es tut gut.
+ Keine Szenen: Sie fragen nicht, ob er mit seiner Frau schläft. Sie rufen nicht nachts an. Sie lotsen ihn nicht ins Café, in dem seine Tenniskumpels auflaufen. Sie tauchen nicht in seiner Firma auf. Sie drohen nicht mit Erpressung, und Sie schreiben keine Briefe, sondern bleiben diskret, mit Stil und Contenance. Und verlangen von ihm selbstverständlich dasselbe.
+ Keine Verstellung: Es nützt wenig, wenn Sie ihm stets vorgaukeln, Ihnen ginge es blendend oder Sie seien die Sexgöttin vom Dienst. Ja, auch wenn eine heimliche Liebschaft aus Lust besteht, muss Raum sein fürs Menschsein. Wenn Sie ihm diese Seite nicht zeigen, verliebt er sich nur in schönen

Schein. Keine Angst vor Auseinandersetzung – denn falls Sie als Lebenspartner zusammenkommen, werden Sie noch genug davon führen. Außerdem zeigen seine Reaktionen, ob er sich auf Sie als Person oder doch nur als Sexpuppe einlassen möchte.

+ Auf die Auswahl achten: Manchmal fällt Liebe oder Lust auf den Mann der Freundin, den Chef ... Seien Sie sich bei explosiven Konstellationen der Konsequenzen bewusst, wenn die Sache auffliegt – was kann wem schaden, wie viele Leute leiden darunter? Besser einmal mehr nachdenken, als sich gleich der Wollust hingeben.
+ Freiheit wahren: Wenn er mit Ihnen zusammen ist, dann absolut. Ansonsten konzentrieren Sie sich auf sich. Definieren Sie sich nicht über seine Existenz, sondern über Ihre.

Aber warum geht er fremd, warum mit Ihnen?

Der häufigste Grund ist eine Frage des Alters: Das Institut für Psychologie in Rom befragte 3000 Männer, wann sie sich in ihrem Leben wie sehr verliebt hatten. Ein Drittel gab an, sich in den späten Vierzigern noch einmal verliebt zu haben. Dr. Willy Pasini, Leiter der Studie: »Die einen verlieben sich in ihre Frau. Die andere Gruppe meint die ›vergeudeten‹ Jahre wieder wettmachen zu müssen und sucht sich dazu eine neue Frau.« Oder eine Nebenfrau. Für viele Männer ist das Aufrechterhalten einer Ehe das Einzige, wobei sie »Durchhaltevermögen« beweisen, eine Scheidung wäre der Verlust einer Lebenslandkarte – und vieler Bequemlichkeiten.

Laut der Studie wird das männliche Liebesleben in mehrere Dekaden eingeteilt und zwischen 30 und 40 erlebt er, was Dr. Pasini die »Wüstlingsdekade« nennt: Er wird sexuell wieder aktiver (mit, neben der oder ohne Ehefrau), genießt das Leben.

Darüber hinaus gibt es eine Typologie der Fremdgänger: Da ist der »Frauenheld«, der im Stil von Casanova an seinem Ruf arbeitet, anruft, sich aber weigert, Anrufe anzunehmen, und sich nicht im Traum einfallen ließe, seine Frau zu verlassen. Mit ihm lässt sich eine herrliche, pflichtenfreie, kurze Zeit verbringen. Der »Unsichere« braucht Affären, um Zeuginnen seiner Männlichkeit zu sammeln, den Beweis, potent und begehrt zu sein. Dafür zeigt er sich während der Affäre dankbar – wechselt aber nicht komplett in Ihr Lager. Dieser Typ kann bei Männern jeden Alters vorkommen, wogegen der »Sucher« ein Thirtysomething ist: Er sucht schlicht, ob sich nicht noch was Besseres findet, bevor er sich festlegt. Da hilft nur, ihn zu überzeugen, dass seine Suche ein Ende hat. Anders der »Krisenmann«: Er lässt sich in eine Affäre fallen, weil seine Bedürfnisse seiner Ansicht nach zu kurz kommen oder die Studentenliebe nicht hielt, was sie versprach. Wenn er nicht zu bequem oder feige ist, wird er am ehesten aus der Affäre einen Neuanfang machen. Genauso wie der »Wankelmütige«, der Sie liebt, aber seine Frau auch. Er kann sein Herz teilen, fürchtet sich aber vor Entscheidungen. Nicht zu verwechseln mit dem »Unnahbaren«. Der hat Affären, um emotionale Nähe zu vermeiden. Mit Liebschaften »beweist« er sich »Freiheit« und schiebt Pseudokrisen als Erklärung vor. Dann sind da noch die Abenteurer, Spieler und Machtgeilen, für die eine Geliebte so amüsant ist wie Dosenwerfen, tschakka, wieder eine! Reine Ego-Polierer: Finger weg – oder es wie ein Mann nehmen und genauso Ego-polierend lieben und vergessen.

Das wären sie also. Aber nun die Frage: Warum treffen diese Typen auf Sie? Weil Sie Signale aussenden: Auch ich will unabhängig bleiben, auf beengende Nähe verzichten. Das strahlen Sie in dem fatalen Moment aus, wenn Sie ihn zu einfach kommen und gehen lassen. Weil Sie unbewusst, oder sehr bewusst, eben nur eine Teil-Liebe führen wollen: gute Zeiten: ja, schlechte Zeiten: och, nö. Das ist nicht weiter verwerflich, nur zieht es eben Sucher, Casanovas und Co. magisch an.

Trifft bei Ihnen nicht zu? Sie geraten zwar »immer wieder, aber aus Versehen« an die Verbotenen? Dann greift bei Ihnen eventuell das Alpha-Syndrom: Wenn er gebunden ist, muss ja was an ihm dran sein, er ist ein Alpha-Tierchen, her damit! Klar: Den, den alle wollen, zu bekommen, hat schon viele davon abgelenkt, darüber nachzudenken, ob er überhaupt gut ist! Dazu bitte auch das Thema »Einer für alle« im Verlauf dieses Kapitels nachlesen.

Viele Männer sind verwundert, wenn man vom Terzett aufs Duett aus ist. »Warum, es läuft doch prima?«, sagen sie, weil für sie ja wirklich alles prima läuft. Überprüfen Sie, ob Ihnen seine B-Seite auch gefällt. Checken Sie ab, was ihn zum Fremdgeher macht. Machen Sie sich auf einen langen Kampf gefasst – vom ersten Gedanken bis zum gemeinsamen Beseitigen der Scherben der alten Beziehung ist es ein langer Weg. Fragen Sie sich, ob Sie jemanden wollen, den Sie überzeugen müssen. Voraussetzung für einen Neustart ist nach Ansicht des Psychotherapeuten Wolfgang Schmidbauer Konfliktbereitschaft: »Wenn Sie jemanden finden, mit dem Sie Probleme lösen, streiten, sich versöhnen können, dann ist er ein potentieller Partner, um mit Ihnen die Trennung durchzustehen.« Scheut er sich davor, wird's schwer, und einem sich selbst zerfleischenden Helfersyndrom sollten Sie nicht verfallen. Und, mal ehrlich, jemand, der zu bequem ist, sich zu trennen, weil er alles hat, was er braucht – brauchen Sie überhaupt so einen?

Wenn Sie sich entschieden haben, den verbotenen Mann zu kriegen – Vorsicht mit Strategien; es hilft wenig, wenn Sie ihm sofort Ultimaten stellen. In die Entscheidungspflicht genommen, verweigern sich die meisten und bleiben lieber bei dem, was sie kennen. So reagieren auch die wenigsten auf Liebesentzug. Weil Männer anders taktieren, merkt er es wahrscheinlich nicht mal, wenn Sie sich ohne Ansage rar machen. Auch Erpressung – ob damit, alles auffliegen zu lassen, ihm ein Kind anzuhängen oder sich umzubringen – dient wenig. Auch wenn Sie noch so sehr zu wissen glauben, was gut für ihn ist (nämlich Sie!), so sollten Liebende nicht zu solchen Methoden greifen. Selbst wenn manche zum Erfolg führen können: Ist es nicht schöner, gewollt zu werden, anstatt ihn mit »Wenn du nicht, dann« zu ködern?

+ Erste Hilfe beim Versuch, von der anderen zur einen zu werden

Plan A: Das Leben ist zu kurz, um es mit Spielchen zu verschwenden. Er sollte erfahren, wie es um Sie steht, wenn Sie schon länger als ein halbes Jahr verbandelt sind. Machen Sie ihm klar, dass Sie in seinem Leben nicht die Zweitgeige spielen wollen, sondern sein verdammtes Orchester, aber bleiben Sie liebevoll. Er sagt entweder gleich: »Hopsala, das wollte ich nicht« und geht. Oder bleibt. Auch wenn der Begriff »Veränderung« ihm Angst einjagt.

Bitten Sie ihn, sich selbst eine Zeitvorgabe zu machen – bis wann er seine Gefühle zu Ihnen überprüft hat. Er braucht seine Entscheidung nicht schon eine Stunde nach Ihrer diesbezüglichen Frage zu fällen. Aber bald. »Ich brauche Zeit« darf er exakt einmal sagen – und danach legt er sich auf eine definitive Zeitspanne fest, die unter drei Monaten liegt. Klar braucht jemand, der 20 Jahre verheiratet ist, Kinder hat oder ein Haus, länger als jemand, der zwei Jahre liiert ist. Ist er schließlich mit seinem eigenen Ultimatum rausgerückt, verordnen Sie ihm und sich vier Wochen Sendepause. Er wird Muße haben, Sie zu vermissen – ohne diese Trennung mit Ansage würde er gar nicht mal beginnen, darüber nachzudenken.

Am Tag der Entscheidung heißt seine Antwort entweder: »Ich will mich trennen.« Oder: »Ich brauche Zeit.« Oder auch: »Nein, danke.« Bei Antwort 2 sagen Sie: »Die hast du gehabt, ich habe es ernst gemeint und hätte dir während der Trennung geholfen, egal wie lang, aber so nicht. Wenn man jemanden liebt, lässt man ihn gehen. Wenn nicht, ebenfalls. Also geh.« Und machen Schluss. Kein Abschiedsbums, sondern raus aus der Tür. Für Nummer 3 gilt das sowieso. Das ist nötig, damit er Sie ernst nimmt und Sie sich weiterhin ebenfalls. Die Chance, dass er wiederkommt, ist inbegriffen, und wenn er wieder da ist, können Sie weitermachen. Klopfen Sie in Gesprächen ab, wo seine Ängste vor einer Trennung, seine Abneigungen dagegen liegen. Schade, aber wahr: Die wenigsten verzichten aus Liebe auf Prestige. Es sei denn, er traut es sich zu und vertraut darauf, dass es sich lohnt, das alles zu knicken – bringen Sie ihm also bei, dass Sie auch da sind, wenn er nicht mehr Chef von det Janze ist oder Alimente bis zum Abwinken zahlen muss. Malen Sie ihm die gemeinsame Zukunft aus – damit hat er was zum Festhalten. Bieten Sie ihm Hilfe auf fassbarer und nicht allein auf emotionaler Ebene an: ob Freundeskreis, Ansehen oder das gerade erst angezahlte Haus – argumentieren Sie mit Lösungen, anstatt mit der Beschwörung: »Ich bin doch für dich da.« Männer denken lösungsorientiert; auch wenn er auf Ihre Gefühle für ihn vertraut, bereitet ihm die Bewältigung der Trennung doch Schwierigkeiten. Und sie fällt ihm leichter, wenn er sich an konkreten Dingen vorwärtshangeln kann.

Plan B: Sie taktieren ohne das Vorab-Eingeständnis. Und greifen auf weniger Sex, weniger Zeit zurück. Schmollen, wenn er nicht Ihren Wünschen folgt. Belohnen ihn überschwänglich, wenn er es tut. Das ganze Repertoire, das Frauen instinktiv beherrschen, um anderen sublim ein schlechtes Gewissen zu machen. Dabei stets Autonomie beweisen, ihm von Ihren Aktivitäten berichten und dabei mehr »ich« sagen als »wir«. Ziel ist, Ihre Unabhängigkeit zu beweisen. Denn kaum ein Mann wird sich aus Dankbarkeit, dass sie ihr Leben auf ihn einstellt, auf eine Frau einlassen – denn das hieße, von einem Klammeraffenkäfig in den nächsten zu wandern. Beginnen Sie dann vorzuschwärmen, wie schön es wäre, einige dieser Dinge zu teilen. Weil Sie ihn zufällig lieben. Dieses Geständnis sollte nicht bedeutungsschwer ausfallen, sondern wie ein Kolibriflügelschlag. Und erst dann sagen Sie, dass Sie nächstes Jahr um diese Zeit mit ihm in seiner neuen Wohnung Kaffee trinken möchten. Besiegeln Sie diesen Deal mit Handschlag. Und leben Sie weiter. Wenn er innerhalb des nächsten halben Jahres nichts tut – erinnern Sie ihn an den Deal. Kommen Ausflüchte – machen Sie Schluss. Aber seien Sie niemals vorwurfsvoll, sondern bewahren Sie Autonomie.

Schluss mit lustig sollte sein, wenn …

… er Sie mit Ausreden, Vertröstungen und abstrusen Gründen hinhält, warum er sich nicht entscheiden kann – von der pflegebedürftigen Gattin bis zum cholerischen Schwiegervater: Es ist immer die höhere Gewalt, für die er um Verständnis heischt. Weg mit ihm.

… er sich besitzergreifend, unzuverlässig, gefühllos und desinteressiert benimmt. Weg mit ihm.

… er sich trennt, wenige Monate später aber wieder zurückgeht. Weg mit ihm.

… er dauernd sagt: »Wenn erst dies, wenn erst das (die Kinder groß, die Krankheit seiner Mutter stabil, die Fusion unter Dach und Fach) ist, dann werde ich mich trennen.« Und im Himmel ist Jahrmarkt. Weg mit ihm.

… es die Frage der Ehre ist: Er schafft es einfach nicht, ohne die Kinder zu sein? Weg mit ihm, in aller Freundschaft, denn Vaterliebe ist konkurrenzlos.

Und letztlich: Weg mit ihm – wenn der Mann kommt, der Sie und keine andere haben will und sich als Volltreffer entpuppt. Ausgeschlossen ist das nicht.

Die Geruchsdebatte

»Alles ganz anders«, sagen Naturwissenschaftler. »Liebe geht durch die Nase, Punkt.« Warum es ausgerechnet nur der eine da drüben sein soll – Biologen sehen als letzte Entscheidungsinstanz den Körpergeruch und damit die Genetik. Wir können gar nicht anders, als uns den einen zu erschnüffeln; die Evolution hat dafür gesorgt, dass sich zwei anziehen, wenn sie ein gegensätzliches Immunsystem und damit möglichst unterschiedliche DNS haben. Das sorgt dafür, dass der Nachwuchs fit wird – und die Duftstoffe des Körpers signalisieren die Beschaffenheit des Immunsystems. Als Sex noch allein zur Fortpflanzung diente, mag das Aneinander-Herumschnüffeln ja hilfreich gewesen sein – aber heute? Gefangen im limbischen System – den Traummann so rein olfaktorisch zu finden, ist heutzutage schwer. Die Pille sorgt zum Beispiel dafür, dass Frauen Pheromone am Männershirt mögen, die ihren eigenen ähnlich sind. Und wir können ja nicht jeden Beau bitten, uns mal eben die Achsel zu präsentieren!

Auf der einen Seite der betuliche Beschützer, auf der anderen der aufregende Adonis: Eine Studie will herausgefunden haben, dass die Damenwahl während der fruchtbaren Tage des weiblichen Zyklus auf Machos mit kantigem Kinn und Dreitagebart fällt und die restliche Zeit mit dem flauschigen Fuzzy vorlieb genommen wird. Und nennt das Ganze dann salopp »Genpool-Fishing«.

+ Erste Hilfe bei Duftüberfall

Die Pille krempelt das Geruchssystem der Frau um, und zwar in der Art, dass sie nicht mehr das konträre Immunsystem aus den Duftnoten eines Mannes entschlüsselt, sondern ein ihr ähnliches. Es geht die Theorie um, dass sich Frauen mit Pille konsequent die falschen Partner erschnüffeln und bei Kinderwunsch, wenn die Pille abgesetzt ist, plötzlich gar nicht mehr so sicher sind, was sie eigentlich noch von dem Mann wollen. Falls Sie Single sind, setzen Sie also die Pille wohl besser ab und erledigen die Verhütung auf Alternativbasis: Silikonringe, Kondome, Persona und Ähnliches helfen Ihrem Körper, sich im Dschungel der Angebote zurechtzuriechen.

Aber Vorsicht: Um den Eisprung herum verändert sich das Duftempfinden dennoch! Ich gehöre zu den wenigen, die nicht per Pille verhüten, sondern sich anders behelfen – und seitdem spüre ich genau, was die Wissenschaft mit »Genpool-Fishing« meint:

Stets so um den 12. bis 15. Tag herum – für männliche Mitleser: Eisprung! Babys!! Verhüten!!! – habe ich den Tunnelblick auf völlig andere Männertypen als jene Gattung, die ich mir sonst als Gefährten für den nächsten Rest des Lebens vorstelle. Platt gesagt: An 24 Tagen darf es Ralfi sein, der Liebe, der sich kümmert und zuverlässig ist – und an vier Tagen Rico, Ricardo und all ihre Kumpels. Groß, stark, Leader of the Pack, egal: Mann für zwei, drei Nächte.

Genpool-Fishing nennt die Evolutionsforschung diesen Tick deshalb, weil Frauen angeblich unbewusst unterscheiden zwischen: Wer ist gut zum Kindermachen (groß, stark, King) – und wer ist gut zum Kinderaufziehen (Teamplayer, rücksichtsvoll, jemand, der auch auf die Länge was aushält).

Klar, dass ich mich nicht wirklich verliebe, wenn ich mich so um den 12. Tag meines Zyklus anders orientiere. Ich will nur ganz piefig supergeil aussehenden Nachwuchs – nein, noch nicht mal *ich* will das, sondern die biologische Uhr. Der entnehme ich die Batterien, hernach Kondome, oder verlasse mich auf Solo-Handbetrieb. Also, merken Sie sich: Wenn Sie mal wieder einem Machoarsch mit geilem Hintern, aber nicht alltagstauglichen Manieren hinterherlaufen, dann fragen Sie sich schleunigst: Ist er ein Relikt des 15. Tages? Wenn ja: Das geht vorbei. Nehmen Sie ihn, aber halten Sie ihn nicht!

Eine(r) für alle

Verstrickt in Herkunftspsychologie, Immunologie, Re-Inszenierung sei noch ein letzter Faktor von »The one!« bedacht: das Gesetz der Masse. Wie eine Studie an der Uni zu Louisville ergab, ist ein Mann umso interessanter, je mehr er von anderen Frauen umschwärmt wird. Frei nach dem Motto, tausend Fliegen können sich nicht irren, sind Prominente, Chefs, Stars und andere Hähne im Korb die ganz große Nummer. Auch allein die Tatsache, kein Single zu sein, macht Männer (übrigens auch Frauen) spannend: Irgendwas muss er ja haben, dass eine ihn genommen hat. Wollen wir hoffen, dass Sie nicht zu jener Hand voll Überforderter mit Entscheidungsnot gehören, die einen Mann nur deshalb anflirten, weil's die anderen auch tun!

Raus aus der Nummer!

Mit den Männern ist es wie mit Duschvorhängen: Kann schimmeln, muss aber nicht. Bedeutet: Sie können natürlich dem immer gleichen Typ folgen, müssen aber nicht, wenn's Ihnen nicht passt. Damdounis: »In der Wiederholung von enttäuschenden Situationen liegt immer die Hoffnung, es diesmal besser zu machen, den richtigen Weg zu finden, auch aber, zu wissen, dass die Enttäuschung, die kommt, überlebbar ist. Bei der Überlegung, diesen Kreis zu durchbrechen, ist es wichtig, zu erkennen, ob es Vorteile bringen würde, dieses Spiel fortzusetzen. Und was notwendig ist an Alternative, um die bislang praktizierten Mechanismen aufgeben zu können. Dazu braucht es einen positiven Gegenentwurf. Ein Beispiel: Frauen, die immer an ›schwierige Männer‹ geraten, müssen sich klar sein, welche Profite sie selbst aus dem Mann ziehen; sie haben oft das Bild der Helferin von sich, die Gewissheit, die fürsorgliche und um die Defizite des

Partners wissende Frau zu sein. Erst wenn sich dieses Selbstbild der edlen Fürsorgerin wandelt, wird die Freiheit entstehen, auf ständige Opferpflege zu verzichten und die eigene Hilfsfähigkeit in anderen zu suchen. Dann kann man sich auch frei davon machen und Beziehungen eingehen, die gleichberechtigt sind.«

Der Ablösungsprozess aus der erlernten Gewohnheit ist nicht einfach – aber das Gute am Älterwerden ist, dass man die Fehler in dem Moment bemerkt, in dem man sie begeht. Auch ich habe mich von der unkomplizierten Liebchenrolle mit Hausfrauenqualitäten (wo ich die genau herhabe, bleibt mein Geheimnis) verabschiedet. Ich war's leid, immer nur verständnisvoll und gut drauf zu sein und damit eben auch nur Machos mit Macken abzukriegen. Mit 31 und zahllosen ähnlich falschen Kerlen bin ich inzwischen nur noch dem Aussehen treu. Dunkel müssen sie sein und geile Unterarme haben.

Der Alibipartner

Manche meinen, es diene ihrem Image nicht besonders, wenn sie solo durchs Leben laufen. Sie sorgen sich so sehr darum, für frigide, nicht attraktiv oder homosexuell gehalten zu werden, dass sie sich eben mal jemanden nehmen, der einigermaßen passt und wo's nicht allzu sehr wehtut.

Das ist die eine Gruppe mit Alibipartner. Die andere ist fast noch schlimmer dran. Diese glauben nämlich, dass sie sich verliebt haben, und hoffen, dass die Liebe schon noch wächst und irgendwie von selber kommt. Dabei ist es nicht Liebe, was sie fühlen, sondern nur Angst vor dem Alleinsein. Besser mit jemandem zusammen sein als allein, auch wenn der andere nicht ganz dem entspricht, was man sich so wünscht. Es ist schwierig, sich einzugestehen, dass man nur deshalb eine Beziehung, ja sogar eine Ehe eingeht, Kinder in die Welt setzt und Hypotheken aufnimmt, weil man meint, es nicht ertragen zu können, allein einzuschlafen. Die Feiertage allein zu verbringen. Überhaupt von heute an den Rest des Lebens allein zu verbringen.

Und schon tickt die Bombe. Mann und Frau gehen auf die Jagd, aber nicht nach der/dem einen, sondern nach Ruhe. Eine Sorge weniger, die Hauptsorge: Ich bin nicht mehr allein, ich hab jemanden. Das ist dann eben der Alibipartner.

Die Angst vor dem Alleinsein ist nicht zu unterschätzen. Sich nicht liebenswert zu fühlen und dann vorsichtshalber mit einer Person etwas anzufangen, bei der zwar nicht der Boden bebt, bei der man aber auch nicht zu viele Gefühle entwickelt und daher auch keinen Schmerz befürchten muss. Nur das Verlassenwerden. Jemand, der panische Angst vor dem Alleinleben hat, wird sich auf der Suche nach einem Alibipartner – den sich viele selbst sogar als Traumpartner schönreden – nicht wirklich auf einen anderen einlassen. Allein schon um sich die Hintertür offen zu halten: Wenn selbst das eines Tages vorbei ist, tut's wenigstens nicht so weh.

Alibisucher, die vor der großen Liebe im Grunde Angst haben, sind oft serielle Monogamisten, bei denen auf eine kurze Beziehung gleich die nächste folgt. Wer seit Jahren allein lebt, stürzt sich selten in Alibibeziehungen. (Dazu ein Richtwert: Bis zu fünf Jahren Alleinleben sind sie nicht zu egozentrisch geworden, ab fünf, sechs Jahren muss man einkalkulieren, dass sie in manchen Beziehungsdingen schrecklich ungeübt sind und merkwürdige Dinge anstellen. Das hat was mit Training zu tun. Echt.)

+ Erste Hilfe bei Verdacht auf Alibi

Sind Sie seit kurzem solo? Seit gestern oder einem Monat, seit einem halben Jahr – und fragen Sie sich, ob Sie sich je wieder verlieben werden, ob Sie einsam sterben werden, ob Sie jemanden finden, der wirklich zu Ihnen passt? Sie sind alibigefährdet. Während Sie die Zeit mit falschen Menschen verschwenden, könnte der richtige hundertmal an Ihnen vorbeilaufen. Nur weil Sie glauben, nicht allein sein zu können oder zu wollen, sollten Sie sich nicht gleich wieder in eine Partnerschaft stürzen. Und Sie brauchen es auch nicht. Sie brauchen überhaupt nicht danach zu suchen. Es wird sowieso passieren, aber hören Sie um Gottes willen auf, alle in Ihrem Umfeld auf mögliche Partnerschaftsqualitäten abzuscannen. Sie suchen etwas von außen, das Sie nur in Ihrem Inneren finden können: Ruhe. Sich selbst mögen. Es mit sich selbst aushalten. Sich selbst ertragen.

Brauchen Sie wirklich schon wieder einen Entertainer, der Ihnen beweist, dass Sie es wert sind, geliebt zu werden? Und hat derjenige dann noch andere Aufgaben, als Sie zu erlösen und glücklich zu machen?

So geht das nicht im Leben. Wenn schon erlösen, dann gegenseitig, oder Sie heilen alte Wunden durch eine ganz besondere innige Liebe, aber Sie brauchen nicht darauf zu warten, dass Mr. Perfect vorbeikommt und Sie von allem erlöst, oder das Mrs. Smart reinspaziert und sagt: Jetzt aber. Mit dieser heimlichen Erwartungshaltung geraten Sie an alle möglichen Menschen, die selber nach Erlösung suchen, aber bestimmt nicht zu einer reifen, erwachsenen Beziehung.

Ja, das ist hart, ich weiß, und Sie fragen sich, wieso ich mir einbilde, Ihnen das einfach so aufs Brot schmieren zu können.

Nun. Vielleicht weil man über das schreiben darf, was man selbst erlebt? Und weil man sieht, was sich ändert, wenn man sich selbst sucht und gefunden hat, wenn man mit sich selbst zufrieden ist und sich liebt, wenn man sich auf sich selbst einlassen kann. Erst wenn Sie sich auf sich einlassen, werden Sie überhaupt in der Lage sein, sich auf andere einzulassen.

Für den Fall, dass Sie das nicht hören wollen, sondern harte Tipps gegen Alibisucht erwarten – na, gut:

- Gehen Sie eine Weile nicht mehr aus, betrinken Sie sich nicht mehr und gehen Sie nicht mehr wahllos mit Menschen ins Bett, wenn Sie sich eigentlich nach Nähe sehnen und in den Arm genommen werden möchten. Sie tun sich damit nur selbst weh.
- Fragen Sie sich einmal ernsthaft, was an Ihnen so unausstehlich sein soll. Sagen Sie es vor dem Spiegel zu sich: »Ich habe Angst, unattraktiv zu sein. Ich habe Angst, zu anstrengend zu sein. Ich habe Angst, mich selbst zu sehr zu bemitleiden. Ich habe Angst, mich abhängig zu machen.« Was der Spiegeltrick bringt? Sie werden sich selbst nicht ganz glauben. Sie werden anfangen, an dem zu zweifeln, was Sie sich selbst permanent in die Schuhe schieben. Sie müssen zuerst an Ihrem Selbstwert basteln, sonst wird es immer Alibipartner geben, die für Ihr Selbstbewusstsein zuständig sein müssen. Und das kann eine Beziehung nicht leisten.
- Lernen Sie, Dinge allein zu tun. Nach dem Mittagessen allein durch die Stadt zu gehen. Sich allein in ein Café zu setzen. In ein Sportstudio zu gehen, wo Sie niemanden kennen. Allein hundert Kilometer zu fahren und wieder zurück. Nein, Sie dürfen auch keine Kumpels oder Freundinnen mitnehmen.
- Halten Sie Ihren Freunden weiterhin die Treue, wenn Sie meinen, sich mal wieder unsterblich verliebt zu haben, und schon dabei sind, Ihre Koffer zu packen, um bei dem/der Geliebten einzuziehen. Melden Sie sich nicht ganz ab, sondern teilen Sie Ihre Aufmerksamkeit. Ja, von Anfang an.
- Machen Sie sich bewusst, dass Sie für die andere Person mehr sind als ein Alibi. Hat sie ihrerseits verdient, dass sie nicht mehr ist als das?
- Hören Sie nicht auf Leute, die Ihnen suggerieren: Die/der kriegt auch keinen mehr ab. (Das bilden Sie sich eh meist ein; die Leute interessiert es keinen Deut, was Sie mit Ihrem Leben anfangen. Dafür haben die selbst zu viel auf der Uhr.)

+ Suchen Sie sich mindestens einen Ort, an dem Sie nicht jagen, sondern auftanken. Mindestens ein Café, in dem Sie weder mit den Gästen noch mit den Angestellten flirten. Nehmen Sie ein Buch mit und lesen Sie, oder gucken Sie in die Luft. Gönnen Sie Ihren Nerven einfach mal etwas Ruhe, ohne den angespannten Jagdfimmel, dass in jedem Augenblick der/die Richtige reinkommen könnte.

Kapitel 4

Und wie geht's weiter?

»Wer in der Liebe Wunder erwartet, vergisst, dass er das größte schon hat.«

*Karlheinz Deschner, Autor, *1924*

Egal in welcher Phase Sie sind – ob Sie sich gestern, vor drei Wochen, vor drei Monaten oder vor einem halben Jahr verliebt haben: Sie fragen sich, wie es weitergeht. Fangen wir doch mal vorne an.

Kennenlernen

Es entscheidet sich beim ersten Blick, ob uns jemand grundsätzlich zusagt, in neun Sekunden, ob wir jemanden sympathisch finden, nach fünf Minuten, ob wir denjenigen oder diejenige wiedersehen wollen. Falls Sie heute Abend als Mann mit dem Vorsatz, sich zu verlieben, auf die Piste gehen, dann bedenken Sie bitte:

1. Wer eine Frau nach zwanzig Minuten nicht zum Lachen und zu eindeutig ihm zugewandter Körpersprache gebracht hat, kann sich das weitere Baggern sparen – sie hört eh nur noch aus Höflichkeit zu und wird von der Damentoilette nicht mehr zurückkehren.
2. Wenn eine Frau Sie im Gespräch berührt, will sie Nähe herstellen. Es heißt nicht, dass sie Sex mit Ihnen haben will. Auch wenn sie um Feuer bittet, heißt es das nicht, und

der Weg von der Bar zu ihr nach Hause gilt nicht als Vorspiel.

3. Wenn eine Frau anfängt, sich selbst anzufassen, will sie wahrscheinlich von Ihnen berührt werden. Erst recht, wenn sie immer nickt, sobald Sie »Ich« sagen.

Ansonsten haben ein paar wilde Forscher an den Unis zu Minnesota und Ohio herausgefunden, dass sich in den ersten drei Minuten ziemlich viel entscheidet. Und zwar, ob aus der Begegnung eine lose Freundschaft, eine Bettgeschichte oder eine Beziehung wird. Sie forschten in Echtzeit, das heißt, sie beobachteten Paare beim ersten Kennenlernen in diversen Bars (bei einer solchen Studie wäre ich auch gern mal dabei, hui), befragten sie getrennt und kontrollierten neun und zwölf Wochen später, wie die Sache ausging. Stets so, wie es die Paare selbst einschätzten!

Was das heißt? Nun:

Trauen Sie Ihrem Gefühl beim ersten Eindruck!

Sie wissen im Grunde immer ganz genau, was Sie am anderen antickt. Manchmal reden Sie sich allerdings reine Lust als Verliebtsein schön, oder Sie überbewerten große Sympathie.

Was Sie also tun müssen, um bereits in den ersten drei Minuten zu wissen, ob Sie sich die nächsten drei Monate sparen können, ist sich selbst vertrauen lernen. Ehrlich sein, und das absolut. Versuchen Sie sich übungshalber an Ihren absolut ersten Eindruck zu erinnern, den Sie von Ihren Expartnern hatten.

Nun?

Das allererste Gefühl?

Ich kann es Ihnen bei meinen ganz genau sagen. Ich gehe jetzt mal nur drei Beziehungen zurück, die der vergangenen acht Jahre. Kurt: Lust. Hans: Sympathie. Reinhard: Neugier. Was für ein Unterschied dagegen, als ich den Engel traf: Absolutes Glücksgefühl der Liebe. Ja, mich traf auch der Schlag, weil es sich so anders anfühlte als die drei Minuten bei den anderen. Bei Kurti hab ich mir die Lust zur Verliebtheit umgedichtet, bei Hans die Sympathie zur liebevollen Zuneigung. Hätte ich ehrlich über meinen ersten Eindruck nachgedacht, hätte ich meine Handlungen anders ausgesteuert. Mit Kurt wäre ich dreimal ins Bett gehüpft und tschüss, mit Hans wäre ich gern befreundet geblieben und von Reinhard hätte ich schlicht und weg die Finger lassen sollen, als er zum ersten Mal »Ich liebe dich« sagte. Aber ich war neugierig, was wohl passiert. Geliebt? Tja. Ich hoffte, das kommt dann schon noch.

Ich habe auch mal bei meinen Freunden herumgefragt, was denn bei ihnen in den ersten drei Minuten passierte: »Wow«, dachte Lisa, als sie Thorsten erstmals sah, »der ist ja irre. Aber für jemanden wie ihn bin ich einfach zu wenig. Nicht attraktiv genug.« Was folgte, war übrigens, dass sie ständig versuchte, sich interessant zu machen, obwohl sie interessant genug ist.

Hans dachte bei Nina: »Ach, die ist interessant, die macht auch so interessante Sachen.« Sie verlebten drei Jahre miteinander, in der er mehr ihren Job schätzte als sie und sich gern darin sonnte, was sie tat! Nina dachte bei Hans übrigens: »Der guckt mir ja gar nicht in den Ausschnitt. Endlich mal einer, der mich intellektuell ernst nimmt.« Stimmt. Im Bett lief nach den drei Jahren nicht mehr viel.

»Ist die süß«, dachte Andreas, als er Birgit das erste Mal sah, »total mein Typ!«, und Birgit: »Scheiße, sieht der gut aus! Wann sehe ich ihn wieder? Das ist mein Schicksal. Und er ist so … männlich, an den kann ich mich anlehnen.« Entsprechend neugierig und hungrig gingen sie aufeinander los und ticken im derartigen Einverständnis miteinander, dass einem aus Neid ein bisschen schlecht werden könnte. Aber nur ein bisschen, denn es bestätigt die Hoffnung, dass es so was gibt. Doch: Der allererste

Eindruck markiert auch manchmal die unbewussten Erwartungen, die wir am anderen festmachen. Auch Andi und Birgit bekamen damit Probleme – denn sie war nicht immer nur süß, sondern auch taff, launisch und unabhängig; und er war nicht immer nur männlich beschützend, sondern auch mal unsicher, jungenhaft und unbeständig.

Wie sieht es bei Ihnen aus? Können Sie Ihre Gefühle so benennen und auseinander halten? Standen Ihre Aktivitäten konträr dazu? Fragen Sie auch Ihren neuen Lover danach, was er wirklich dachte in den ersten Minuten. Und was er heute denkt. Ob sich Dinge bestätigt haben oder ganz anders aussehen, weil er mehr von seinen Ängsten (»Die ist ja toll. Zu toll für mich«) gehemmt wurde.

Merken Sie sich den ersten Eindruck. Und wenn Sie ihn auf einen blöden Zettel schreiben, um acht Wochen später mal wieder draufzugucken und zu sehen, was sich getan hat. Ob sich etwas verändert hat. Ob Sie wirklich verliebt sind oder nur meinen, es zu sein. Ob Sie nicht gegen sich handeln, gerade weil der Stein ins Rollen gekommen ist.

Seien Sie bereits beim Kennenlernen hellwach. Trainieren Sie Ihre Wahrnehmung und täuschen Sie sich nicht selbst! Manche Probleme entstehen deshalb, weil wir an den Erwartungen des ersten Eindrucks festhalten und ganz verblüfft sind, dass der andere mehr ist als das, was wir in ihm gesehen haben. Versuchen Sie mehr und mehr, im anderen den Menschen zu sehen, der er wirklich ist.

Zur Selbsttäuschung gehört übrigens auch, das Interesse des anderen höher oder tiefer zu bewerten, als es eigentlich ist. Versuchen Sie auch da, genau hinzusehen, hinzufühlen und sich nicht von rührenden Freundinnen einreden zu lassen, dass er bestimmt was von Ihnen will, aber halt eben gerade so gestresst gewesen ist. Was nicht ist, ist nicht und wird nur selten im zweiten Anlauf was. Kann, muss aber nicht.

Verabredungen

Erste Dates geraten bei einigen zu potentiellen Vorstellungsgesprächen, bei anderen zur letzten Chance, und einige glauben sogar, es sei bereits der Beginn einer Beziehung, nur weil man zum Schluss wild rumgeknutscht hat.

Aber letztlich ist eine Verabredung nur der allererste winzige Minischritt zum Kennenlernen und zum Gucken, wie die Hormone Tango tanzen. Oder um festzustellen, dass die Neugier nicht befriedigt wurde, dass der erste Blick spannender war als alles, was danach kam. Das läuft unter erweitertes Kennenlernen, das immer noch verschiedene Ausgänge ermöglicht: Verlieben, Freundschaft, Bettgeschichte, Bekanntschaft, Aus, Ehe.

Gehen Sie bitte von heute an davon aus: Sie werden bei den ersten drei Dates gecheckt, so wie Sie abchecken, und alles ist offen, nichts ist wirklich klar. Ja, vielleicht können sich beide mehr vorstellen, aber wie dieses Mehr aussieht – keiner weiß es. Manchmal weiß man bereits nach zwei Rendezvous, dass es für mehr nicht reicht, auch wenn man einander ganz nett findet. Manchmal weiß man erst nach dem vierten, dass man heiß aufeinander ist, aber nicht den Alltag miteinander verbringen möchte. Und ganz, ganz wenige wissen nach dem zweiten Date, dass sie füreinander bestimmt sind. Ich möchte diese Fälle nicht unerwähnt lassen, aber sie kommen so selten vor, dass Sie sie nicht zur Norm erheben sollten.

Lässt sich übrigens jemand mit dem Verabreden Zeit, ist es okay, wenn der Zeitabstand bei einer Woche liegt. Liegt er darüber, sollten Gründe vorliegen wie gebuchter Urlaub, Seminar, Terminabgabe beim Job, kranke Mutter, eigene Operation. Alles andere ist nur eins: Desinteresse. Abhaken.

Aber noch lange kein Grund zum Verzweifeln. Denn es ist ja nicht viel passiert, also machen Sie kein Drama draus. Sie waren einfach nicht sein/ihr Typ, als dass es für mehr als Sympathie reichte.

Versuchen Sie, die Dates trotzdem entspannt anzugehen. Erspüren Sie jeweils zwei Stunden vorher aus dem Bauch heraus, wie Sie heute drauf sind. Sexy oder müde, neugierig oder hoffnungsvoll? Versuchen Sie, authentisch zu sein. Es ist ein gutes Zeichen, wenn Sie schon das dritte Mal verabredet sind, dann ist das Interesse auf beiden Seiten groß.

Stichwort Taktik: Bei den ersten Dates zurrt sich noch nicht viel an Verhaltensweisen fest. Wenn Sie jedes Mal anrufen, heißt das nicht, dass Sie in einer eventuell resultierenden Beziehung dem anderen immer hinterherhecheln werden. Wenn Sie die Orte der Verabredung vorgeschlagen haben, bedeutet das nicht, dass Sie in einer Partnerschaft immer die Initiative übernehmen müssen, auf dass überhaupt etwas passiert.

Es heißt aber so oder so: Finden Sie die Balance zwischen kommen lassen und selber was tun. Jemanden, der eh auf Sie zurennt, müssen Sie nicht noch mit einem Ankerwurf dichter an sich ziehen.

Beschweren Sie sich im Übrigen nicht, dass jemand sich *nach* einem Date nicht so verhält, wie Sie das vielleicht wünschten oder gar selber täten, wenn Sie nicht dummerweise dächten, Frauen/Männer tun das nicht. Frauen, die sagen, »Er hätte doch wenigstens anrufen können, um sich zu bedanken, es war doch schön, aber so – ist er entweder unerzogen oder mag mich gar nicht«, möchte ich raten: Ruf doch selber an. Oder lass es. Es gibt wenige, die alles von vornherein »richtig« machen. Wenn Sie auf so jemanden treffen: zugreifen und es toll finden (und vor allem sagen, wie toll Sie es finden). Aber ansonsten: Können Sie sich kurz mal in Ihr Gegenüber versetzen? Was wird es wohl erwarten von einer Frau, einem Mann, die »alles richtig« machen sollen? Wird Ihnen dabei nicht ein bisschen schwummerig, oder tun Sie es ab mit: »Pah. Soll mich nehmen, wie ich bin.«

Nun ja. Und wie wäre es, das dem anderen ebenso zuzugestehen, und statt sich zu mokieren, was alles ausbleibt, das zu tun, wonach Ihnen ist?

Dates können nicht durchgeplant verlaufen. Die Dynamik zwischen zwei Menschen, die aufeinander neugierig sind, eröffnet in jeder Sekunde einen neuen Dreh. Wie oft wollten Sie ihn/sie beim ersten, zweiten Date nicht mit nach Hause nehmen und taten es dann doch, weil es sich so ergab und sich wunderbar anfühlte? Also.

Seien Sie planlos. Bis auf die Wahl des Ortes und der Rahmenhandlung (siehe dazu die entsprechende Hilfe in Kapitel 1 und 2).

Hüten Sie sich vor allzu schnellen Gefühlsbekundungen. Ja, auch wenn sie im Zweifel nur aus dem Moment entstehen. Und warum? Weil der andere ebenso in seinen Gefühlen rumsurft und sich, gelinde gesagt, überfordert fühlen wird, wenn Sie ihn beim dritten Date mit »Ich liebe dich« überfallen.

Sie sind ein feinfühliger Mensch, das weiß ich. Und was ist für Sie wichtiger? Auszusprechen, wie Sie sich fühlen, oder sich dem Gefühl erst mal hinzugeben? Sie werden spüren, wann es Zeit ist, über Liebe oder Verliebtheit zu reden.

Kleiner Hinweis: Dann, wenn Sie sich aneinander klammern, als sei es das Letzte, was Sie jemals tun wollen. Wenn Sie miteinander weinen, wenn Sie diesen gewissen Blick in den Augen des anderen wahrnehmen. Und niemals direkt nach dem Sex. Sondern in vertikaler Stellung, bitte.

Erster Sex

Entspannen Sie sich. Es muss nicht alles klappen, es kann nicht alles klappen, manchmal bleibt trotz Hitze und Lust nur der Streichelzoo, weil der Penis einfach zu aufgeregt ist. Nehmen Sie einen schlaffen Schwanz einfach als Kompliment: Sie sind dem Kerl so wichtig, dass es ihm auf die Erektion schlägt. Ausnahme: Er ist bereits beim Vorspiel eingeschlafen, dann handelt es sich um ein Versehen. Die ganze Begegnung allerdings!

Aber was kann beim Sex sonst noch passieren? Eine Menge – so viel, dass ich mir in der »Cosmopolitan« mal Gedanken gemacht und alles in einen Erotik-Knigge von A bis Z gegossen habe:

Alkohol: (Weizen-)Bier und Romantik vertragen sich wie Liegefahrrad und Leidenschaft. Wer sich zwecks Hemmungslosigkeit anschickert, begeht einen subtilen Fauxpas: Das Gegenüber bekommt den Eindruck, dass Sie sich betrinken müssen, um sich zu körperlicher Nähe durchzuringen. PS: Sekt gehört in ein Glas, nicht auf den Venushügel, das brennt!

Anrufen: Psychospielchen wie »Wer hat öfter angerufen« oder »Wer beendet das Gespräch zuerst« sollten Sie sich beide sparen. Das sind kindische Manieren, die zu nichts führen.

Ausziehen: Gegenseitiges Entblättern ist wie gespanntes Schleifenaufbinden und Zeichen von Respekt. Stellen Sie sich vor, Sie überreichen ein Geschenk – und sollen es gefälligst selbst auspacken! Genauso fühlt sich Ihr Gegenüber, wenn Sie nicht mal am Papier interessiert sind.

Ausdauer: Es geht das Gerücht, Frauen würden den Marathon-Mann mit telefonmastartigem Gemächt bevorzugen, der Stunde um Stunde potente Leistung bringt. Ausdauer ist zwar nett gemeint, aber Sie sind nicht auf dem Laufband zu Gange! Etikette beweist, wer nicht auf Leistung, sondern auf Liebe eingestellt ist.

Blowjob: Gebieterisches Hand-auf-den-Hinterkopf-Legen gehört in die Kategorie Etikette-Notstand. Der ungebetene Griff degradiert zur Erfüllungsmaschine und nimmt ihr die

Chance, den Mund nicht zu voll zu nehmen oder den Gaumen zu schonen. Für Ladys gilt: Wenn Sie ihn dazu bringen, sich bis zum Höhepunkt hinzugeben, sollten Sie nicht wie erlöst aufspringen, um sein Sperma angeekelt zu entsorgen. Wenn Sie keine Freundin des Schluckreflexes sind, sollten Sie es auch nicht so weit kommen lassen, sondern vorher absetzen. Und wie? Nicht in seinem Bauchnabel abladen, sondern diskret im Tempo.

Beißen: Kein Zeichen von Leidenschaft. Wer beißt, gehört in die Spielecke; wer zart knabbert und seine Bisskraft kennt, beweist Kinderstube.

Bett: Quiekende Federn, Biberbettwäsche, Herden von Kuscheltieren: Knigge, übernehmen Sie! Beischlafutensilien gehören in die Schublade anstatt aufgereiht wie im Werkzeugkeller. Das gilt vor allem für Papierrollen – ihr Anblick ist so sexy wie ein Schnupfenspray. Allerdings ist eine greifnahe Wasserflasche eine umsichtige Geste …

Cunnilingus: Vorwurfsvolles Herumzupfen am Mundwinkel danach ist uncharmant. Umgekehrt sind heftiges Haarereißen oder leichtsinnige Schenkelpressung nicht die feine englische Art. Wer sich danach noch einem Kuss verweigert, brüskiert ebenso heftig, wie wenn Sie ihm fürs Türaufhalten das Danke vorenthalten.

Dirty Talk: F-Wörter, Pornolexik, Anweisungen wie auf dem Kasernenhof – ohne längere Vertrautheit daneben. Flüstern, keuchen, schreien Sie, wie Sie wollen – aber vergreifen Sie sich nicht im Ton, als seien Sie ein Cheerleader.

Erstes Mal: Ist selten so gut, wie es noch werden kann. Nicht ins Bett gehören: Erwartungen, dass beide sofort wissen, was gut für den anderen ist, der Zwang gemeinsam zu kommen, sämtliche Praktiken von Super-Blowjob bis Zehensaugen, ein Arsenal an Spielzeug, und Vorwürfe. Lassen Sie sich und einander Zeit!

Fragen: Wie war ich? War's gut für dich? Bist du so weit? Warum werden solche Fragen überhaupt gestellt?

Fesseln: Überfallartiges Festketten an Händen und Füßen spricht nicht für Sexikette – vor allem nicht mit Materialien, die einschneiden wie Seidentücher, Strumpfhosen oder dünne Seile. Lassen Sie jemanden, der gefesselt ist, niemals allein, und garantieren Sie, dass er sich selbst befreien könnte (falls Sie zum Beispiel ohnmächtig werden vor Lust).

Gleitmittel: Handwarm aufgetragen ein Genuss, kalt aus der Tube gepresst mehr als nur ein Missgeschick.

Goodbye: Casanova blieb in guter Erinnerung, weil er die Kunst des Adieu beherrschte. Er rief nicht dauernd an, um zu fragen, wie es denn ohne ihn so gehe, und er machte den Schnitt deutlich, aber in aller Bewunderung. Falls Sie sich wiedersehen, gehört sich ein anständiges Goodbye mit Kuss und Umarmung.

G-Spot: Generationen von Männern haben Stunden verschwendet, nach dem Startknopf zu stochern. Als ob es keine anderen Lustknöpfchen gäbe! Deswegen die Bitte: Erweisen Sie der Dame Respekt, indem Sie sich ebenso enthusiastisch allen anderen Anlassern widmen.

Handtücher: Sind im Bett so passend wie ein Kantinentablett im 3-Sterne-Lokal. Schließlich lieben Sie sich und betreiben keine antiseptische Zahnarztpraxis. Ergo: Handtücher gehören an den Halter, nicht unters Laken oder den Po.

Hotelzimmer: Im Prinzip seine Sache. Doch zeigt die Preiskategorie, was Sie ihm wert sind. Es sei denn, Sie beide turnt ein Stundenhotel an. Wenn es kein spontanes Gelage ist – sorgen Sie vor Bezug, dass Häppchen, Getränke und zauberhaftes Licht am Start sind.

Hänger: Die Luft ist raus, der Druck ist hoch – doch eine Lady nimmt einen Hänger a) nicht persönlich, macht b) keinen

Weltuntergang daraus, c) ihn nicht lächerlich und ist d) sensibel genug zu wissen, dass ein Mann auch einfach nur zu aufgeregt sein kann.

Hygiene: Er hat mit Ihnen geschlafen, nicht Sie mit Dreck beworfen. Danach sofort unter die Dusche zu rennen, ist ungalant. Und sich vorher mit Intimspray einzudieseln, nimmt ihm den Geschmack. Ist wie Schokolade ohne Schokolade.

Intimschmuck: Machen Sie ihn vorher mit eventuellen Piercings bekannt. Im Zweifel nehmen Sie sie ab – und geben ihm Gelegenheit, erst mal Ihren Körper statt Ihr Dekor kennen zu lernen. Safer Sex mit Metallanteil ist zudem sehr schwierig!

Justitia: »Das war gut!«, bekunden die einen, während sie sich gerade erst abrollen. Verteilen Sie kurz danach keine Bewertungsurteile – Sie haben Sex, keine Turnparade.

Küssen: Küssen ist keine Vorfahrtsstraße Richtung Schlafzimmer und kein Ersatz für eine Zahnuntersuchung mit der Zunge. Begrüßungs- und Abschiedsküsse sind Grundrechte!

Knutschfleck: Nur dort, wo man ihn nicht sieht. Alles andere ist besitzanzeigende Fleckenwirtschaft.

Kuscheln: Sie müssen sich weder die halbe Nacht umklammern noch stundenlangen Streichelzoo verlangen. Vermeiden Sie auf jeden Fall routiniertes Gestreichele auf der Stelle.

Klitoris: Ein guter Gastgeber kümmert sich um schüchterne Gäste – die sich dann zum Partyknaller entwickeln. Gute Positionen finden, Hand anlegen oder bei Bedarf eine Nachbereitung bieten.

Klapse: Ihr Körper hat frühestens nach zwanzig Minuten eine Betriebstemperatur erreicht, bei der leichter Schmerz lustvoll ist. Wer sofort Klapse verteilt, macht sich unbeliebt.

Kondom: Wer sie wie auf dem Silbertablett auf dem Nachtkästchen auslegt, könnte sich gleich »Allzeit bereit – für alles, was so vorbeikommt« auf die Stirn tätowieren lassen. Diskret, aber leicht zur Hand sollten sie sein – und zwar immer. Nachschub erforderlich? Schlendern Sie gemeinsam zur Nachtapotheke, denn Safer Sex geht Sie beide an. Auch beim Einsatz: Schließlich haben Sie zu zweit Sex, also können Sie auch zu zweit Hand anlegen.

Lachen: Es darf gelacht werden. Außer über ihre Bauchfalte und seinen verfrühten Orgasmus.

Lautstärke: Die Nachbarn dürfen Ihnen herzlich egal sein. Zu laut ist übrigens ein seltenerer Makel als zu leise – wer in sich gekehrt liebt, kann gleich ein Buch lesen. Guter Sex funktioniert durch Feedback; wer das vorenthält, benimmt sich wie ein Gast, der umsonst trinkt und grußlos abhaut.

Licht: Männer sind visuell orientiert, Frauen oft Problemzonenorientiert – deswegen sorgen Kavaliere für Beleuchtung, in der beide wunderbar aussehen und er noch was sieht.

Massage: Kalte Hände, intensiv duftende Öle, hektisches Abarbeiten sämtlicher Kniffe und Griffe sind out. Wenn schon, dann richtig – oder gar nicht.

Musik: Wer versucht, sich im Takt der Musik zu lieben, hört weniger auf das eigene Gefühl denn auf jenes von Phil Collins & Co. Lassen Sie sich auf den Rhythmus ein, den Sie als Paar entwickeln. Demonstrative Antörnmusik wie der »Bolero« wirkt bemüht.

Morgen danach: Es ist ein Muss, dass ein Ehrenmann sich innerhalb von 24 Stunden meldet oder Blumen schickt. Egal ob es für einmal oder für immer war. Auch wenn Sie am liebsten wegschleichen würden: Zeit für einen Zettel ist immer, Wortlosigkeit ist würdelos. Wenn Sie als Frau nicht ganz sicher sind, ob er zum Frühstück bleiben sollte – laden Sie ihn erst mal nur zum Frühstück ein! Ansonsten gilt: Der Gastgeber serviert Kaffee ans Bett.

Nägel: Ihm den Rücken zerkratzen? Wozu? Es gibt verschwindend wenige, die Schaulaufen betreiben, den meisten tut es einfach nur weh. Im Gegenzug sollten Galane auf Finger- und Fußnägel achten. Um die Strumpfhosen zu schonen, und vor allem die nackten Waden.

One-Night-Stand: Es spricht nichts gegen eine einmalige Sache mit Stil, weder betrunken noch inszeniert. »Zu dir oder zu mir?« – Lassen Sie sich die Gelegenheit offen, gehen zu können, anstatt ihn eventuell rausschmeißen zu müssen – danach. Oder nehmen Sie lieber gleich ein Hotel.

Orgasmus: Wer ihn vortäuscht, täuscht sich selbst – und nimmt dem anderen Beteiligten die Chance, es besser zu machen. Ladys geben zu, wenn es nicht klappt. Offenheit ist der erste Schritt zur Besserung, eine Bettlüge ist so unhöflich wie eine sehr schlechte Ausrede beim Zuspätkommen. Ansonsten gilt für The Big O: Ladys first. Für ihn heißt das, ihr im Bett den Vortritt zu lassen. Wer zuerst kommt, bietet eine Nachbehandlung.

Parfüm: Die Haarspraykeule ist eine Beleidigung für jeden halbwegs sinnlichen Mann. Das gilt auch für Parfüm – ein Hauch dort, wo Sie geküsst werden möchten, reicht. Zurückhaltung ist eine Zier – das gilt auch für Duftkerzen oder den Wahn, unterhalb der Gürtellinie porentief rein sein zu wollen.

Periode: Viel mehr Männer, als Sie ahnen, haben keine Berührungsängste. Er sollte aber akzeptieren, dass *Sie* auf gewisse Dinge verzichten wollen. Ein echter Gentleman widmet sich Ihnen mit Auslassung gewisser Praktiken trotzdem.

Porno: Als Ersatz für gegenseitige Erregung indiskutabel. Ansonsten – lassen Sie ihm seine Filmesammlung, da stehen Sie drüber. Vielleicht besitzt er einen, der Ihnen gefällt? Aber loben Sie das Können des Akteurs nicht zu überschwänglich, genauso wenig, wie er sich auf die Kurven der Pornolette fixiert.

Quickie: So rasant und aufregend er ist – später am Tag sollte sich Mann ausschließlich um *ihre* Bedürfnisse kümmern.

Rasieren: Absolute Pflichtübung für ihn: sorgfältige Rasur, vor allem unter der Unterlippe und am Kinn. Sonst drohen scharlachrote Male durch Reibeisen-Küsse. Für Sie: Aktualisierung der momentanen Intimfrisur und stoppelfreie Waden.

Schlafzimmer: Miese Beleuchtung, Toilettenrolle, als praktischer Stauraum genutzt, eiskalte 18 Grad: Kann ja sein, dass manche sich da pudelwohl fühlen. Doch ein bisschen Einsatz ist angebracht – sonst fällt das Entspannen so leicht wie beim Zahnarzt. Ein Schlafzimmer sollte eine warme Höhle sein. Und wenn die Tagesdecke verrutscht, ist das wirklich kein Drama.

Sperma: Viele Männer träumen davon, sich nicht nur in ihr zu ergießen. Fragen Sie sie doch mal – anstatt sich ohne Vorwarnung zu verströmen. Eine Lady wird nicht gleich entsetzt davonrennen, sondern entscheiden, ob sie das triggert. Auf Flecken schläft allerdings *er*.

Solosex: So oft Sie wollen und in Gedanken mit wem Sie wollen. Nehmen Sie es einem Mann nicht übel, wenn er noch ein Verhältnis mit seiner Hand hat – bitten Sie ihn um die höfliche Geste, seine Motivationshefte nicht unbedingt auf dem WC rumliegen zu lassen.

Seitensprung: Ein verheimlichter hat mehr Ehen gerettet als ein gebeichteter. Absolute Diskretion ist letzter Anstand. Herumprahlen ist kein Kavaliersdelikt – sondern stillos.

Toys: Dildo, Butterfly, Cockring & Co. ins Liebesspiel einzuführen ist stets heikel. Überfallen Sie ihn nicht mit Ihrer Sammlung, sondern reden Sie vorher mit ihm darüber.

Telefonsex: Ihn macht es an, *was* sie sagt, sie, *wie* er es sagt. Frauen wünschen sich Aufmerksamkeit, Männer lieben Beschreibungen dessen, was sie tut. Tun Sie es wirklich, anstatt zu heucheln. Und: Ladys come first!

Unterhosen: Frei nach dem Motto »Sieht ja keiner« tragen Männer seit Jahren dasselbe Slipmodell. Völlig erotikfrei: Comicdrucke oder Uraltschlübber. Ein Kavalier erspart ihr den irritierenden Anblick.

Verhütung: Mann meint leider, dass die Pille obligatorisch ist, oder ringt sich zu einem genuschelten Nachfragen durch. Gentlemen überwinden die Befangenheit und fragen nicht erst hinterher, sondern vorher. In einer Beziehung beteiligen sich Kavaliere finanziell am gemeinsamen Spaß – auf welche Weise, ist immer eine Überraschung.

Viagra: Werfen Sie nicht einfach die blaue Pille ein und erwarten Sie dann, dass Ihre Liebste die nächsten vier Stunden nichts weiter vorhat. Hilfsmittel sollten niemals ohne Absprache ins Spiel gebracht werden, das wirkt verpflichtend.

Vorspiel: Ein Vorspiel ist nicht zu verwechseln mit einer Vorspeise, nach der der sättigendere Teil noch folgt. Was so flockig »Vorspiel« genannt wird, ist ein Spiel für sich. Sex geht nicht erst los, wenn sich A in B vor und zurück bewegt. Es ist nicht nur ein Vorglühen, sondern ein Teil des Ganzen, und kann ebenso satt machen. Und so sollte Mann es handhaben.

Wäsche: Einige fühlen sich vom vollen Strapsprogramm überfordert. Auch von Lederoutfits oder Knallrot ist im Dienst der Bettikette zunächst abzuraten. Sonst liegen Sie da wie ein Putensandwich, obwohl er Vegetarier ist – finden Sie heraus, ob ihn die Verpackung wirklich mehr anmacht als der Inhalt. Männern sei gesagt: Manchmal mögen Frauen es, dabei etwas anzubehalten. Nerven Sie sie nicht, alles auszuziehen. Und wenn Sie ihr das Palmers-Teilchen zerrupfen, kaufen Sie ihr ein neues!

Xtra-Large: Anhängsel in Übergröße. Ein Mann sollte entsprechende Vorbereitung treffen: je feuchter, desto entspannter, und bitte keine Positionen, in denen ihre Beine auf seinen Schultern liegen. Gebärmutterstauchungen sind nicht zum Lachen. Auch von analen Freuden sollte er Abstand nehmen.

Zahnbürste: Für überraschende Übernachtungsgäste haben Sie eine originalverpackte Bürste da. Die zaubern Sie am Morgen hervor, damit Ihnen niemand nachsagt, Sie seien, was den Ausgang des Abends angeht, zu optimistisch gewesen.

Zigarette danach: Manche scheinen nur deshalb Sex zu haben, um endlich wieder zu rauchen. Direkt nach dem Abrollen zur Nikotinspritze zu greifen ist daneben.

Zuzwinkern: Es gibt sie wirklich – Männer, die einer Frau während des hingebungsvollen Cunnilingus zuzwinkern. Oder gar, während man es vor dem Spiegel tut. Wer bei so was jovial plinkt, gehört in den Knigge-Folter-Keller für besonders schwere Fälle!

+ **Erste Hilfe** vor **dem ersten Sex mit einer Frau – für Männer**

+ Ein Nein ist ein Nein. Fragen Sie trotzdem, ob Sie das da noch mal machen dürfen, wenn Sie spüren, dass die Luft zwischen Ihnen brennt. Manchmal ist ein Nein eine Aufforderung zu mehr Vehemenz. Aber wenn Sie auch nur eine Millisekunde zweifeln, lassen Sie das Nein als Nein stehen.
+ Wenn Sie ihr die Klamotten vom Körper fetzen, sehen Sie zu, dass es nicht das Designerteil ist. Und wenn doch, dass am nächsten Tag etwas Adäquates an Land geschafft wird.
+ Verwechseln Sie Handgriffe nicht mit Handgreiflichkeiten: Die Hand im Nacken beim Blowjob hat mit Lecker-Macho nichts zu tun, aber Sie können ihr gern die Handgelenke über dem Kopf zusammenhalten, wenn Sie sie (zart) in den Hals beißen.
+ Absolvieren Sie keinen stundenlangen Vorspielstreichelzoo, sondern wechseln Sie zwischen festen Berührungen und ultrasoftem Streicheln.
+ Die Toilettenpapierrolle am Bett oder Socken an den Füßen sind in etwa so romantisch wie eine Wanderbaustelle.

+ Geben Sie Ihrer Liebsten das Gefühl, dass sie geliebt wird – Unterwerfung sollte sich nicht mit Verachtung paaren, sondern mit Geilheit, über die Sie ihretwegen offenbar einfach die Kontrolle verlieren. Das ist Honig fürs Ego der Lady.
+ Reden Sie nicht obszön und beschimpfen Sie Ihre Liebste nicht einfach so, es sei denn, es ist erwünscht (soll heißen: Wenn die Lady eindeutige Vulgaritäten von sich gibt, nur zu). Bleiben Sie ansonsten bei subtilen Zusprüchen, wie: Ganz ruhig. Lass mich das machen. Lass mich das noch mal machen. Halt still. Lass dich ansehen. Mach die Beine breit. Dreh dich um. Sehr gut. Geben Sie das flüsternd von sich, und fügen Sie, wenn Sie unsicher sind, ob Sie sich wie ein Kasernenmeister anhören, ein Bitte hinzu, sehen ihr dabei in die Augen, küssen sie.
+ Lassen Sie erst sie kommen und machen Sie danach mit ihr, was Sie gerne wollen. Aber um Himmels willen laut, still können Sie sein, wenn Sie tot sind.
+ Geben Sie ihr das Gefühl, Lust auf sie zu haben, nicht nur Lust auf Sex.
+ Verbinden Sie ihr die Augen, fesseln Sie sie. Tun Sie ihr niemals weh, aber quälen Sie sie ein bisschen, indem Sie sie stets bis kurz davor bringen. Und dann über Sie herfallen. Aber das alles nur, wenn sie damit einverstanden ist.
+ Seien Sie ein echter Kerl. Vergessen Sie, dauernd an ihre Erektion zu denken. Sex ist auch mit Worten, Händen und anderen Mitteln möglich und spannend.
+ Frauen fragen sich bei Erektionsstörungen eher, ob sie wohl zu wenig attraktiv seien, als Ihnen einen Vorwurf zu machen. Aber ein nicht-steifer Schwanz ist für sie nicht das Ende der Erotik. Sagen Sie ihr, was los ist, was Sie wirklich im Kopf belastet und wie lecker Sie sie finden. Wenn sie warmherzig ist, wird sie Ihnen nicht den Kopf abreißen, für uns ist das kein Riesenproblem, es sei denn, es wird darüber geschwiegen.

- Frauen hadern mehr mit ihrem Körper als Männer, und sie reagieren enorm auf eine stimmige Umgebung. Besorgen Sie massenhaft Kerzen, Kissen und der Lady ein hauchzartes kurzes Negligé, das sie anlassen kann.
- Ein Glas Prosecco oder eine Massage mit Ylang-Ylang-Öl hat schon manche Frau entspannt; der Trick ist so banal, dass Sie sich schämen sollten, wenn Sie ihn noch nie eingesetzt haben.
- Das Licht ausknipsen oder der Gang von der Bar zu Ihnen ist kein Vorspiel. Überhaupt, Vorspiel – das ist bereits Sex. Huldigen Sie dem Körper der Lady, rauf und runter, überall. Zärtlich über den Kopf streichen, Nacken küssen, Ellenbeuge behauchen, Kniekehlen mit feuchtem Finger necken, Halsgrübchen kosen, Unterarme beißen: Machen Sie alles doppelt und dreifach. Und lesen Sie unbedingt im sachdienlichen Kapitel ab Seite 234 weiter!
- Geben Sie Ihrer künftigen Liebhaberin Gelegenheit, sich an Ihnen auszutoben. Sie will Sie kennen lernen und außerdem auch ein bisschen zeigen, was sie drauf hat. Lernen Sie annehmen, und um Himmels willen: Reagieren Sie sicht- und hörbar!
- Seien Sie lernbereit – also nicht eingeschnappt, wenn eine Lady nett darauf hinweist, dass Sie gut zwei Zentimeter zu weit unten nach ihrer Klitoris suchen. Sie wollen doch ein guter Liebhaber sein, oder? Eben. Und der hört auf das, was kommt, anstatt sein Repertoire runterzuspulen.
- Gehen Sie auf Initiative ein und tun Sie nicht so, als ob Sie stets den Macker spielen müssten, der bestimmt, wann, wie und wo man Sex zu haben hat. Wir Frauen lesen nicht »Cosmopolitan« und Erotik-Ratgeber, um uns von einem peinlich bemühten Liebhaber in die Parade fahren zu lassen. Machen Sie mit, und Sie können was erleben. Ja, dazu gehört auch, sich die Brustwarzen kneten zu lassen oder mit verbundenen Augen Tastspiele zu fabrizieren.

Der erste Tag danach

Ist für Frauen fast wichtiger als der Abend davor. Jetzt kommt es darauf an: Hält er mich für eine Schlampe und ruft nicht mehr an? Oder ist er ein Idiot und meldet sich deshalb nicht mehr? Hab ich zu schnell nachgegeben? Was wird jetzt mit uns? Ist das was? Will ich überhaupt noch?

So schlimm ist es, ja. Doch Sex lässt keinen kalt. Sie können sicher sein, meine Damen: Er denkt auch an Sie. Mit hundertprozentiger Sicherheit. Wie sollte er es vergessen, wenn er nicht gerade an Alzheimer leidet?

Aber auf der anderen Seite möchte ich gern mal mit manchen Männern ins Gericht gehen: Warum zum Teufel melden Sie sich nicht, spätestens am folgenden Nachmittag? Egal ob es für immer oder nur eine Nacht war, Sie hatten Sex, zwei Körper, zwei Herzen, zwei Menschen. Erweisen Sie ihr Respekt. Ein Anruf, ein Dankeschön. Wenn Sie wollen, die Frage nach einem Wiedersehen. Wenn Sie noch nicht wissen, ob und wann Sie das wollen, dann sagen Sie es ihr. Fragen Sie, ob Sie sich am nächsten Tag noch mal melden dürfen. Und: Halten Sie Ihre Versprechen.

Das aber nur nebenbei.

Eigentlich ist da nämlich die große Frage: Kann ich am Verlauf des nächsten Morgens und des nächsten Tages absehen, was für eine Beziehung wir miteinander haben werden?

Es gibt ein hübsches Buch auf dem Markt, das genau diese Frage beleuchtet. Ich habe es mir bisher nicht gekauft, weil ich fürchte, Ihnen sonst mehr aus dem Buch als aus dem Leben meiner Studienobjekte zu erzählen.

Also: Tina und Robert haben es getan. Am nächsten Morgen betrat er sehr selbstverständlich ihr Bad, fragte sehr selbstverständlich, welches Handtuch er haben dürfe, und setzte hernach in der Küche Kaffee auf, als sei er schon x-mal da gewesen. War er aber nicht. Ihr Arbeitszimmer betrat er nicht, ebenso wenig ihr Ankleidezimmer. Im Wohnzimmer hatten sie einander nur zärtlich die Füße massiert, mehr fand dort nicht statt.

Vier Monate später. Robert hat bisher nur einmal an Tinas Rechner im Arbeitszimmer gesessen, weil für ihn der Bereich irgendwie tabu ist. In ihrer Küche hat er die Regale umgesetzt und die Speisekammer umsortiert, im Bad ist inzwischen ein Regalteil für ihn frei, er kocht ihr morgens immer Kaffee und nutzt das Wohnzimmer nur, um mal die Füße hochzulegen. In das Ankleidezimmer wagt er sich höchstens, um gebrauchte Handtücher in den Wäschekorb zu werfen. Man könnte daraus schließen: Die Revierübertritte am ersten Morgen können sich bei Nicht-Ahndung auf alle Zeiten auswirken.

Können sie.

Im Verlauf des ersten Tages war es übrigens so, dass Tina ihm eine SMS schrieb, auf die er erst vier Stunden später antwortete, dafür aber sehr schön und eindeutig darlegte, dass er zwischen himmelhochjauchzend und zu Tode verwirrt schwebe. Am nächsten Tag lud er sie zu sich ein, um für sie zu kochen. Sie ließ ihn warten, kam dann aber doch noch und blieb nicht über Nacht. Er kocht noch heute für sie, und sie ist noch nie über Nacht bei ihm geblieben.

Und wie war es bei Jürgen und Katja? Er blieb gar nicht erst über Nacht. Sie kamen beim Fummeln ziemlich weit, doch dann machte er sich auf den Rückweg. Dafür meldete er sich mit einer langen E-Mail und sie fühlte sich besser. Im Lauf der kommenden drei Jahre blieb er selten über Nacht und ging im Fall eines Streits grußlos. Wichtige Dinge schrieb er ihr auf, aber er war nicht fähig, sie auszusprechen.

Richard und Angela taten es erstmals im Hotel. Sie blieb auf seinen Wunsch über Nacht in seinem Zimmer, obwohl sie selbst eines ein Stockwerk darunter hatte. Morgens gingen sie nicht gleichzeitig mit den Kollegen zum Frühstück, sondern zeitversetzt. Im Verlauf der kommenden vier Jahre bat er sie oft, zu ihm zu kommen, und schließlich, bei ihm einzuziehen. Vor anderen Leuten hatte er ein Jahr lang Schwierigkeiten, sie als Frau an seiner Seite zu akzeptieren.

+

Hm. Ich könnte Ihnen noch mehr erzählen, aber stattdessen frage ich mich: Wenn an dieser Theorie was stimmt – erster Tag gleich alle Jahre danach –, soll man es steuern, um zum Beispiel gewisse Dinge zu vermeiden, die einem später nicht behagen, etwa die Sache mit Roberts Revierverhalten oder Jürgens künstlicher Distanz? Oder ist es einfach nur ein Hinweis darauf, wie der andere tickt, weil er es uns in dem kleinen Zeitfenster offenbart hat?

Hätte Tina Robert die Küche verwehren sollen? Hätte Jürgen bleiben sollen, und wäre er dann lieber mit Katja zusammengezogen? Fragen über Fragen, deren Antworten ausbleiben, da wir nur die eine Wahrheit kennen, den einen, realen Verlauf der Möglichkeiten.

Klar ist jedenfalls: Sie können etwas von dem erahnen, was womöglich kommt. Bereits am ersten Morgen. Wer sich davonschleicht, wird mit hoher Wahrscheinlichkeit auch später Mühe haben, Dinge offensiv anzugehen, und braucht erst mal eine einsame Sammelphase, um die Sache für sich zu klären. Wer sich bemüht, den anderen da zu behalten, um ein nettes Frühstück zu genießen, oder sie in ein Café führt, wird weniger Angst vor Gemeinsamkeit haben. Er oder sie wird ertragen können, dass man gemeinsam auf Lösungen kommen darf. Wer türmt, ohne auf Wiedersehen zu sagen, hat meist mehr Schiss davor, was er alles nicht weiß, als vor dem, was ihm entgegengebracht wird. Er befürchtet Entscheidungen, wo gar keine verlangt werden.

Und die, die sich einfach wohl fühlen, die dürfen sich eigentlich benehmen, wie sie wollen. Wir sind doch alle hin und her gerissen zwischen Glück und Angst, Unbehagen und Erleichterung, Alleinseinwollen, aber vorher rasch ein paar Dinge klären, damit uns die Zeit allein nicht mit so doofen Fragen (siehe oben) vermasselt wird. Wer da noch fähig ist, zu taktieren, um eventuelle Weichen für eine gemeinsame Zukunft zu stellen: Puh. Jetzt reicht's aber mal mit dem Planen.

+ **Erste Hilfe** nach **dem ersten Sex mit einem Mann – für Frauen**

+ Nur weil er bis 12 Uhr keine Rosen geschickt hat, heißt das nicht, dass er seine Kumpels durchtelefoniert, um ihnen zu erzählen, dass Sie im Bett nichts draufhaben, aber dennoch ein Flittchen sind.
+ Geben Sie dem Gefühlschaos im Mann eine Chance. Er ordnet es und wird sich melden. Wenn Sie ihm die Zeit lassen. Etwa bis zum zweiten Tag gegen Mittag. Dann rufen *Sie* an. Warum? Weil Sie sonst zu nichts mehr zu gebrauchen sind und Ihre Freundinnen traktieren.
+ Für einige Männer läuft Sex noch unter Kennenlernen. Damit müssen Sie rechnen, nicht mit einem Ehegelöbnis. Aber es ist eine Mär, dass Sie sich die Zukunft kaputtmachen, wenn Sie mit einem Mann beim zweiten oder dritten Date schlafen. Und warum? Weil es für den Richtigen kein zu früh oder zu spät gibt. Wenn Sie unbedingt meinen, sich etwas »vergeben« zu haben, dann tun Sie es bei der nächsten Verabredung eben nicht. Sehnsucht und der viel zitierte Jagdinstinkt lassen sich immer wieder zum Aufleben bringen; mit einem Mal Sex haben Sie nun echt nichts kaputtgemacht! Sie sind kein kleines Mädchen mehr, das an Märchen – in dem Fall jenem von der Frau, die nur deshalb nicht mehr angerufen wurde, weil sie der beiderseitigen Lust nachgab – glaubt, oder? Also!

+ Sein Anruf ist kein Geständnis, dass er Sie liebt, verehrt oder nicht für eine Schlampe hält. Was immer Sie sich auch davon erhoffen, er wird es nicht bringen. Wenn er anruft, dann um zu hören, wie Sie sich fühlen, um zu erzählen, wie er sich fühlt, oder um Sie auszuhorchen, ob Sie bereit wären, sich noch mal mit ihm zu treffen. Aber auch das ist immer noch kein Liebesgeständnis! Und weil es das nicht ist, brauchen Sie den Tag auch nicht vor dem verdammten Hörer zu verbringen. Sie hatten eine hoffentlich mehr und nicht weniger schöne Nacht. Gut. Und jetzt machen Sie sich einen schönen Tag. Nichts wird sich in diesen 24 Stunden entscheiden. Lesen Sie ein Buch, gehen Sie in die Sauna, schmeißen Sie das Handy weg, ordnen Sie Ihre Schuhe nach Muster und dübeln Sie ein Regal in der Küche an. Rufen Sie Ihre engen männlichen Freunde an und lassen Sie sich etwas Nettes sagen.

Es muss nicht alles jetzt und sofort sein

Wir leben in einer verdammt schnellen Gesellschaft. Alles muss jetzt und sofort sein. Fast Food, Snacks, Thekendienst, Autos, Internetverbindung, Mikrowelle. Je schneller, desto besser und mehr wert. Wir sind so auf Reaktion per Mausklick gepolt, dass wir das Maß der Liebeszeit verloren haben. Gewisse Dinge brauchen Zeit. Aber nicht nur das, auch Menschen haben ein unterschiedliches Tempo. Es mag angehen, dass zwei sich treffen, und sie nach drei Minuten weiß: Das isser. Aber er weiß noch gar nichts davon, sondern nur, dass er diese Frau wiedersehen will, nicht viel mehr. Wieso soll er dann nach einer Woche schon wissen, wie es mit ihnen beiden weitergeht? Für sie ist die Entscheidung gefallen. Er steckt noch in der Findung. Aber sie wird ungeduldig und stellt schon gleich in

Frage, ob er überhaupt was will, ob das überhaupt was wird und, und, und. Am liebsten möchte sie eine klare Ansage innerhalb von 48 Stunden.

Vergessen Sie es. Schlagen Sie, wenn Sie ein ungeduldiger Mensch sind, noch mal so viel Zeit, wie Sie selbst brauchten, oben drauf, um dem anderen eine Chance zu geben. Sie erkennen übrigens an Ihrer Arbeitsweise, wie Sie Entscheidungen treffen und Zeit empfinden: Arbeiten Sie schnell, zügig und geht es Ihnen ums Fertigwerden, gehören Sie zu den Schnellen. Sie lieben auch ergebnisorientiert und brauchen Ansagen und Entscheidungen. Das gilt auch für Leute, die unter Druck besser arbeiten als in frei einteilbarer Zeit: Sie sind in der Lage, den Faden selbst unter Stress zu finden. Kann allerdings sein, dass Ihnen dabei manches Detail entgeht und Sie sich hinterher umgucken.

Arbeiten Sie lieber kleine Dinge aus, geht es Ihnen mehr ums Tun als ums Fertigwerden, werden Sie auch für die Liebe mehr Zeit brauchen. Geraten Sie bei Stress in Not, anstatt aufzublühen, werden Sie auch in der Liebe unter Druck eine Entscheidung hinauszögern. Dafür fällen Sie Entscheidungen auch vollen Herzens.

Fazit: Wenn es Ihnen zu lang dauert, bis vom Gegenüber mal was Eindeutiges rüberkommt, gewähren Sie noch etwas Zeit und üben Sie keinen Druck aus. Fällt beim anderen eine Zusage für Ihr Empfinden zu schnell, nehmen Sie es ihm/ihr trotzdem ab: Es spricht das Herz, die Intuition, die Lust aufs Machen. Der Verstand wird später fähig sein einzusehen, dass es riskant war, so früh »Ja« zu schmettern. Auch wenn es zu den schönsten »Jas« gehört, die man zu hören bekommen kann!

Eine andere Sorte übereilten Handelns und Forderns ist, innerhalb der ersten drei Monate alles an den Start zu bringen, was man je machen wollte, wenn man die Liebe seines Lebens trifft. Ausgehen und Tanzkurse, Tauchurlaub und Analverkehr, zu zweit kochen und Pateneltern werden, sich gegenseitig aus Büchern vorlesen und ein Instrument spielen, in den Sexshop gehen und einen Anrufbeantworter gemeinsam besprechen, zelten und einen Porsche mieten. Ruhig, ruhig! Was machen Sie denn dann in den restlichen 30, 40 Jahren? Es reicht, wenn Sie ein- bis zweimal die Woche für durchschnittlich eine bis drei Stunden etwas Außergewöhnliches tun, um sich von der besten Seite zu zeigen. Es kommt auf die Ausgewogenheit zwischen Ruhe und Distanz, Aufregung und gemeinsamem Tun an. Sie müssen weder täglich beieinander sein, noch jeden Tag was Originelles unternehmen. Genauso wenig sollten Sie sich aber nur alle zwei Wochen sehen, um sich dann lediglich ein Video auszuleihen und Sushi zu bestellen.

Keine Taktik in der Werbephase!

Die Werbephase beginnt nach dem vierten Date oder dem vierten Mal Sex – wenn Sie es denn auf einen Zeitpunkt festgelegt haben wollen. Alles, was über die drei göttlichen Male hinausgeht, ist so was wie ein stummes Zugeständnis, dass man es miteinander noch eine Zeit lang probieren möchte; geht es auch über das sechste und siebte Mal hinaus, können Sie davon ausgehen, dass Sie auf dem Weg Richtung einer wie auch immer gearteten Beziehung sind.

In dieser Zeit werben beide vermehrt umeinander. Zeigen, was sie draufhaben, wie groß Verständnis und Einfühlung sind, wie und wo die Grenzen, wie toll sie im Bett sind und was ihnen alles so einfällt, um den anderen für sich einzunehmen.

Bleiben Sie in der Werbephase Ihr wahres Selbst! Männer, redet über Eure Gefühle, Frauen, versteht das Balzgehabe zu deuten, anstatt auf Worte zu warten! Und bleiben Sie ehrlich, denn früher oder später kommen sowieso Unterschiede zum Vorschein, die Sie miteinander in Einklang bringen müssen, also tun Sie nicht so, als könnten Sie alles.

Geben Sie dem anderen eine Chance, um Sie zu werben (gilt vor allem für Frauen), anstatt den bescheuerten Rules zu folgen, die Ihnen zum Beispiel verbieten, mit auf ein Überraschungspicknick zu gehen. Na, hören Sie mal! Ob der Kerl dann noch oft Lust haben wird, Sie zu überraschen, oder es nicht lieber ganz einstellt? Na, eben.

Vom Werben zur Pflege

Erklären Sie Ihre Gefühle nicht – zeigen Sie sie!

Wenn die so genannte Werbephase vorbei ist, rutschen Sie rüber in die Phase, in der Sie das pflegen, was sich inzwischen angesammelt hat: das zarte Pflänzchen Verliebtheit, aus dem Liebe wird, wenn es seine Flügel ausbreiten darf. Ja, in dem Fall gibt es Pflanzen mit Flügeln.

Das heißt, jetzt kommt der Teil, den manche als »Beziehungsarbeit« missverstehen. Der Teil, in dem Frauen auf viele, viele zarte, aber eindeutige Worte hoffen und auf noch mehr Taten, die die Zuneigung beweisen – und Männer auf Sex. Just nach der Werbephase, wenn Sie sich so nett gezeigt haben wie möglich, wollen also beide was anderes: Männer wollen immer noch Sex, Frauen immer noch Worte – aber beide vor allem Taten, die die vorherige Anzeigenkampagne bestätigen!

Mühsam? Nicht unbedingt. Denn es ist kein verdammter Job, den Sie da erledigen. Es ist Leben, es ist Liebe leben, sie hegen und gut zu ihr sein, damit Sie gut zu Ihnen ist. Sie sollten all das, was Sie begonnen haben, fortführen. Nachdem Sie jetzt erfolgreich geworben haben, müssen Sie die Versprechen, die Sie gegeben haben (verbal und nonverbal), auch einlösen. Wenn Sie den sexy Vamp gegeben haben: Go ahead! Werfen Sie die Strapse nicht komplett weg, nur weil Sie ihn jetzt an der Angel haben. Und Sie, wenn Sie sich als Feinschmecker »beworben« haben, laden sie bitte weiterhin ins Restaurant ein.

Sie merken schon: Was Sie in den ersten drei Monaten angepriesen und »verkauft« haben, müssen Sie jetzt besser liefern, sonst fragt sich der andere nämlich bald, inwiefern sich diese Beziehung von den anderen unterscheidet, wenn Sie nach Schema 08/15 leben wie immer.

Lassen Sie nicht nach, umeinander zu werben. Versuchen Sie das, was so schön begann, fortzuführen – ins Kino gehen, im Wald Pilze sammeln und dabei übereinander herfallen, nachts am Wasser Gespräche führen, am Sonntagnachmittag in der hereinscheinenden Sonne auf dem Parkett Liebe machen. Pärchen, die sich beschweren, sie hätten »früher« viel mehr miteinander gemacht, beziehen sich mit ihrer Klage meist auf die Werbephase. Klar war das alles bunt, sie schwelgten ja auch in Rosarot und Hormonen. Diese Hormone beruhigen sich aber nun mal im Verlauf von erst drei, dann 18 Monaten – und in der Zeit müssen Sie ein bisschen so tun, als seien Sie immer noch hormongesteuert. Gehen Sie wenigstens einmal die Woche raus anstatt früh ins Bett! Sterne gucken, Unsinn reden, blaue Autos zählen, sich Geheimnisse erzählen, sonst was! Sachdienliche Hinweise erhalten Sie im Zweifel in Kapitel 6 – oder hier schon mal eine schnelle Hilfe:

+ Erste Hilfe in der Pflegephase

Nach all den Premieren geht eine Verliebtheit in eine Phase über, in der man nicht mehr darauf wartet, ob der andere anruft. Es geht nicht mehr um die Gunst, um die gebuhlt wird, sondern darum, das gute Gefühl zu erhalten und gut in eine mögliche Beziehung zu starten. Das nennt sich Pflegephase. In der Zeit kann die Liebe wachsen und ein wunderbares Fundament für sehr viel später abgeben. Verliebte, die sich fragen: Wie kann ich bewahren, fördern, was da ist – bitte sehr, folgende Aktivitäten schaden nie:

+ Haben Sie Mut zu großen Gefühlen, sprechen Sie sie aus, schreiben Sie sie auf.
+ Schwelgen Sie immer wieder in der Erinnerung an den Anfang, wie es war, als Sie sich zum ersten Mal in die Augen sahen.
+ Gehen Sie an Orte zurück, an denen es gefunkt hat.
+ Räumen Sie sich und einander Privatsphäre ein, aber beziehen Sie einander bei wichtigen Überlegungen ein.
+ Seien Sie loyal, nicht zickig.
+ Bleiben Sie humorvoll.
+ Achten Sie auf Ihre eigenen Bedürfnisse, aber auch auf die des anderen.
+ Nehmen Sie sich Zeit zu zweit, aber auch für sich allein.
+ Schenken Sie sich etwas, auch ohne dass gerade ein Paar-Feiertag-Anlass besteht.
+ Lassen Sie das Nörgeln, tauschen Sie es gegen »Ich wünsche mir« aus.
+ Holen Sie sich gegenseitig von der Arbeit ab.
+ Füttern Sie sich gegenseitig.
+ Erfinden Sie ständig neue Koseworte.
+ Bewahren Sie Respekt. Fragen Sie jedes Mal und immer noch, ob Sie Besitztümer des anderen benutzen, ob Sie in (Hand-)Taschen greifen dürfen usw. Der Grund? Respekt beginnt bei Kleinigkeiten. Jemand, der in kurzer Zeit über die Dinge in Ihrer Wohnung und Ihres Lebens verfügt, wird nicht verstehen, wenn Sie plötzlich Grenzen Ihres Könnens, Ihres Verständnisses ziehen wollen. Und Sie selbst werden damit ebenfalls Schwierigkeiten haben. Wer anderen Kleinigkeiten gewährt, kann ihnen Großes nicht mehr abschlagen. Für Gehaltsverhandlungen gut, für eine Beziehung tödlich. Lassen

Sie kein unausgesprochenes Anspruchshandeln zu, Selbstverständlichkeiten töten die Behutsamkeit.

Legen Sie nicht die Füße hoch. Pendeln Sie nicht nur noch zwischen Arbeit und zu Hause. Nehmen Sie sich mindestens zweimal die Woche Zeit füreinander, auch wenn Business as usual läuft. Es sorgt dafür, dass Ihre Liebe lebendig bleibt, statt dass sie von dem bisschen an Werbung zehren muss, das Sie in den ersten drei Monaten geleistet haben.

Nähren Sie Ihre Liebe, damit sie am Leben und Ihnen gewogen bleibt.

Dazu gehört, dass Sie Ihre Gefühle nicht nur erklären, sondern zeigen. Das erscheint Ihnen mühsam? Sie würden lieber sagen »Ich liebe dich«, anstatt für den anderen etwas zu tun? Tja. Ich kann's verstehen. Dass man sich mal müde und erschöpft fühlt und keine Lust hat, noch irgendwas zu tun, nicht mal 'ne Rückenmassage für den Liebsten.

Mal.

Aber nicht oft. Es bleibt Ihnen nicht viel übrig, Sie werden etwas von Ihrer Zeit und Ihren Gedanken abgeben müssen, um dem anderen Ihre Zuneigung zu zeigen. Achten Sie auf Kleinigkeiten, die gut tun. Wie er oder sie den Kaffee mag. Dass er oder sie spätestens abends um acht was Süßes braucht. Dass er oder sie sich über eine Taschenbuchausgabe des Lieblingsautors freut. Oder über eine Rose, gemalt und ins Büro gefaxt. Über das Lieblingshemd, das Sie waschen, oder den neuen Song von Robbie, den Sie herunterladen. Über jegliche Art von Aufmerksamkeiten, die so sweet sind, dass kein Riesengeschenk der Welt dagegen ankommt, weil diese Art Aufmerksamkeit beweist: Ich interessiere mich für das, was du dir wünschst, willst, brauchst, worüber du dich freust. Ich freue mich, wenn du dich freust, deswegen tue ich das für dich. Und damit: für uns. Tun Sie Ihr Bestes.

+ Zweite Hilfe in der Pflegephase – für Männer

+ Hören Sie zu, ohne sie zu unterbrechen, und sie wird Sie lieben.
+ Reden Sie nicht schlecht über Ihre Exfreundinnen, lieber gar nicht.
+ Bringen Sie ab und zu ein Opfer. Fahren Sie nachts zu ihr, wenn Sie sich am Telefon gestritten haben. Brechen Sie mit einer lieben Gewohnheit, um sie zu beeindrucken. Fallen Sie im Badezimmer vor ihr auf die Knie. Wie gesagt, machen Sie das ab und an. Nicht dauernd, sonst verpufft die Wirkung.
+ Frauen wollen nicht, dass Sie ihre Probleme lösen, sie wollen Ihre starke Schulter und dass Sie stets voll und ganz auf ihrer Seite sind, egal ob es um Job, Freundinnen, Eltern oder das Finanzamt geht. Bieten Sie allenfalls am nächsten Tag eine Lösung an, ansonsten ein Taschentuch und Bestätigung.
+ Frauen reden mit ihren Freundinnen über so ziemlich alles. Auch über Sie. Regen Sie sich nicht auf. Solange Ihre Liebste noch über Sie redet, sind Sie ihr nicht egal.
+ Frauen kotzt es an, wenn Sie sagen: »Na, sind wir heute zickig« oder »Hast du deine Tage?« oder auch »Du bist zu emotional«. Lassen Sie es sein und lächeln Sie sie lieber an. Spart Energie.
+ Frauen lieben es, wenn der Mann, den Sie lieben, plötzlich vor der Tür steht und sagt: »Ich musste dich einfach sehen.« Besonders wirkungsvoll, wenn es in der Liebe grad nicht so rund läuft.
+ Lügen Sie niemals bei Beteuerungen und Geständnissen wie: Ich ruf dich an. Ich vermisse dich. Ich habe einen Fehler gemacht. Ja, es macht mir was aus, dass er dich begehrt.
+ Bringen Sie ihr am Wochenende Kaffee oder Tee ans Bett.
+ Sagen Sie ihr, wie gut sie aussieht. Jeden Tag.

+ Seien Sie weiterhin galant und benehmen Sie sich wie ein Gentleman.
+ Nehmen Sie sie so oft es geht in den Arm.
+ Waschen Sie ihr den Rücken oder massieren Sie ihr die Füße, ohne dafür sexuelle Gegenleistungen zu erhoffen.

Kapitel 5

Liebe – oder nicht? Was nach der Neurose passiert

»Wenn eine Frau liebt, dann ist sie ganz Frau;
dem Mann reicht das nicht,
um ganz Mann zu sein.«

*Paul Schibler, Aphoristiker, *1930*

Verguckt, verliebt, verlassen – ziemlich oft scheint nach etwa 100 Tagen der Ofen aus zu sein. Entweder weil Sie in die klassischen Drei-Monats-Fallen gegangen sind (siehe vorheriges Kapitel) – oder weil der Übergang nicht wirklich glückte.

Die Drei-Monats-Tücken – oder auch: Die unnötigsten Fehler der Verliebten

Gerade in den ersten drei Monaten sind wir sehr unsicher: Wird es wieder nicht halten? Werde ich geliebt, weil ich unnahbar bin? Soll ich taktieren? Wie viel Natürlichkeit reicht, wie viel erschlägt? Soll ich meine Grenzen jetzt durchsetzen, damit ich später nicht dumm dastehe? Aber woher weiß ich, welches meine Grenzen sind und wo ich sie ziehen soll …?

Bei den meisten Dingen müssen Sie allein durch, denn jede Liebe hat ihre eigenen Attitüden. Aber es gibt Fallen, die Sie vermeiden können, Fallen, die sich bei fast allen Verliebten einschleichen und zuschnappen, wenn Sie sie nicht erkennen:

Plötzliche Distanz

Wenn einer von beiden das vorherige Aneinanderkleben Verliebter plötzlich als Enge, Klammern, Zudichtrücken oder Käfig empfindet, ist es klar: Die Zeit der rosaroten Kurzsichtigkeit ist zumindest für einen der Beteiligten vorbei. Meist zuerst beim Mann.

Nach diesen zwölf Wochen zeigt sich erstens, ob Sie alltagstauglich sind, und zweitens, dass in den knapp 100 Tagen Verhaltensmuster festgelegt worden sind. Wenn Sie sich in dieser Zeit verstellt oder nicht Ihrer Art gemäß reagiert haben, dürfen Sie sich nicht wundern, wenn sie oder er später behauptet, früher seien Sie aber ganz anders gewesen. Seien Sie verdammt noch mal Sie selbst. Keine Show. Bisschen mehr Glamour, klar, aber keine Verstellung Ihres Charakters, nur weil Sie befürchten, die Lady würde sonst abhauen oder der Kerl fände Sie zu anstrengend. Sie brauchen ihr weder alles recht noch sich selbst künstlich interessant zu machen – sei es betont unkompliziert noch demonstrativ kompliziert –, um attraktiver zu wirken. Denn: Wenn Sie sich zusätzlich verbiegen, bauen Sie Mist. Sie sind sowieso gebeutelt von den irren Hormonen, die bei Ihnen die in Kapitel 1 beschriebenen Mini-Neurosen auslösen. Sie könnten also selbst kraft Ihrer Vernunft nicht frei entscheiden und würden sich, wenn Sie jetzt noch ein Brikett Maskenspielerei auflegen, komplett verdreht zeigen.

Menschen sind in ihrer Wahrnehmung nicht ungeübt. Sie wirken echt, wenn Sie die normalen Verrücktheiten eines Verliebten leben. Aber Sie wirken nicht authentisch, wenn Sie sich verstellen. Ergo: Lassen. Auch wenn es Sie schwer ankommt, weil Sie vielleicht meinen, nicht zu genügen, so wie Sie sind, oder weil der andere weglaufen könnte, wenn bei Ihnen nicht alles glatt läuft … Sagen wir es mal behutsam: Wenn der andere davonrennt, weil Sie nicht 24 Stunden am Tag Sonne verbreiten, dann war es nicht der richtige Mensch, um mit Ihnen durchs Leben zu gehen. So sieht es nämlich aus. Zwar ist die Entscheidung, wie er am Leben eines anderen teilhat, jedem selbst überlassen. Doch man bekommt nun mal das Komplettpaket, und dazu gehören auch graue Tage. Aber das liegt nicht daran, dass SIE grau sind. Vermeiden Sie diesen Denkfehler.

Zeigen Sie sich also weiterhin so, wie Sie sind. Denn eins hat diese »Nicht-Taktik« allen anderen voraus: Sie können sicher sein, dass die Verliebtheit des anderen Ihre Person meint und nicht die Maske.

Nachteil: Sie kann sich entscheiden, dass Sie nicht der Richtige sind, oder ihm fällt auf, dass Sie doch nicht seinem Traum entsprechen.

Sehen Sie es als Chance: Immerhin haben Sie sich nicht verstellt und damit schon einiges an kommendem Frust vermieden.

Läuft alles gut, folgt der »Übergang«: Sie haben sich entschieden, es miteinander zu versuchen. In dieser Spanne stellen Männer zum Beispiel fest: »Als ich merkte, dass ich nicht nur ständig an Sex mit ihr dachte, wusste ich, dass ich mehr als nur verliebt war.« Frauen bedauern, dass für die meisten Männer in dem Moment die Zeit der Balz vorbei ist, sie sich nicht mehr so bemühen. Und das ausgerechnet dann, wenn Frauen die verbalen Bestätigungen dessen, was sie selbst schon fühlen, besonders fehlen! Liebe läge drin! Hey, LIEBE! – gerade da ziehen sich Männer ganz gern mal zurück.

Keine Panik. Das gibt sich wieder. Ist leicht gesagt, aber wenn Sie mal über Ihre früheren Begegnungen nachdenken, müssen Sie doch auch feststellen: Nach Distanz folgte wieder Nähe. Gut, das Timing, das viele Männer an den Tag legen, ist ziemlich mies. Hilfreich wäre es – egal, ob Sie nun ein sich wiedererkennender männlicher Leser sind oder als Frau dieselben Rückzugssymptome bei sich feststellen –, es zu kommunizieren. Es zu sagen. Ich will allein sein. Das heißt nicht, dass ich dich nicht mehr mag. Es heißt nur, dass ich mit mir sein möchte. Über das nachdenken muss, was wir erleben. Es sacken lassen. Sortieren. Ich bin übervoll von Eindrücken, ich will nicht nur dich nicht sehen, ich will die ganze Welt nicht sehen. Aber ich freue mich darauf, dich dann bald wieder in die Arme zu schließen. Wenn ich zwei Tage und Nächte allein verbracht habe, bin ich auch wieder der Mensch, den du magst, mein Schatz.

Wer nur ein bisschen ehrlich zu sich selbst ist, wird dem anderen eine Auszeit gewähren. Wir wissen doch alle, was wir dann tun: süßes Nichts, rumpopeln auf dem Sofa, Pizza zum Frühstück, telefonieren, fernsehen, am Fenster sitzen und rauchen, schwimmen gehen oder sonst einen Sport treiben, die Nägel schneiden, rumpusseln und den Geist entspannen. Mal nicht beim Leben beobachtet werden, bei jeder Regung Auskunft geben – sondern Maul halten, Tür zu, allein sein, erholen von zu viel Mensch. Danach ist man nicht nur charmanter und wieder mehr man selbst, man freut sich auch mehr auf das Liebste. Und geht so ganz galant Spannungen aus dem Weg, die nicht unbedingt was mit der beginnenden Partnerschaft zu tun haben, sondern einfach mit dem Mangel an Alleinsein. Die Nerven brauchen das.

So. Aber egal, wie normal das ist, gehen Sie nicht davon aus, dass es a) jeder weiß und dass b) jeder prima damit zurechtkommt, wenn Sie mittendrin sagen: »Ich geh jetzt nach Hause, tschüss, und am Wochenende fahre ich nach Grönland, allein, ich brauch das.«

Nun geht es zum ersten Mal ohne rosa Brille zu. Nutzen Sie die Chance. Quälen Sie einander weder mit Vorwürfen noch mit Eifersüchteleien. Wenn der andere nicht erklärt, warum er sich zurückzieht, bauen Sie Brücken: Kann es sein, dass du einfach mal für dich sein musst? Dass du hoffst, dass ich verstehe, dass es nichts mit dem zu tun hat, was ich falsch gemacht haben könnte, dass du mich weiterhin wiedersehen willst, aber eine Pause für dich brauchst? So kommt ein Gespräch in Gang. Nein, Sie machen es dem anderen dann nicht »zu leicht«. Ich höre die ewigen Zweifler bis hier, deren größte Sorge es ist, es anderen zu leicht zu machen und deswegen eher verlassen zu werden.

Das aber nur am Rande. Viel wichtiger ist: Es ist Ihre verdammte Aufgabe, es sich gegenseitig leicht zu machen. Wenn Sie es sich schwer machen wollen, wozu sind Sie dann beisammen?

Diese erste Hürde in Ihrer jungen Liebe, also der Drang des einen, sich zurückzuziehen, stellt an sich noch keine Gefahr dar. Aber es ist entscheidend, den Grund offen zu nennen. Denn Rückzug ist der Nährboden, auf dem fiese Zweifel wachsen, und daraus werden störende Verhaltensweisen, die eine Beziehung von Anfang an erschweren. Bereinigen Sie die Zweifel. Trauen Sie sich zu fragen, anstatt Angst vor der Antwort zuzulassen. Ja, gewiss, die kann auch so ausfallen, dass es heißt: Ich habe Angst vor einer Bindung. Aber selbst die Angst vor einer Bindung kann man gemeinsam erleben. Indem man sich jeden Tag etwas weiter vortastet.

Ich höre Sie schon wieder, die Zweifler: »Ja, aber was ist, wenn er geht, wo ich doch bis dahin so viel investiert und mich geöffnet habe, weil er plötzlich doch feststellt: Das ist nichts für mich?«

Entschuldigen Sie mal: Sie haben sich für eine Bindung entschieden, er wackelt. Gut. Dann leben Sie Ihre Entscheidung, während er seine sucht. Das heißt, die Tür offen zu halten. Damit er hindurchgehen kann. Damit müssen Sie klarkommen. Erst wenn Sie eines Tages mehr Schmerz denn Freude empfinden, sollten Sie wissen, was zu tun ist: Es beenden.

Zurück zum Alltag?

So. Sie haben sich ein paar Mal getroffen, waren im Bett zusammen – nun fühlen Sie sich bereit für den Alltag. Zu Hause rumgammeln, Urlaube planen, Freunde treffen, Videos ausleihen – eben das, was Paare so machen.

Nachdem Sie wochenlang nicht richtig gegessen, wenig geschlafen und auch nicht viel von Ihren Freundinnen mitbekommen haben, soll jetzt der Alltag Einzug halten. Und nebenbei wollen Sie das festigen, was so nett begann. Tappen Sie nicht in die Falle! Ziehen Sie nicht zusammen. Gehen Sie nicht davon aus, sich täglich zu sehen oder bereits zu allen Familienfeiern automatisch zu zweit aufzutauchen. Klären Sie immer noch alles ab, fragen Sie nach Lust und Unlust. Setzen Sie nichts voraus. Weder Verständnis für Ihr Leben, Ihre Umstände, Ihre Geldsorgen noch für sonst was. Sie kennen einander noch nicht. Sie sind noch nicht so weit, um Dinge wie selbstverständlich voneinander verlangen zu können, die erst Ehepaare nach einigen Jahren verlangen dürfen.

Gehen Sie nicht zu rasch in den Alltag über. Bemühen Sie sich umeinander, bemühen Sie sich, etwas Besonderes in der gemeinsamen Zeit zu machen – oder es zu lassen. Alltag können Sie für den Rest Ihres Lebens haben, aber wenn er zu früh kommt, können Sie fast damit rechnen, dass Sie bald wieder allein sind. Lassen Sie es nicht zur Gewohnheit werden, dass einer den anderen nach dem Job sofort besucht, gucken Sie nicht ständig dieselben Serien im TV, schneiden Sie sich nicht so bald in Gegenwart des anderen die Fußnägel. Später, ja, später – da dürfen Sie sowieso alles. Aber versauen Sie sie bitte nicht, die lebensduftigste Zeit, die am Anfang aller Liebe steht.

Bewegen Sie Ihren Hintern immer noch mal aus dem Haus. Ruhe können Sie haben, wenn Sie tot sind, aber bis dahin gestalten Sie bitte Ihr Leben. Und dazu gehört es, wach zu sein. Weiter zu reden. Sich mehr und mehr über Ihre Sexualität zu unterhalten (nicht im Bett, aber die Küche hilft). Einmal in der Woche raus und etwas gemeinsam zu machen, was anders ist als sonst. Nicht die typische Aufgabenverteilung zu leben und wie normal jeden Samstag zusammen den Kühlschrank voll zu shoppen. Lassen Sie den Dingen Zeit, sich zu entwickeln, manche entwickeln sich ganz anders als vorher. Machen Sie sich bitte immer noch füreinander zurecht. Sagen Sie sich jeden Tag, was Sie am anderen lieben. Sagen Sie dem anderen, wie schön Sie ihn finden. Sparen Sie an Kritik, was der andere in seinem Leben besser machen könnte – Ihrer Meinung nach. Denn der andere hatte ein Leben vor Ihnen und ist damit zurechtgekommen.

Schleifen Sie sich gegenseitig nicht mit zu Ihren Hobbys, Verwandten, Freunden. Sichern Sie sich lieber Zeit zu zweit. Und gehen Sie dem Alltag noch eine Weile aus dem Weg.

Makel dramatisieren

Okay, Sie können inzwischen wieder geradeaus gucken. Inzwischen fallen Ihnen am anderen auch ein paar Dinge auf, die Sie vielleicht als »Macken« oder »Schwächen« ansehen. Sie, die sich eigentlich nicht so gut ernährt, zu viel arbeitet und sich nie abschminkt. Er, der zu langsam fährt, auffällig lang Männerzeitschriften studiert oder seine Sachen überall in Ihrer Wohnung auslegt, kaum dass er sie betreten hat.

Und nun? Raus mit dem Kerl, weg mit der Ziege? Nein, wieso denn, sagen Sie. Andererseits denken Sie: Hm. Geht mir das auf die Nerven? Muss ich darüber hinwegsehen, weil sich das so gehört? Wird das schlimmer? Was kommt da denn noch alles an Macken?

Mein Vater ist nicht unklug. Er meint, dass nette Männer sich alle ziemlich ähnlich sind. Und dass ich nicht darauf schielen soll, was mir gefällt, sondern wie ich mit den Macken, die sie voneinander unterscheiden, zurechtkomme. Die Macken sind es, die entscheiden, sagt er.

Und tatsächlich: Wenn ich mich so umsehe, stelle ich fest,

dass er Recht hat. Selten entsteht ein Streit, weil zwei anders denken. Sondern weil der andere Dinge tut oder lässt, für die man ihn kreuzigen könnte. Oder weil er im Laufe der Jahre Charaktereigenschaften offenbart, die man am Anfang gar nicht einschätzen konnte. Dazu gehören Dinge wie Phlegma, Ignoranz oder Sauferei. Quartalssauferei vergeht, Müdigkeit und Unlust auch, und wir alle haben mal kleine depressive Verstimmungen. Gleich auf ein Monster von Charakterschwäche zu schließen wäre fatal. Die Langzeitgefahr ist aber möglicherweise gegeben.

Aber zurück zu den Macken. Es geht ja nicht darum, dass Sie mit einem Menschen zusammenbleiben, weil Sie ihn gerade noch so ertragen können. Und was für einen eine Macke ist, kann einer anderen völlig schnurz sein. Die eine konnte es nicht ab, dass ihr Ex immer mit ihr nach dem Abendbrot noch um den Block zum Café laufen wollte. Die Nachfolgerin liebt es. Macke oder nicht?

Es ist also nicht allein die Macke, sondern auch, ob sie von Ihnen als solche empfunden wird. Dann geht es mehr um das Problem, was Sie damit anfangen, als um den Versuch, dass der andere etwas abstellt oder sich ändert.

Dazu übrigens schnell eine schlechte Nachricht zwischendurch: Wir ändern uns nicht. Nicht grundsätzlich. Die so genannten Ausnahmen von Leutchen, die sich um 180 Grad gedreht, geläutert haben oder plötzlich ein Vamp geworden sind, klingen zwar sehr schön, aber sie verschleiern die Tatsache, dass wir nur das sein können, was wir sind. Nicht mehr, nicht weniger, nicht anders. Heißt: Nur was bereits als Anlage vorhanden ist, kann sich entwickeln, oder eben nicht. Aber jemand, der zum Phlegma neigt, wird niemals ein Sponti. Jemandem, der zum Überarbeiten neigt, wird auch noch in 30 Jahren der Fuß jucken, wenn er gezwungen ist, länger als zehn Tage Urlaub zu machen. Es ist, wie es ist, wir sind, wie wir sind. Machbar ist einzig, mit den Macken umzugehen und sie ein bisschen auszusteuern.

Alkoholiker sehen zu, dass sie dem Zeug aus dem Weg gehen, anstatt sich ihm entgegenzuwerfen. Ein Alki wird immer ein Alki bleiben, auch wenn er 25 Jahre trocken ist. Sein Verhalten, wie er mit seiner Schwäche umgeht, mag sich geändert haben, aber nicht die Schwäche an sich.

In der Umsetzung für Liebende heißt das: Die Macke, die Schwäche, den Hang, die Art, was auch immer, wird es immer geben. Immer. Immer. Immer.

Aber die Art, wie sie ausgelebt wird, wie man damit umgeht, die ist absolut variabel. Werden Sie also morgens aufwachen und sich denken: Wie isst der denn sein Ei? Ist ja eklig! Bäh, das will ich mir aber nicht die nächsten 30 Jahre anschauen müssen, der Kerl muss weg, auch wenn er sonst ganz toll ist … seufz … aber, ach … Oder was tun Sie als Mann, wenn Sie nach einer Weile feststellen: Puh, dass sie auch nie ihre Fußnägel abschminkt. Und diese rosa Bettlaken, irgs. Außerdem, kann sie nicht endlich mal das englische »th« aussprechen lernen, das ist ja peinlich, vor allem, wenn sie Songs mitsingt, von denen sie den Text sowieso nicht versteht.

Sie möchten doch die Liebe Ihres Lebens nicht wegen eines Frühstückseis oder wegen rosa Bettlaken verlieren, oder?

Oder?

Ist es etwa gar nicht … die Liebe … Ihres Lebens? Und Sie suchen nur nach ein paar Macken, die Ihnen nicht passen, weil Sie ein anderes ästhetisches Empfinden haben und Ihre Lebensordnung nicht umstellen wollen?

Dann spielen Sie mit offenen Karten und gehen Sie in Klausur.

Und sind Sie sich nicht sicher, dann machen Sie mal wieder eine unserer berühmten Listen. Nur diesmal mit Macken des anderen. Solchen, die Sie »nur« ärgern, an denen die Liebe aber nicht scheitert. Und solchen, bei denen Sie ahnen, dass Sie sie eines Tages zum Platzen bringen werden. Nach 30 Jahren Ehe, hihi, stellen Sie sich das mal vor: »Ich hasse es, wenn du dir die rote Soße der Spaghetti Bolognese nicht aus dem Mundwinkel wischst, das ist so widerlich, wie konnte ich dich nur lieben, mein Leben ist verpfuscht.«

Es bedarf eines sehr behutsamen Vorgehens, den eigenen Unwillen über die gedankenlosen Marotten des anderen zum Ausdruck zu bringen. Es ist nie schön, auszusprechen: Ich habe keine Lust dich zu küssen, weil du Mundgeruch hast. Lieben tu ich dich, doch bitte putz dir die Zähne.

Holla, das ist wirklich nicht einfach. Schon gar nicht nach 100 Tagen.

Sie sollen diese Macken einerseits nicht dramatisieren und alles in Frage stellen, denn dann hätten Sie die emotionale Reife eines Vorschülers und Sie sind ein ganzes Stück weiter. Andererseits müssen Sie ehrlich sein und zugeben, womit Sie nicht leben wollen. Verlangen Sie von der Liebe nicht, dass sie über alles hinwegsehen kann. Damit wird sie überstrapaziert.

Und die dazwischen, die »lässlichen« Macken – die können Sie gerade jetzt am Anfang ansprechen. Das heißt, handeln ist dabei besser als reden. Zum Beispiel indem Sie dauernd Zähne putzen und dem anderen die Bürste gleich ebenfalls in die Hand drücken. Indem Sie alle Dinge, die er in Ihrer Bude so rumliegen lässt, auf einen Haufen legen und fragen, ob er das früher auch schon gemacht hat.

Was Sie vermeiden sollten: den anderen zu beschämen. Scham empfinden wir fast alle ein bisschen wegen unserer Macken, besonders wenn uns jemand darauf anspricht. Man möchte nicht, dass der andere angewidert ist von der Art, wie man das Ei isst oder auf alle möglichen Dinge Senf gibt. Und neben der Scham wird man auch wütend: Wieso kann ich nicht machen, was ich will? Und warum erst recht nicht hier, in einer

Beziehung, das soll doch der Ort des Rückzugs sein, der Freiheit und der Liebe?

Um Scham wie auch Zorn zu vermeiden, hilft eins garantiert: Humor. Sie können sehr theatralisch darstellen, wie Sie unter dem Anblick leiden. Aber stets mit einem Lachen. Stumme Vorwürfe oder ein zackiges »Du isst echt wie ein Ferkel« sind Bewertungen, sind Verurteilungen. Nichts, was für eine Liebe gesund ist.

Wehren Sie sich mit Humor und Lachen gegen lässliche Macken.

Die Ich-kenn-dich-Falle

Im Überschwang der ersten Begegnungen haben wir das Gefühl, total gleich zu schwingen. Einander zu kennen. Stimmt nicht. Sie werden einander nie ganz kennen, aber ständig besser kennen lernen, wenn Sie Lust haben. Sollten Sie! Hören Sie immer zu. Stellen Sie Fragen. Fragen Sie nach, was er oder sie von diesem oder jenem hält. Geben Sie sich nicht der Gewissheit hin, den anderen bereits einschätzen zu können, sich einzufühlen. Nichts gegen Ihre Begabung, die haben Sie bestimmt – aber wir alle haben darin einen Hang zum Überschätzen unserer Fähigkeiten. Eben weil es ja praktisch wäre, zu wissen, was der andere will – damit wir unsere Ruhe haben und uns nicht ständig versichern müssten.

Die Wahrnehmungsfalle

Sie sind ein Leben mit sich gewöhnt. Sie wissen, dass Sie morgens gern frühstücken und kein Problem haben, neben dem Rest des Frühstückseis noch Zeitung zu lesen. Oder Sie joggen, stehen früh auf oder spät, gehen immer mittwochs ins Kino … Doch seien Sie gewiss: Der andere hat

a) andere Angewohnheiten
b) andere Neigungen
c) andere Vorlieben.

Heißt: Sie verstehen sich zwar gut, mögen sich, lieben sich sogar schon – aber das bedeutet nicht, dass Sie in allem gleich ticken. Und es heißt schon gar nicht, dass Sie den anderen trimmen müssen auf das, was Sie mögen. Die Welt stellt sich für Sie beide nicht gleich dar, keiner weiß, was für den anderen besser ist. Lassen Sie sich Ihr Leben, lassen Sie es aber auch dem Gegenüber.

Gefallsucht

Wir lernen jemanden kennen. Er ist ja so toll, sie ist ja so einzigartig ... und plötzlich haben wir Angst. Nicht mehr zu genügen. Uns besser machen zu müssen. Nur noch Schokoladenseiten zeigen zu dürfen.

Lassen Sie das – gekünsteltes Verhalten ist durchschaubar. Wenn Sie einen miesen Tag haben, ist das so. Sie müssen weder zum Ja-Sager mutieren noch zur ewig lächelnden Geliebten, um zu gefallen.

Denn eins zementieren Sie sich bitte ein: Sie waren in dem Moment, in dem der andere sich in Sie verguckt hat, authentisch. Echt. Sie selbst. Es ist also nicht nötig, sich zu verkaspern.

Ad-hoc-Nähe

Sie haben sich achtmal getroffen – und beschweren sich, dass er immer noch keine Zahnbürste bei Ihnen hat oder dass sie Sie immer noch nicht vor anderen als ihren Freund bezeichnet? Überspringen Sie bitte nicht die völlig normalen Entwicklungsschritte jeder Art von Begegnung. Sie haben Ihre Freunde und Freundinnen doch auch nicht vom dritten Tag an wie die innigsten Vertrauten behandelt. Warum soll es in der Liebe anders sein? Rücken Sie nicht gleich so dicht aufeinander, mit halbem Einzug, Familie vorstellen und in die Welt hinausposaunen, Sie hätten eine Beziehung. Stehen Sie zueinander, ja, aber nehmen Sie der Begegnung nicht die Luft, die sie braucht. Bevor Sie sich nicht gegenseitig die Liebe gestanden haben, bevor Sie nicht aufhören, Angst zu haben, dass der andere womöglich nicht wieder anruft – sind Sie nicht zusammen. Und das dauert nun mal meist drei Monate …

Die Schleif-Schlappe

Wenn zwei Leute endlich beisammen sind, haben eher Frauen als Männer den Hang, ihren Liebsten zu verbessern. Lassen Sie es. Lassen Sie ihn Mann sein. Und warum? Männer und Frauen müssen unterschiedlich bleiben, sonst geht die erotische Faszination flöten. Je kleiner die Unterschiede im Verhalten und Sein, desto eher basteln Sie sich einen Bruder oder einen erwachsenen Sohn, aber Sie haben keinen Mann mehr, mit dem Sie gern ins Bett steigen, um ordentlich zu vögeln.

Lieben ist eine Tätigkeit, sagte mal ein schlauer Mensch. Sie lebt von dem, was Sie tun – nicht nur, was Sie sagen. Doch nicht alles, was man »aus Liebe« tut, kommt auch gut an – dazu gehören zum Beispiel:

Die mütterliche Tour: Rennen Sie nicht ständig mit Schal, Butterbrot oder Ratschlägen hinter ihm her. Das hat mit Liebe wenig zu tun, eher mit Kontrolle. Und es erweckt bei ihm langfristig das Gefühl, er sei total unfähig.

Der Putzfimmel: Sie werden nicht mehr oder stärker geliebt, wenn Sie ihm ständig hinterherräumen. Schmeißen Sie den

Putzlappen weg und zeigen Sie ihm, dass Sie lieber Zeit mit ihm verbringen. Denn genau das ist es, was Männer nervt: Wenn Sauberkeit und Ordnung wichtiger ist als sie.

Der Kommandoton: Wenn Sie ihn vor anderen ermahnen, demonstrieren Sie, dass Sie ihm richtiges Verhalten nicht zutrauen, und erst noch, dass Sie sich für ihn schämen.

Klatschsucht: Männer erleben häufig, dass Frauen am Telefon mit der besten Freundin oder mit der Mutter über andere Menschen herziehen. Das erzeugt die Angst, dass Sie genauso über ihn sprechen, über seine Schwächen, Ihr Intimleben usw. Bleiben Sie loyal! Wenn es jemanden was angeht, was Sie an ihm nervt, dann ihn – denn er ist der Einzige, der es ändern kann. Oder lassen Sie sich wenigstens nicht beim Schludern erwischen …

Bestätigungssucht: Er soll ständig jede Veränderung an Ihrem Äußeren, jeden Erfolg in der Firma kommentieren und loben: »Nu sag doch mal was dazu.« Abgefordertes Lob lässt keinen Spielraum für spontanes Lob.

Nun ist es natürlich nicht so, dass nicht auch Männer dazu neigen, »Schwächen« einer Frau verbessern zu wollen: »Nun setz dich im Job doch mal durch«, »Arbeite nicht so viel«, »Rauch nicht so viel«, »Iss doch mal was«, »Lass dich von deinen Freundinnen nicht so vereinnahmen, die rufen ja hier ständig an.« Oft sind es Projektionen eigener Schwächen, die Mann bei der anderen Hälfte markiert. Um im Zweifel von sich selbst abzulenken. Bevor Sie Ihrer Liebsten zu Dingen raten, die Sie selbst gern geändert hätten, beachten Sie: Sie hat schon vor Ihnen ein Leben gehabt. Sie kommt zurecht. Und wenn Sie meinen, Sie hätten unter ihren Schwächen zu leiden, dann sagen Sie ihr das, anstatt vorzuschieben, sie nur zu ihrem Besten verändern zu wollen.

Alte Ängste, neue Lösungen

Wir alle haben wiederkehrende Ängste, die es uns verwehren, zur gegebenen Zeit den verdammten Telefonhörer in die Hand zu nehmen oder bei einer Date-Absage Gelassenheit zu zeigen, geschweige denn unser Innerstes einen Türspalt zu öffnen, so dass der andere möglicherweise einen halben Fuß hineinstellen kann.

Kommen Ihnen die folgenden Gedanken vielleicht bekannt vor?

»Er verarscht mich nur / Sie führt mich vor«

Konsequenz: Sie achten auf alles, was die andere Person tut, und nehmen jeden Scherz persönlich und als Beweis, dass sie mit Ihnen nur ins Bett geht, um hinterher in die Welt hinauszuposaunen, wie mittelmäßig Sie beim Aufwachen aussehen, wie Sie es im Bett gern hätten, wie Ihr Verhältnis zu Ihrer Mutter ist und dass Sie so blöd waren zu glauben, man meine es ernst mit Ihnen. Dabei könne man es mit Ihnen ja gar nicht ernst meinen, weil Sie sowieso das Letzte sind.

Konnten Sie folgen? Haben Sie den logischen Schluss einfach hingenommen? Dann liegt es nicht zwingend an den bösen Buben und miesen Weibern da draußen, dass Sie Angst haben, verarscht oder vorgeführt zu werden. Natürlich, es kann in jedem Leben eine Situation geben, wo Sie sich so fühlen: Wenn der Jugendschwarm Ihren Liebesbrief im Pausenhof aushängt. Wenn Ihre erste Liebe ihren Freundinnen prustend erzählt, wie missgelungen das erste Mal war, und die immer anfangen zu lachen, wenn Sie um die Ecke kommen. Es gibt auch Menschen, um die tatsächlich gewettet wurde, und es gibt solche, die Opfer von Leuten wurden, die Liebe versprachen, um Sex zu bekommen.

Aber das ist bei weitem nicht die Mehrzahl. Was ihnen passiert ist, kann sich höchstens dann wiederholen, wenn Sie sich die entsprechenden Deppen aussuchen. Aber jemand, der kein Depp ist, wird weder Energie noch Zeit noch Anstrengung darauf verwenden, Sie erst in Sicherheit zu wiegen, um Sie hinterher so richtig rund zu machen. Die Lust, andere tief reinzureißen, darf man nicht überschätzen; das erfordert nämlich Taktik, Planung und Zeit. Zeit haben wir heutzutage eh zu wenig und Lust – da jeder, und ich betone JEDER, an sich zweifelt, auf die Liebe hofft oder wenigstens auf Nähe, fehlt uns ganz gewiss auch die Lust dazu.

Solche Erlebnisse sind, wenn überhaupt real, eine Kurzzeitstrategie. Wenn Sie nicht innerhalb von zwei Wochen einen eindeutigen Beweis dafür haben, dann vergessen Sie Ihre Furcht davor.

Es gibt viele Gründe, warum ein Mensch einen anderen nicht adäquat behandelt, aber es ist gewiss nicht stets aus böser Absicht. Die einen tun es, weil sie gedankenlose Egozentriker sind, die nicht merken, wie sehr Kleinigkeiten verletzen. Die Nächsten haben keine Übung in Sachen Beziehung und verrennen sich in Kamikaze-Ehrlichkeit oder ruppigem Freiheitsdrang, der weniger mit Ihnen als mit der Angst zu tun hat, sich neu zu binden. Manche kennen ihre eigene Gefühlswelt so wenig, dass sie eine ganze Zeit brauchen, um sich ihrer Gefühle bewusst zu werden. Und die einen entscheiden sich dann für, die anderen gegen eine Beziehung. Darunter gibt es wiederum welche, die reden darüber und sagen: »Du, das ist es nicht, mit uns«, während andere es auslaufen lassen, weil sie gottverdammte Feiglinge sind, die den Mund nicht aufbekommen.

Aber selbst das Letztere hat nichts damit zu tun, dass Sie verarscht oder vorgeführt worden sind. Sondern nur mit der Schwäche jener, mit ihren Gefühlen umzugehen, sie zu kommunizieren und die Konsequenzen dafür zu tragen.

Lassen Sie bitte eine neue Person nicht die Zeche zahlen, die die alte bei Ihnen offen gelassen hat. Vertrauen ist etwas, was Sie als Vorschuss leisten. Genauso, wie man es Ihnen entgegenbringt.

»Ich habe Angst, dass er/sie so wichtig in meinem Leben wird, dass ich ohne ihn/sie nicht mehr existieren kann«

Es läuft alles gut. So was von gut. Zu gut? Mitten drin im schönsten rosaroten Himmelsrausch beginnen Sie zu fallen. Weil es sich verdammt groß anfühlt. Weil Sie spüren, wie Sie innerlich reicher und reicher werden, je länger Sie mit der Person zusammen sind. Sie erleben zauberhafte Dinge. Nichts von dem, was Sie früher in Beziehungen verletzt hat, deutet sich an. Es ist zu schön, um wahr zu sein. Und plötzlich fürchten Sie sich. Dass das eines Tages zu Ende ist, weil ja alles im Leben irgendwie ein Ende hat und jede dritte Ehe geschieden wird und sowieso jeder in serieller Monogamie lebt. Oder weil der andere eines Morgens beim Aufwachen feststellen wird, dass er Sie ja gar nicht liebt. Und dann werden Sie alles verlieren, in das Sie sich jetzt gerade so schön reinkuscheln. Die Gespräche, den Sex, die Unternehmungen, die kleinen vielen Rituale, die Intimität, diese grundgütige Perfektion und hoffnungsvolle Liebe. Sie haben Angst, das Schöne zu verlieren, nach dem Sie sich so gesehnt haben, das Schöne, das so lange brauchte, um endlich, endlich anzukommen. Und nun da ist.

Sie werden doch wohl einen Preis dafür zahlen müssen, oder wie?

Es ist ein Unterschied, Angst vor dem Alleinsein zu haben oder Angst, ohne die geliebte Person zu bleiben. Vorher waren Sie ja auch allein und haben durchaus überlebt. Aber ob Sie ohne all das zurechtkommen, was diese neue Liebe mitgebracht hat und von dem Sie glauben, es könne so nur zwischen Ihnen beiden stattfinden und dann nie wieder? Sie denken: Nein.

Und was passiert? Sie verkrampfen sich. Sie genießen kaum noch das Schöne, weil ja hinter der nächsten Ecke der Preis lauern könnte. Sie forschen mehr oder weniger hemmungslos nach Anzeichen, dass der Anfang vom Ende schon begonnen hat. Sie klammern. Sie sind ganz besonders nett. Kurz: Sie werden künstlich.

Ja, nichts ist schwerer zu ertragen als eine Reihe von guten Tagen.

Beginnen wir bei Ihnen. *Erstens:* Sie verdienen Ihr Glück. Sie sind es wert. Nein, Sie müssen dafür nicht bezahlen. Das Leben läuft nicht so, dass man für etwas Schönes zahlen muss. Sie brauchen sich keine Sorgen zu machen, dass das Schicksal es fies mit Ihnen meint und Sie im Nachhinein für Verfehlungen von vor hundert Jahren abwatscht, indem es Ihnen erst die Sahnetorte vorsetzt, Sie süchtig macht, um auf dem Höhepunkt zuzuschlagen und Sie mit Entzug schlimmer zu strafen, als es ohne die Torte je möglich gewesen wäre.

Zweitens: Auch Sie können jemandem so wichtig werden, dass derjenige Angst hat, sein Leben dann ohne Sie nicht mehr zu mögen, nicht mehr zu meistern und nicht mehr zu wissen, wer er ohne Sie ist. Daran schon mal gedacht? Sie sind nicht als Einzige »schwach«, weil Sie dem anderen einen sehr festen Platz in Ihrem Leben geschenkt haben. Einen, den Sie für so fundamental halten, dass Sie fürchten, mit ihm Ihre einzige Basis, Ihren Halt zu verlieren.

Drittens: Auch wenn es bitter ist und unromantisch: Ja, Sie würden den Verlust überleben. Es wird sich anfühlen, als ob Ihnen ein Arm abgehackt wird, und es blutet monatelang, jahrelang, dann blutet es immer weniger, und Sie entdecken, dass Sie noch einen anderen Arm haben. Natürlich, nichts wird mehr sein wie vorher, als Sie noch beide Arme hatten, aber es wird gehen. Sie werden lernen, mit einem Arm zu leben.

Und bis dahin haben Sie alles in der Hand, damit es nicht so weit kommen muss. Nein, Sie müssen sich nicht auf Krampf zurückziehen, damit Sie nur ja Ihre Unabhängigkeit bewahren, um gegen den möglichen Verlust gefeit zu sein. Sie verletzen ihre Liebe damit, vor allem, wenn sie nicht weiß, wieso jetzt dieser Umschwung eintritt. Ja, Sie dürfen darüber reden, wie Sie sich fühlen. Nein, Sie dürfen dem anderen nicht die Verantwortung für Ihr Seelenheil übereignen, ihm nicht auferlegen, er habe gefälligst dafür zu sorgen, dass Sie diese Angst loswerden, er/sie könne Sie verlassen und damit ins Unglück stürzen. Nein, Sie brauchen deswegen auch nicht fremdzugehen, um Ihre emotionale Seite zu schützen, die durch Fremdverkehr eine wirksame Barriere aufbaut und Ihnen vermeintlich beweist, dass Sie auch ohne den anderen können.

Tja, Sie müssen sich wohl der Herausforderung stellen, so gut wie möglich mit diesem wunderbaren Menschen zu leben. In Dankbarkeit für jeden Tag, aber im Heute. Und nicht im Morgen, das kommt schon von ganz allein, und Sie werden dabei sein. Anstatt zu grübeln, was dann alles wird, gehen Sie jetzt in diesem Moment sofort spazieren und denken darüber nach, was ist und wie zauberhaft die Augenblicke mit der über alles geliebten Person doch sind. Ändern Sie Ihre verdammte Sichtweise. Leben Sie im Jetzt.

»Wenn ich mich einlasse, wird es wehtun«

Ja. Stimmt.

Und wissen Sie was? Es gehört dazu. Menschen verletzen einander nun mal gelegentlich. Manche, weil sie Riesenarschlöcher sind – aber über die müssen wir nicht reden. Wenn Sie ein

Riesenarschloch lieben, ist das Ihre Sache; schwierig, dann nicht verletzt zu werden.

Aber die ganz normalen Menschen verletzen auch, ohne es zu wollen. Die einen bereits, weil sie sich als Darling der Gesellschaft mit jedem verstehen und lächeln können, auch in großer Runde, und dem anderen damit wehtun, weil der so eifersüchtig ist. Die anderen unabsichtlich, weil sie ihren Job fast so sehr lieben wie den geliebten Menschen und manchmal übersehen, was der gerade für Bedürfnisse hat.

Solange wir nach unseren eigenen Wünschen und Bedürfnissen leben, bleibt es nicht aus, dass wir andere verletzen und auch selbst verletzt werden.

Das ist aber nicht das Drama. Das Drama ist, wie Sie damit umgehen. Sie haben ja im Grunde nicht nur Angst, verletzt zu werden, wenn Sie Ihre Seele öffnen. Sie fürchten, dass es unheilbar sein wird. Dass Ihre Schmerzen nicht erkannt werden. Dass da keiner ist, der das wieder heil macht, und dass es nie aufhört und sich am Schluss ein Haufen Scheiße angesammelt hat, unter dem Sie ersticken, während Sie in Tränen ertrinken. Und das alles nur, weil Sie sich verletzbar gemacht haben …

Schnickschnack. Wir alle sind sensibel und verletzbar. Die einen zeigen es, die anderen verstecken es. Es kommt nicht darauf an, dass Ihnen wehgetan wird. Entscheidend ist, wie Sie damit umgehen und an wen Sie geraten sind – der tunlichst auch damit umgehen sollte.

Die meisten neigen dazu, Verletzungen zu relativieren: »Och, nu hab dich nicht so, war nicht so gemeint, du bist aber empfindlich.« Aus Schreck, verletzt zu haben, aus Hilflosigkeit, weil man nicht weiß, wie man es rückgängig machen soll oder wie man es heilen kann. Und, na klar, auch weil man nicht zugeben will, etwas »Falsches« getan zu haben. Das gilt für Verletzungen in der Partnerschaft genauso wie für Fehler im Beruf: »Oh. Das war ich nicht.«

Für Sie sieht das dann oft so aus, als ob der andere sein eigenes Maß an Verletzbarkeit anlegt und Ihre Gefühle danach bemisst: Alles, was nicht auf seiner Skala liegt, sollen Sie gefälligst nicht so ernst nehmen. So kommt es jedenfalls bei Ihnen an. Und Sie denken sich: Hey, es ist aber *meine* Gefühlswelt, ich weiß, wann ich verletzt bin. Wieso lässt er es nicht zu? Wieso sind meine Gefühle nichts wert?

So oder so ähnlich wird es sein. Aber genau das müssen Sie sagen, sonst verhärten sich die Fronten und es passiert das, was Sie nicht wollten: Es ist weniger das Aua, was wehtut, sondern wie mit dem Aua umgegangen wird. Einer, der es kleiner macht, als Sie es fühlen, wird auf Dauer nicht Ihr Freund. Vorwürfe, Beleidigungen, Unachtsamkeiten, Streit, Verletzungen müssen geheilt werden. Ja, Narben werden bleiben, aber die Wunden sollten geschlossen werden.

Es wird Ihnen nichts anderes übrig bleiben, als auf Ihre Wunden zu zeigen und zu sagen, was da für Pflaster draufgehören. Und genau das entspricht natürlich nicht Ihrer Art. Aus lauter Angst, dass man Ihnen wehtun könnte, haben Sie sich ein dermaßen hartes Show-Fell angeeignet, dass keiner die Wunden sieht. Sie sind ja so cool und lässig, nichts macht Ihnen was aus, wow, sind Sie selbstbewusst und unantastbar.

Haha. Damit riskieren Sie all das, was Sie nun gerade nicht möchten: Verletzungen. Glauben Sie mir, wenn Sie sich weich zeigen, werden Sie auch sanft behandelt. Sie müssen sich endlich trauen, den Mund aufzumachen, wenn Sie etwas trifft. Sie können nicht rumlaufen und signalisieren: »Du kannst mir gar nichts, *du nicht*«, und innerlich schreit das Kind in Ihnen vor Weh auf! Klar, ab und an im Leben gibt es Situationen, da behalten Sie lieber Ihre Würde, als irgendeinem Arsch zu zeigen, dass er Sie getroffen hat. Aber sparen Sie sich das John-Wayne-Getue auf Dauer in einer Beziehung. Verletzungen bleiben im Leben nicht aus, nie, aber Sie müssen lernen, damit umzugehen.

Sie auszusprechen und damit Chancen zu eröffnen, dass sie geheilt werden. Anstatt darauf wie die Prinzessin auf der Erbse sitzen zu bleiben und den Klunker mit sich rumzutragen.

Liebe kann nicht alles

Liebe ist unlogisch, sie kommt, wann sie will, und kann uns über Nacht verlassen. Trotzdem versuchen Paare immer wieder, sie mit Regeln und Rezepten zu bewahren. Doch das »Wenn-dann«-Prinzip funktioniert in einer Beziehung selten. Anstatt an der Liebe zu »arbeiten«, sollten Sie sie nehmen, wie sie ist, sie als Schatz betrachten, als Basis, aber nicht als Allmacht, die's schon irgendwie richten wird.

»Ja, Schatz.« Das ist das Geheimnis meiner Eltern für eine inzwischen 40-jährige Ehe. Sie haben ihr Liebesleben lang in keinen einzigen Partnerschafts-Ratgeber geschaut, seit 30 Jahren getrennte Schlafzimmer und sagen »Ich liebe dich« zueinander, wenn der andere am wenigsten damit rechnet, halten beim Autofahren immer noch Händchen, er schenkt ihr gern geklauten Flieder, und manchmal singt sie noch für ihn Chansons, barfuß, in der Küche. Sie werden miteinander alt werden und glücklich sein, den Weg miteinander begangen zu haben, obwohl sie sich zwischendurch gegenseitig hätten an die Wand nageln können vor Wut, Ärger, Verzweiflung und der Frage: »Will ich diese Ehe noch? Will ich diesen Menschen noch?« Auf die Frage, wie sie es schaffen, sich die Liebe zu erhalten, haben sie allerdings keine druckreife Antwort parat! Selbst »Ja, Schatz« ist natürlich kein Allheilmittel, um all die Alltagskämpfe zu überstehen, von der Babyfrage bis zum Einkommen, vom Seitensprung bis hin zur Frage »Was gibt's zu essen?«.

+

Die Liebe. In unserer Gesellschaft wird sie manchmal behandelt, als sei sie eine Diät, bei der es nur auf die korrekte Abmessung der Kalorien oder die Zusammenstellung der Zutaten ankäme, um zum Erfolg zu führen. Dabei weiß noch nicht mal einer, wie dieser Erfolg aussieht – 24 Stunden 7 Tage glücklich bis ans Lebensende? Wohl kaum. Zufrieden mit dem einen, bis zum Schluss? Schon eher. Erfüllt von einer Beziehung, die das Leben lebenswert macht? Ganz bestimmt. Und gerade wenn man dachte, man hat eine wunderschöne Ehe, geht die Tür auf, herein kommt ein ganz anderer Mensch – und man verliebt sich neu. Scheinbar willkürlich tritt die Liebe in Kraft, oder schleicht sich weg.

Und gerade weil die Liebe so lebenswichtig ist, wollen wir es in einer Partnerschaft ganz besonders richtig machen. Sammeln Punkte auf »Streit«- und »Lob-Konten«, wie es therapeutisch veranlagte Bücher vorschlagen. Wollen eine Partnerschaft »gestalten«, »an ihr arbeiten«, verstricken uns zwischen Taktik und Täuschung und wundern uns, warum all diese fachlich kompetenten Tipps so wenig und auf Dauer nichts bringen, wenn es um die eigene Liebesbeziehung geht. Frauen loben sich den Mund fransig, weil sie gelesen haben, dass Männer das brauchen, und Männer tragen sich wichtige Tage im Kalender ein, weil sie gehört haben, dass Frauen das mögen. Oberflächliche Handlungen ersetzen aber nicht das Gespür für die Beziehung zueinander!

Wir jagen der romantischen Idiotie von »Liebe für immer« nach und reagieren doch panisch, wenn nach der Verliebtheit erste Wölkchen am rosaroten Himmel aufziehen. Wir hoffen auf Freiheit und absolute Verschmelzung zugleich und meinen, der »passende« Partner würde schon all das erfüllen, was wir hoffen. Dabei vergessen wir, dass er das auch von uns erhofft … So schleichen sich Streit und Machtkämpfe ein, die man nie führen wollte, das Miteinander wird hölzern, künstlich, schwer, ist von Zweifeln und Hilflosigkeit bedroht, von der Angst zu scheitern.

Man fragt sich, wie es sein kann, dass man den anderen liebt, aber nicht mit ihm leben kann. Ist die Liebe zu klein? Zu groß? Blind? Soll ich ihn manipulieren oder macht er das mit mir? Sollen wir zusammenziehen oder lieber allein in den Urlaub fahren? Ist eine Beziehung steuerbar – aber die Liebe nicht? Darf ich mit meinem Partner rechnen, oder ist er nicht genauso unberechenbar wie meine Reaktionen? Zu viele Fragen – und zu viele Antworten, vor allem von zu vielen fremden Leuten, Experten, Fachpersonal für Gefühl und Alltag, die vergessen, dass Liebe immer noch ein Rätsel ist. Fazit: Liebe lässt sich weder planen noch kontrollieren oder gar steuern. Und: Sie ist nicht die einzige Basis für eine Beziehung!

Das haben wir doch alle bereits gemerkt: Es reicht nicht, jeden Tag »Ich liebe dich« zu sagen, damit die Liebe sich erfüllt. Es reicht nicht, sich darauf zu verlassen, dass die Liebe reicht, um sich immer zu verstehen und behutsam miteinander umzugehen. Und Liebe allein ist keine Garantie für eine gelungene Partnerschaft.

Michael Mary hat in seinem Buch »Mythos Liebe – Lügen und Wahrheiten über Beziehungen und Partnerschaften« (Lübbe Verlag) ebenfalls keine Gebrauchsanweisung für die Pflege der begehrten Blume Liebe geliefert. Im Gegenteil: Der Autor, der bereits in »Fünf Lügen, die Liebe betreffend« Kritik an den Schablonen der »Beziehungsarbeit« übte, schlägt eine andere Sicht auf Liebe, Partnerschaft und zwischenmenschliche Beziehung vor. Seine Idee: Mit der Liebe und der Beziehung umzugehen wie mit einem Kind. Hübsche Idee. Lesen Sie es mal an.

Eins und eins macht drei: Sie haben einen Schatz gefunden. So könnte man es nennen, wenn Sie sich verlieben und das, was da zwischen Ihnen schwingt, bewahren möchten.

Dass Wunsch und Wahrheit auseinander klaffen, ist völlig normal – und doch verwenden viele Paare die meiste Zeit darauf, die Beziehung – ihren Schatz – ihren Wünschen oder einer »Idealbeziehung« anzugleichen, statt die Eigenarten ihrer speziellen, individuellen Liebe zueinander zu entdecken. Sie wollen alles – guten Sex haben und sich immer verstehen, ehrlich zueinander sein und niemals banale Dinge tun, zusammenhalten und sich Freiheit schenken, das alles 24 Stunden am Tag, und von anderen ein bisschen dafür bewundert werden. Jeder Verliebte glaubt, nur er kenne das einzige Glück, und jeder neu Liebende meint, diese echte Liebe werde schon dazu führen, dass auch eine Beziehung wie von selbst klappt.

Der Vorteil der Methode, die gemeinsame Gestaltung der Liebe als Schatz zu sehen, über den beide wachen, ist klar: Anstatt über die vermeintlichen Verfehlungen des anderen zu klagen – du hast keine Zeit, du bist zu uninteressiert an Sex, du kannst dich nie auf Spontaneität einlassen – spricht man über die Beziehung. Was ihr gut tut, was sie zum Glänzen bringt. Dass ihr gemeinsame Aktivität fehlt. Dass ihr mehr Erotik wohl täte, damit sie weiterhin sonnig und warm bleibt. Dass ihr Überraschungen und Aufmerksamkeiten ohne großen Grund abhanden gekommen sind und sie deshalb traurig in der Ecke hängt und bald gar keine Lust mehr hat, sich ins Leben zu stürzen. Damit nehmen sich Paare den Druck, der oder die »Richtige« sein und auf den anderen adäquat reagieren zu müssen, um weiterhin geliebt zu werden. Auch Streit verläuft anders, wenn weniger mit Vorwürfen und Schuld hantiert wird – sondern sich ein Team gemeinsam um den Schatz »Beziehung« bemüht und kümmert.

So lassen sich viele Sollbruchstellen umgehen. Anstatt zu sagen: Wäre er der Richtige, würde er mit mir zusammenziehen, könnte man vielmehr überlegen: Täte es unserer ganz eigenen Beziehung gut, oder würden wir sie dann einsperren? Oder statt sich zu fragen: Warum fährt er am Wochenende allein weg, liebt er mich nicht genug?, könnte man auch fragen: Wie wirkt das auf unsere Beziehung, braucht sie diese Luft zum Atmen? Auch für Paare, bei denen der eine damit hadert, ob er gehen oder bleiben soll, ist die Frage nach dem »Beziehungskind« hilfreich: Bringt mir die Beziehung das, was ich mir erhoffe? Das ist besser als zu sagen: Wäre der Mensch anders, würde er besser zu meinen Erwartungen passen, also ändere ich ihn oder warte darauf, dass er sich ändert. Beispiel: Sie will Kinder, er nicht. Die Schuldfrage – Du willst keine Kinder, also schränkst du meine Hoffnungen ein – entfällt; es ist die Beziehung zueinander, die es verhindert.

Ist sie deshalb »schlechter« als andere? Nein. Sie stellt dann eben nur andere Anforderungen.

Ihre Liebe ist einzigartig

Müssen wir überhaupt all das tun, was von einer »funktionierenden Beziehung« erwartet wird, oder sollten wir nicht längst beginnen, unseren eigenen Weg zu finden? Wie will unsere spezielle Liebe im Alltag gelebt werden?

Liebe funktioniert nicht von selbst, nur weil sie da ist. Doch sie braucht eine andere Art Aufmerksamkeit als allgemein gültige Gesetze und Regeln der Partnerschaft – sie braucht das genaue Hinsehen, was zwischen zwei Menschen stattfindet.

Eine Beziehung muss nicht alles sein, um »gut« zu sein. Also nicht erotisch und romantisch und zärtlich und familiär und freundschaftlich und zweckgebunden und intellektuell anregend. Nur weil man sich zufällig liebt, ist eine Beziehung nicht auf all diesen Gebieten automatisch perfekt. Und doch empfinden viele Paare es als Schwäche, wenn einige der Faktoren verschwinden oder nicht vorhanden sind – und versuchen, die Beziehung künstlich damit anzureichern, anstatt das wahrzunehmen, was sie am stärksten verbindet. Bei den einen ist dies Sinnlichkeit, Erotik oder Romantik. Bei anderen Freundschaft, der Wunsch nach Familie und Geborgenheit. Bei wieder anderen stehen der geistige Austausch und gemeinsame Geschäftsinteressen im Vordergrund.

Anstatt dem nachzujagen, was Sie beide eher weniger verbindet, sollten Sie herausfinden, was genau Ihre zarten, aber starken Bande sind. Verbindet Sie die Lust auf ein Nomadendasein – dann sollten Sie nicht zusammenziehen. Verbindet Sie die Lust auf Familie? Dann müssen Sie nicht auf Teufel komm raus die weltbesten Liebhaber der Welt werden! Verbindet Sie Erotik? Was wollen Sie denn dann im 24-Stunden-Alltag voneinander, da blühen keine Spannungen mehr! Die meisten Beziehungen enden unter anderem deshalb, weil wir alles von einer Beziehung wollen, anstatt ihre einzigartige Besonderheit wahrzunehmen und die zu pflegen. Wir überfordern uns mit der Hoffnung, dass die Liebe alles kann.

Ihre Liebe reagiert auf Sie

Oft genug reagieren Ihre Beziehung und die Art Ihrer Liebe aber auch anders, als Sie es geplant haben. Am Anfang war alles prima – Sie liebten sich, setzten Kinder in die Welt – und plötzlich ist da nur noch Stress. Dabei haben Sie sich das beide doch so schön vorgestellt! Und nun? Versuchen Sie es mit der Sichtweise, dass das »Beziehungskind« Ihnen ganz individuell etwas sagen möchte. Anstatt nach vorgefertigten Erklärungen zu suchen – alle Paare mit Kind streiten sich, man braucht auch mal Zeit für sich allein, Kommunikation, Ersatzhandlungen für ausbleibenden Sex – sollten Sie Ihre ganz eigene Beziehung fragen: Was ist los? Bist du verunsichert? Was brauchst du? Und die Antwort finden, die nur Sie beide bestimmen können, niemand sonst. Chaos und Krisen gehören zu einer Beziehung – ohne würde sie sich nicht entwickeln.

Denn Ihre Beziehung reagiert auch wie ein eigenständiges Wesen auf das, was Sie tun, lassen, entscheiden. Sie bleibt nie dieselbe – und man muss sich nicht mal darüber beschweren, dass es »gar nicht mehr so wie früher« sei. Sie sind auch nicht mehr die Frau / der Mann von einst. Alles, was Sie in der Zeit, in der Sie mit Ihrem Partner zusammen sind, tun, wirkt sich direkt auf die Beziehung aus, und diese wiederum auf Sie. Diese Dynamik ist nicht steuerbar – aber immer wieder als etwas wahrzunehmen, was Sie anders in Bewegung versetzen können, damit Sie sich darin wohl fühlen. Eine wirkliche Krise kommt nie über Nacht. Verfolgen Sie ihre Spuren zurück und reden Sie vor allem Klartext mit Ihrem Liebsten. Ohne direkte Benennung Ihrer Befindlichkeiten können Sie nicht darauf kommen, was sich in Ihrer Beziehung wie verändert hat. Er vermisst die Aufregung der ersten Verliebtheit? Erinnern Sie sich gemeinsam daran. Ihnen fehlen tiefe Gespräche? Wann und warum haben Sie damit aufgehört? Vielleicht haben Sie sich bereits alles gesagt und der Beziehung täte Handeln gut?

Nur die Liebe – sie ist, was sie ist – unfassbar, rätselhaft, überraschend, wundervoll, verletzlich, gewaltig, unberechenbar, mit neuen Facetten an jedem Tag. Und der beste Grund zu leben und etwas daraus zu machen.

Verliebtheit als Vorlage für später

Das Schöne bei Verliebten ist: Am Anfang empfindet sich jeder und jede als gleichwertig, als ganz und gar angenommen, und beide sind bemüht, behutsam miteinander umzugehen. Um das Schöne, das grad erst beginnt, nicht einzustampfen wie matschigen Kartoffelbrei.

Infolgedessen fühlen sie sich durch Wünsche des Partners, die ihren eigenen Erwartungen oder Intentionen zuwiderlaufen, nicht bedroht. Konflikte lösen bei Verliebten auch keine Beziehungsstörung aus: Sie haben nicht das Gefühl, um eine gleichwertige Position oder um ihre Selbstachtung kämpfen zu müssen. Stattdessen bemühen sich beide ganz und wie von allein um eine annehmbare Lösung – und haben sie in den meisten Fällen so rasch gefunden, dass sie das Konflikthafte an dem Konflikt kaum bemerken. So einfach kann Streit sein … Das hat eine sofort entspannende und entlastende Wirkung; es relativiert die Bedeutung der Differenzen und bewirkt, dass sich beide Seiten um eine Lösung bemühen, die auch für den anderen Partner gut annehmbar ist.

Sehr schön. Die gute Nachricht ist also: Gehen Sie auch später, wenn die erste Verliebtheit verflogen ist, behutsam miteinander um. Aber ehrlich. Denn wenn es so weit geht, dass Sie vor lauter Friede, Freude, Eierkuchen Ihre eigenen Bedürfnisse und Interessen zu sehr zurücknehmen, dann verlagern Sie das Streitpotential nur in die Zukunft. Heißt: Machen Sie keine Szenen wegen nichts, aber behalten Sie alles, was mehr als nichts ist, nicht zurück. Sonst sammeln Sie einen Haufen an unausgesprochenen Missfälligkeiten an, irgendwann platzt der Kragen und Sie beide stehen da und wollen von nichts gewusst haben.

Lassen Sie sich ein!

Wie geht das eigentlich? Einlassen? Für die einen bleibt es oft beim Lippenbekenntnis, für die anderen ist es etwas, was sie aktiv leben wollen. Einlassen kann aber wohl nicht nur sein: So, ich sag jetzt mal »Ja« zu uns, und das isses dann, oder? Der Rest wird sich schon von selber zeigen …

Nach der Verliebtheit, in der sich ein Paar fast ausschließlich aufeinander konzentriert, spaltet sich die Konzentration auf. In normale, sinnvolle Dinge wie Arbeit, Kinder, Freunde, Alleinsein. Die Momente, in denen wir nur füreinander zu existieren scheinen, sind nahezu vorbei.

Die Kunst, die Leidenschaft für die kommenden Jahre trotzdem zu erhalten, ist, sich nicht komplett in der Konzentration auf äußerliche, wenn auch notwendige Dinge zu versteifen, frei nach dem Motto: In der Partnerschaft ist ja alles in Ordnung, die läuft jetzt halt so mit und gut. Sie sollte vielmehr im besten Fall immer noch einen Platz einnehmen, der den anderen wichtigen Dingen ähnelt: Erziehung, Arbeit, Selbstverwirklichung. Die Beziehung muss nicht wichtiger als alles andere sein, aber sie darf auch nicht hinten rüberkippen. Gleichwertigkeit ist es, die es Ihnen dann auch ermöglicht, sich einzulassen.

Es ist in der Praxis natürlich nicht einfach, sich immer wieder neu aufeinander zu konzentrieren. Jeder sehnt sich irgendwann nach Ruhe, um die Früchte der Saat zu genießen. Aber Sie können auch in der beginnenden Ruhephase weiter säen.

Einlassen und aufeinander konzentrieren besteht unter anderem aus einer Vielzahl von Kleinigkeiten: Hören Sie einander wirklich zu. Stellen Sie Fragen und geben Sie ehrliche Antworten. Lassen Sie sich gegenseitig Privatsphäre, aber beziehen Sie den anderen in Ihr Leben ein. Ihre Hoffnungen, Ihre Ziele, Ihre Wünsche, Ihre Taten. Erzählen Sie davon. Fragen Sie danach. Fragen Sie immer noch, so oft es geht: »Wie geht es dir, Liebling?« Sagen Sie, was Sie brauchen. Seien Sie sich bewusst, dass der andere ebenso manche Dinge braucht. Leben Sie einen Tag nach dem anderen, nicht in der Vergangenheit, hoffen Sie nicht dauernd auf die Zukunft, sondern leben Sie jetzt. Respektieren Sie einander immer. Auch unter Alkoholeinfluss. Seien Sie sich bewusst, dass eine Beziehung nicht für immer halten muss, dies aber kann. Gehen Sie einander aus dem Weg und dann frisch und ausgeruht wieder aufeinander zu. Lassen Sie sich gegenseitig Raum, auch um sich selbst darin bewegen zu können. Stellen Sie gemeinsame Interessen fest und leben Sie sie unbedingt gemeinsam. Spüren Sie aber auch Interessen auf, die unterschiedlicher nicht sein können. Leben Sie die ebenso, jeder für sich und unbedingt.

Trauen Sie sich, den Mund aufzumachen, wenn Ihnen etwas nicht passt, anstatt mit vorwurfsvollem Blick darauf zu warten, dass der andere Sie durchschaut. Nehmen Sie sich Ihrer Bedürfnisse selbst an, anstatt sie anderen unausgesprochen zu überlassen.

Lassen Sie Ihre Schwächen zu. Lassen Sie die Schwächen des anderen zu. Seien Sie ein Team. Kämpfen Sie miteinander, nicht gegeneinander. Seien Sie nicht blind gegenüber den Verfehlungen des anderen. Sie dürfen ihm sagen, wenn er sich verzettelt, dafür sind Sie zuständig, weil Sie ihn lieben. Wenn es Ihnen egal ist, dass der andere sich schlecht ernährt, sich in der Arbeit aufreibt oder von Freunden ausnutzen lässt, sind Sie kein Teamplayer. Gehen Sie dafür das Risiko von Streit ein. Fürchten Sie sich dabei nicht vor einer Trennung und drohen Sie auch nicht damit. Flüchten Sie nicht, und wenn Sie nicht anders können, kommen Sie wenigstens wieder, anstatt darauf zu warten, dass man Ihnen hinterherläuft. Streiten Sie nie wieder im Schlafzimmer. Und, ach ja: Lassen Sie sich ein.

Die Biochemie der Liebe

Trauer vergeht. Aber leider auch die Glücksekstase. Enttäuscht stellen wir fest, dass das, was uns vor einem Jahr, vor sechs Monaten noch so viel Spaß bereitet hat, nun zur Routine geworden ist. Ob wir mit dem Alltag einer nicht mehr so sprühenden Liebesbeziehung glücklich werden, hängt von der individuellen Persönlichkeitsstruktur jedes Einzelnen ab: Der eine ist glücklich, dass das anfängliche Verliebtenchaos endet und eine ruhigere Lebensphase voller Zufriedenheit eintritt, der andere fragt sich irritiert: »Soll es das jetzt gewesen sein?«

Fest steht, dass der Übertritt von der Verliebtheit zur Liebe für jede Beziehung eine der kritischsten Phasen ist. Eine wichtige Rolle in dieser Phase spielen die Endorphine (vom Körper selbst produzierte Opiate). Nach den aufregenden ersten Zeiten übernimmt dieses Liebesmolekül in der Regel die Regie in der Beziehung. Endorphine wirken schmerzstillend, dämpfen unsere Angst, verschaffen uns ein tiefes Wohlbefinden und machen uns unter Umständen gar euphorisch.

Die Endorphinproduktion steigt beim Menschen in völlig unterschiedlichen Situationen an: Wenn man schöne Musik hört, bei der Geburt, während der Schwangerschaft, beim Sport usw. Ebenso regen sowohl Entspannung als auch Stress, emotionale wie psychische Belastungen die Ausschüttung an.

Geringe Mengen an Endorphinen machen uns wach, aufnahmefähig und euphorisch. In uns breitet sich ein »Glücksgefühl« aus.

Die Endorphinrezeptoren sitzen an den Darmwandzellen und regulieren dort wahrscheinlich die Darmbewegung, daher ist es kein Wunder, wenn dieses »Glücksgefühl« unseren gesamten Körper durchflutet. Wir fühlen die Schmetterlinge im Bauch.

Ganz ähnlich dürfte das Glücksgefühl bei einer langjährigen Beziehung entstehen. Der Reiz – etwa die Fürsorge und Zärtlichkeit des Ehemannes – bringt den Endorphinspiegel täglich wieder neu auf Trab und vermittelt Sicherheit und Ruhe. Er bringt uns auf der einen Seite das ruhige Glück, auf der anderen Seite jedoch auch die Abhängigkeit. Wenn der tägliche Endorphinstoß fehlt, treten Entzugserscheinungen auf. So vermutet die New Yorker Anthropologin Helen Fisher, dass genau der Endorphinentzug den entsetzlichen Liebeskummer verursacht, wenn uns ein Partner verlässt.

Sorgen Sie also für den Glücklichmacher Endorphin, aber auch ab und an für Adrenalin, das Zeug, das Herzklopfen auslöst. Versuchen Sie, einmal im Monat etwas wirklich Schönes zu machen: Führen Sie einen Beziehungsfeiertag ein – und feiern Sie ausgiebig. Suchen Sie sich dafür einen Freitag oder Samstag aus, schicken Sie die Kinder weg und laden Sie die Verwandten aus. Feiern Sie mit allem, was dazugehört: Champagner. Tanzen im Wohnzimmer. Liebe auf dem Teppich. Leckere Dinge essen. Aufeinander anstoßen. Sagen, was Sie am anderen mögen. Ausgehen bis in die Puppen. Ja, einmal im Monat, und das mit schöner Konsequenz über die nächsten Jahre.

An den restlichen 29, 30 Tagen des Monats pflegen Sie dann Ihren Endorphinpegel. Umsorgen Sie einander, sorgen Sie füreinander, ohne dabei jede Handlung überbedeutsam zu machen. Einander gut zudecken beim Einschlafen. Hand in Hand über eine grüne Ampel hasten. Über die Wange streichen. Sich eine halbe Minute Zeit nehmen und den anderen intensiv ansehen, alles in sich aufnehmen. Es ist wirklich nicht viel Aufwand, den Sie betreiben müssen, aber Sie müssen »da« sein. Mental wie physisch da sein. Führen Sie dazu Rituale ein, die Ihre Liebe stärken, und wandeln Sie diese Rituale alle paar Monate oder alle halbe Jahre ab. Etwa samstags auf den Flohmarkt gehen, jeder hat ein Limit von zehn Euro, und die Einkäufe danach bei einem Apfeltopfenstrudel feiern. Oder in jeder Lebensmittelsaison ein Schlemmerwochenende mit gemeinsamem Kochen einführen, der eine trinkt und deckt ein, der andere kocht: Spargel! Pfifferlinge! Vacherin Mont d'Or! Jeden Freitagabend die Telefone ausmachen und einander massieren. Sich am Sonntag im Bett gegenseitig die Witze aus den Wochenblättern vorlesen. Bei jedem Essen außer Haus mit einem Espresso auf die Lieben anstoßen, die nicht bei Ihnen sind.

Kleine gemeinsame Handlungen stärken Ihr Band, und Variationen der Rituale sorgen für die Abwechslung, die auch Rituale brauchen, um spannend zu bleiben. Nichts ist in Zement gegossen, nur das Grundprinzip: Die Liebe freut sich über Traditionen.

Wenn es mal ein paar Tage oder Wochen nicht so läuft, weil Sie müde sind, gestresst, weil ein Streit schwelt: Durchbrechen

Sie den Kreislauf. Gehen Sie zu einem (meist gratis angebotenen) Schnuppertag in der Tanzschule. Räumen Sie gemeinsam das Schlafzimmer um oder pinseln Sie die Küche gelb. Stellen Sie den Küchentisch in den Flur und sagen Sie: Hey! Lass uns mal wieder auf uns gucken! Egal, was Sie anstellen, tun Sie etwas Absurdes, um sich gegenseitig aufzuwecken.

Vermeiden Sie Symbiose!

Kennen Sie diese Paare? Die gemeinsame E-Mail-Adressen haben und bei denen man den einen nicht einladen kann, ohne dass der andere mitkommt? Die auf Partys so sehr aneinander kleben, dass sie als neues Pattex-Rezept durchgehen? Die alles gemeinsam machen wie ein Wesen mit zwei Köpfen? Ja?

Und wieso finden Sie, dass Ihre eigene Symbiose ganz anders ist und auf keinen Fall ein Zweikopfwesen? Es ist doch eine Binsenweisheit, dass es nicht nur immer »die anderen« sind. Schauen Sie, alle, die dieses Buch in der Hand haben, sind für jemanden »die anderen«. Jeder ist »die anderen«. Ihnen, mir und dem Kerl da drüben, der so neugierig schaut, was Sie da lesen, uns allen kann alles genauso passieren wie »den anderen«. Deshalb können auch Sie in eine ungesunde Symbiose geraten, bei der Sie Ihr Leben nur noch zu einem kleinen Teil selbstbestimmt führen, den großen, großen Rest aber nur noch in »uns« denken und in »wir« formulieren.

Symbiotische Beziehungen haben den Nachteil, dass sie sich von innen heraus ersticken.

Keine Angst vor großen Gefühlen

Eifersucht. Leidenschaft. Lust. Verzweiflung. Hoffnung. Verpflichtung. Freiheit. Zorn. Glück. Das alles sind Emotionen, die viel Aufregung mit sich bringen und alles andere als das, was man sich unter Ruhe vorstellt. Aber diese Gefühle braucht eine Liebe, und vor allem eine Partnerschaft, um sich zu entwickeln.

Wir sind von Natur aus bequem. Ach, was wäre es schön, wenn alles immer nur dann und gerade dann auftauchen würde, wenn wir es gebrauchen könnten – die Aufregung, wenn uns langweilig ist, die Ruhe, wenn alles um uns herum tobt. Dass es so selten kommt, wissen Sie – aber warum erwarten Sie es dann in einer Beziehung? Warum muss ausgerechnet hier funktionieren, was Ihnen das Leben sonst selten beschert, jedenfalls nicht von alleine? Sie können den großen Stürmen nicht entgehen, wenn Sie in die rosa Lagune einlaufen wollen. Kitschig, ja, aber es ist so. Eifersucht ist dazu da, zu wissen, was man dem anderen bedeutet, und zu wissen, dass es einem nicht egal ist, was der andere treibt. Wie Sie mit Ihrer und seiner Eifersucht umgehen, darauf kommt es an, aber einfach wegschieben können Sie sie nicht.

Was immer Ihnen widerfährt, das Einzige, was Sie nie vergessen dürfen, ist: Der andere Mensch gehört Ihnen nicht, und Sie nicht ihm.

Behauptet jemand, Sie seien »zu emotional«, so sagen Sie ihm bitte mit herzlichen Grüßen, dass es »zu emotional« nicht gibt. Genauso wenig wie »zu rational«, denn solche Sprüche heißen nur, dass Sie dem anderen nicht passen und ihm Ihre Lebenseinstellungen und Verstandes- oder Gefühlsausbrüche nicht geheuer sind. Wer anderen vorwirft, »zu emotional« zu sein, hat Schiss vor großen Gefühlen. Weil sie ihn irritieren, aus der Bahn werfen, er nichts mit ihnen anfangen kann, nicht dasselbe zur selben Zeit fühlt, es ganz schrecklich ungelegen kommt und so viele Erwartungen mit sich bringt!

Fürchten Sie sich nicht vor Streit. Harmonie 24/7 ist kein Ideal, es ist der Zustand, wenn Sie im Grab liegen. Streiten heißt einander kennen lernen – aber die Beziehung ist damit nicht zu Ende! Das Einzige, was Sie beachten sollten: Verlagern Sie Ihre

Aggressionen nicht in die Sex-Arena, sondern seien Sie dann wütend, wenn Sie es sind. Ja, Kommunikation kann durchaus unangenehm sein, aber es spricht nichts dagegen, zu lieben und zu streiten. Aber immer: ohne Beleidigungen, bitte!

Sich Gefühlen zu widersetzen heißt in lauwarmem Wasser zu planschen. Nähe zu verhindern. Aber auch zu deckeln, was einem nicht passt. Die größten Jammerlappen, die anderen zu große Emotionalität vorwerfen, beweisen ihre emotionale Unabhängigkeit nur zu gern – indem sie sich bei anderen umschauen, die keine so reiche, verwirrende Gefühlswelt bieten, sondern scheinbar unkompliziertes Dahinplätschern.

Sehr schön, sollen sie doch im Kinderbecken pinkeln. Wer wahrhaft lieben will, wagt sich ins Becken für die Großen.

Kapitel 6

99 + Π romantische Ideen für Verliebte

»Darin besteht die Liebe:
Dass sich zwei Einsame beschützen
und berühren und miteinander reden.«

Rainer Maria Rilke, österr. Dichter, 1875–1926

Genießen Sie Ihre Zeit zusammen (sofern es Ihnen die Konstellation erlaubt und Sie nicht noch aus Ehen und Ländern flüchten müssen, um mit Ihrem Herzstern zusammen zu sein).

Alles, was Sie jetzt miteinander tun und teilen, zurrt das Band fest, an dem Sie sich später, wenn die ersten normalen und auch skurrile Krisen kommen, entlanghangeln können. Ihre Liebe wächst, und die romantischen Kleinigkeiten sind das Wasser, mit dem Sie Ihre Zuneigung zueinander gießen, pflegen und aufziehen, damit sie sich entwickeln kann.

Liebe ist Wachstum, sie kann noch inniger werden, wenn Sie gut zu ihr sind.

Zum Beispiel so …

Was Frauen tun können – die Kunst der Kleinigkeiten

1. Lassen Sie sich zeigen, wie man Krawattenknoten bindet.
2. Starten Sie Ihren eigenen exklusiven Buchclub mit ihm, geben Sie sich alle zwei Wochen gegenseitig ein Buch, das Sie berührt, und reden Sie darüber.

3. Wecken Sie ihn Sonntag in der Früh, um den Sonnenaufgang zu sehen. Gehen Sie danach wieder ins Bett.
4. Fahren Sie mit ihm in die Stadt, das Dorf, das Land, in dem Sie geboren und aufgewachsen sind. Teilen Sie gute, aber auch schlechte Erinnerungen mit ihm.
5. Schreiben Sie einen Postkartenkettenbrief mit jeweils nur einem Buchstaben, die erst zum Schluss eine sinnvolle Nachricht ergeben.
6. Singen Sie ihm etwas vor. Nachts, draußen, am Wasser.
7. Schenken Sie ihm anstatt Fotos für die Brieftasche (das ist sooo beliebig) eine Haarlocke.
8. Fahnden Sie im Sommer im Internet nach Mais-Labyrinthen und gehen Sie mit ihm Verstecken spielen.
9. »Ich liebe dich« muss man nicht immer aussprechen, vor allem nicht unter Leuten, wo er sich auch lieber die Ohren zuhalten würde; wie wäre es mit einem »Morse-Abc« wie: dreimal beim Händchenhalten zudrücken, Küsse auf drei Fingerspitzen, die Augen und den Mund – oder eine andere Dreierschlag-Bewegung, die Sie beide unter sich ausmachen.
10. Sie haben ganz viel Zeit und strömen über vor Liebe für ihn? Führen Sie Buch über das Leben – mit gemeinsamen Kapiteln. Die Seiten der Zukunft lassen Sie offen, außer vielleicht ein paar romantisch-aufregenden Hinweisen. Ausdrucken, im Copyshop klebeheften (lumbecken) lassen und als Paket schicken.
11. Früher ging's nicht anders, heute ist's so schön nostalgisch: knutschen. Im Auto, dazu Schmusemusik, und dank der Technik auch noch Standheizung. Übrigens: Da die Fenster bald von innen beschlagen, kann es auch gänzlich urromantisch weitergehen. Oder Sie bleiben eben beim Küssen …
12. Romantik offenbart sich in Momenten unerwarteter Ruhe – zum Beispiel auf einer Autofähre. Also runter vom Asphalt,

rauf auf die Fähre, raus aus dem Auto und Sonnenglitzer auf den Wellen angucken.

13. Es muss nicht immer der Sonnenuntergang am Palmenstrand sein – wundersam melancholisch-romantisch ist besonders das dünn besiedelte Fischland um den Darß, Zingst und Ahrenshoop an der Ostsee. Feinster Sandstrand, einladende Dünentäler, Spaziergänge mit Herz – wer will da noch nach Sylt, wo alle sind? (Nah am Wasser gebaut ist z. B. das Romantik Hotel Namenlos & Fischerwiege, Am Schifferberg, D-18347 Ostseebad Ahrenshoop, Tel. 038220/606-0, Fax 038220/606-301, [www.cafe-namenlos.de]. Mag er es lieber gern durchdesignt statt kuschelig, dürfte das Hotel Speicher Barth mit Boddenblick das Richtige sein – besonders die Appartement-Kategorie A und B [um 100 Euro] sowie die Suiten. Am Osthafen 2, 18356 Barth, Tel. 038231/63300, Fax 038231/63400, [www.speicher-barth.de].)
14. Falls Sie auf Hotels keine Lust haben – den Schatz abends einpacken, Essen und Trinken nicht vergessen, Decken, Schlafsäcke und ein wenig Reisig; dann wird die Nacht eben direkt am Meer verbracht. Ob bei Timmendorf, Boltenhagen oder St.-Peter-Ording – glücklich, die im Norden wohnen! Alternative: Ab zum nächsten Baggersee – Anti-Mückenkerzen nicht vergessen …
15. Machen Sie aus Ihrem Badezimmer ein Dampfbad, und hinterlassen Sie ihm am Spiegel eine Nachricht – er wird die Message erst sehen, wenn der Spiegel wieder beschlägt. Funktioniert mit dem Finger oder mit Antibeschlagmittel aus der Drogerie.
16. Pferdekoppeln, Jägerstände, Anglerhütten, See-Stege, verlassene Industrie im Ruhrpott – und am liebsten mitten in der Nacht; erst der lauschige Spaziergang, dann wildes Wälzen: Freiluft-Sex wird unterschätzt. Sie sollten es dringend

ausprobieren – und nicht vergessen: Location erst mal tagsüber und allein checken. Übrigens: In den Wald können Sie ihn ganz leicht locken, indem Sie sagen, dass irgendwo ein Schatz vergraben ist – natürlich haben Sie vorher eine Lovebox unter hohen Eichen verbuddelt. Tipp für Hamburgerinnen: das Gelände ums Puppenmuseum in Falkenstein, mit Ausblick auf den Hafen – ist nachts absolut einsam und sehr, sehr dunkel …

17. Bügeln Sie einen Superman-Sticker auf seine Boxershorts.
18. Haben Sie immer was zum Lesen für ihn in Ihrem Bad.
19. Finden Sie sein Lieblingsgericht heraus und kochen Sie es für ihn – auch wenn Sie bis dato nur Tüten aufreißen konnten.
20. Geben Sie ihm die leckersten Lakritzteilchen aus der Tüte.
21. Tragen Sie sein getragenes Unterhemd/Hemd und sonst wenig.
22. Tragen Sie Unterwäsche in seiner Lieblingsfarbe.
23. Initiieren Sie eine Kissenschlacht mit Kitzeln und Gerangel. Wer um Gnade betteln will, muss als Code »Ich liebe dich« sagen.
24. Wenn Sie ihn überredet haben, einen Film mit Ihrem absoluten Lieblingsschauspieler zu sehen, obwohl er sich was Spannenderes vorstellen kann, dann flüstern Sie ihm, wenn Ben Affleck, Matt Damon oder Sean Connery auf der Leinwand grad besonders sexy aussieht, ins Ohr, dass keiner so sexy ist wie der Mann, der neben Ihnen sitzt!
25. Schlüpfen Sie zu ihm in die Dusche, waschen Sie ihm das Haar und den Rücken.
26. Bauen Sie den Grill auf und rösten Sie Marshmallows.
27. Buchen Sie einen Tango- oder Salsakurs für Sie beide.
28. Gehen Sie mit ihm auf die Kirmes und bitten Sie ihn, irgendeinen Unsinn für Sie zu schießen, den Sie nicht brauchen, aber ab da immer bei sich tragen.

29. Laden Sie ihn zu einem Picknick ein – bei Ihnen zu Hause, auf dem Wohnzimmerteppich. Er soll bitte im Smoking kommen, Sie haben das Abendkleid an. Füttern Sie einander mit den Fingern und trinken Sie Rosé Champagner, zünden Sie massenhaft Kerzen an und drapieren Sie Ihre Pflanzen so, dass man meinen könnte, Sie seien draußen. Gottchen, wird er gerührt sein …
30. Starten Sie mit ihm eine Sammlung von Dingen, die Sie beide gern mögen: Zuckerbriefchen, Streichhölzer, Holzhähnchen, Speisekarten, grüne Steine, Eulenfiguren, Filmstarpostkarten aus den 20ern? Legen Sie eine eigene Box dafür an.
31. Geben Sie ihm ein Symbol der Liebe – einen Stein, eine Kastanie, einen kitschigen Ring vom Flohmarkt. Wer jeweils beim anderen zu Besuch ist, bringt das Pfand mit und lässt es da. Der andere muss es beim nächsten Mal mitbringen und wieder übergeben.
32. Setzen Sie einen Höchstbetrag für ein Bahnticket fest. Gehen Sie mit ihm zum Bahnhof und nehmen Sie den ersten Zug innerhalb Ihres Budgets. Gucken Sie, was in der Stadt dort los ist. Für unterwegs haben Sie natürlich Häppchen und Tee mit Schuss dabei. Hinterlassen Sie in allen Städten Ihre Namen – an einer Wand, einem Tisch, in der Toilette, an einer Hausmauer. Sie werden Jahre später eine Menge Spaß haben, sie zu suchen und zu finden …
33. Anstatt Weihnachten bei Ihren Familien zur Nervenakrobatik ausarten zu lassen, schmeißen Sie gemeinsam eine Weihnachtsparty für Sie und alle Daheimgebliebenen. Sexy Dresscode (oder extra-schlumpfig oder sonst was!), Vorlesestunde und der Versuch gemeinsamen Musikmachens inklusive.
34. Horchen Sie ihn aus, wann genau er aus dem Job kommt. Holen Sie ihn ab, mit einem bequemeren Oberteil für ihn in

der Tasche. Verbinden Sie ihm die Augen und fahren Sie an einen See. Gehen Sie dort spazieren, picknicken Sie, halten Sie Händchen und fahren Sie zum Nachkuscheln wieder heim.

35. Schreiben Sie auf, was Sie an seinem Körper mögen, kleben Sie den Text auf Pappe, schneiden Sie ein Puzzle daraus zu und schicken Sie es ihm.
36. Gehen Sie in ein großes Kaufhaus. Trennen Sie sich und vereinbaren Sie einen Treffpunkt in jedem Stockwerk. Suchen Sie sich gegenseitig Geschenke aus. Präsentieren Sie sie einander – und legen Sie sie dann wieder zurück. Verfahren Sie bei jedem Stockwerk gleich. Kosten: null. Spaß: eine Menge.
37. Schleppen Sie Ihr Bettzeug ins Wohnzimmer. Kuscheln Sie sich mit ihm in Ihr Nest und massieren Sie sich gegenseitig, während Sie einen Liebesfilm gucken (z. B. »Während du schliefst«, »Shrek« oder »Noch einmal mit Gefühl«, »It happened one Night«, »Ein Amerikaner in Paris«, »My Fair Lady«, »Der englische Patient« und »Casablanca« …).
38. Ja, wir haben es zuletzt mit zwölf Jahren gemacht: Mund fest auf die Kleidung pressen und langsam ausatmen. Hinterlässt kleine warme Flecken. Schön. So vertraut und nah.
39. Heißes, Warmes, Leckeres von Mund zu Mund wandern zu lassen – Verliebte sollten sich öfter so gegenseitig füttern. Und Liebende sowieso.
40. Investieren Sie in eine Decke mit Kaschmir-Anteilen. Es fühlt sich gut an, sich auf ihr herumzuwälzen, und lässt Ihr Haar nicht wie nach einem Stromschlag abstehen.
41. Mit angewärmtem Öl (Wärmflasche drum herumwickeln!) sinnliche Worte auf den Rücken oder den Bauch schreiben und ihn raten lassen. Wenn er richtig liegt – wechseln! Oder die malerischen Befehle ausführen.

42. Schenken Sie ihm einen kleinen Handspiegel, verpackt. Auf dem Zettel dazu: »Das schönste Geschenk der Welt siehst du hier.«
43. Ersetzen Sie in einem romantischen Gedicht alle »er« mit seinem Namen.
44. Flüstern Sie von heute an immer seinen Namen im Bett. Sagen Sie ihm, welcher Körperteil Ihnen gefällt – Schlüsselbein, Muskelstränge an seinem Oberschenkel, das Halsgrübchen. Sich angenommen zu fühlen erhöht seine Lust, Ihnen ein guter Liebhaber zu sein.
45. Die schönsten Bilder von sich erhalten Sie frisch geliebt: Dekorieren Sie das Wohnzimmer um, lieben Sie sich, und schießen Sie danach S/W-Porträts. Nie ist man schöner als mit diesem gelösten Gesichtsausdruck.
46. Synchronisieren Sie Ihren Herzschlag mit seinem: Legen Sie sich gegenseitig eine Hand über die Herzgegend. Belassen Sie sie da, nach zwei Minuten schlagen Ihre Herzen automatisch gleich. Zu fühlen, wie der Takt kurz vor dem O beschleunigt, wird Sie beide smashen!
47. Bitten Sie ihn, Sie zu schminken – in den Farben, die er gern hätte, inklusive Nägel lackieren und Lippenstift auftragen. Danach ziehen Sie ihn so an, wie Sie ihn gern hätten. Sich miteinander zu beschäftigen wird sexy Pausen provozieren …
48. Die Sonne scheint durchs Fenster und hinterlässt ihre Lichtspuren am Boden? Legen Sie zwei Decken in den warmen Strahl, lieben Sie sich in der Hitze des Tages. Und wandern Sie mit dem Licht durch die Wohnung. Sonne kurbelt Serotonin und Testosteron an!
49. Faken Sie einen totalen Stromausfall (Sicherungskasten, Hauptschalter umlegen und behaupten, daran liege es nicht). Sich in absoluter Dunkelheit zu begegnen ist Romantik pur! Und nichts kann Sie beide stören …

Π Extra-Tipps

+ Singen Sie in einer Karaoke-Bar »Stand by your man«. Im süßesten sexy Blumenkleid, das Sie besitzen. Verlassen Sie die Bühne, gehen Sie aus der Bar – aber warten Sie neben dem Eingang. Er wird Ihnen hektisch hinterherlaufen – und Sie ihn überfallen!
+ Waldboden riecht nach Regen ultra-sexy. Gehen Sie spazieren, erklären Sie einen Pfad zum »Weg der Träume«, auf dem Liebespaare sich küssen müssen, um wieder aus dem Wald herauszufinden. Ziehen Sie ihn dann hinter ein Holzlager aus Baumstämmen.
+ Vollmond, Sommer, Badezeit: Fahren Sie zu Mitternacht an einen See und lieben Sie sich am Ufer, während das Mondlicht das Wasser silbern färbt. Alternative, falls Sie vor Krabbelviechern Angst haben: Zu zweit in einem Schlafsack unter den Sternen hat auch was. Zur Not geht natürlich auch der Balkon.
+ Geben Sie ihm einen Einkaufszettel, auf dem Dinge stehen wie Champagner, Erdbeeren, Massageöl, Federn, Waffeleis, Aubergine bzw. Zucchini, größer als sein Schwanz. Er soll bitte beim Shoppen überlegen, wofür sich das alles eignen könnte. (Ja, die Zucchini oder die Aubergine kann man aushöhlen, und dann …)
+ Beginnen Sie einen sexy Brief an ihn. Hören Sie an der spannendsten Stelle auf – vielleicht dort, wo kommen sollte, was der Held mit der Heldin oder umgekehrt anstellt. Er möchte doch bitte weiterschreiben …
+ Waschen Sie sich in der Wanne gegenseitig ausgiebig – ohne die Hände zu benutzen.
+ Flirten Sie mit dem Barkeeper oder irgendwem, der grad noch da ist: Leichte Eifersucht ist das zweitbeste Mittel, um sein Testosteron anzukurbeln. Als Frau kennen Sie das Spiel auf

dem schmalen Grat: Widmen Sie Ihre Aufmerksamkeit abwechselnd ihm und der Umgebung. Lächeln Sie erst in die Ferne, dann ihn an. Folgen Sie einem Mann mit den Blicken und sehen Sie dann wieder Ihrer Verabredung direkt zwischen die Beine, während Sie die erlösenden Worte sprechen: »Wollen wir irgendwo hingehen, wo wir alleine sind?« Okay, es ist eine Diva-Methode, aber ausgesprochen amüsant – er hat nämlich das Gefühl, einen kostbaren Schatz erobert zu haben.

Sexy Hinweise für verliebte Frauen

Wo Sie ihn verführen können …

Hochhausdach. Endlose Weiten, und Sie brauchen dafür nur den Hausmeister zu bestechen. Bereiten Sie ein Picknick vor, stellen Sie Laternen bereit und bringen Sie vorher viele Kissen hoch!

Die *Tribüne* oder das *Stadion* eines Drittliga-Fußballclubs. Nachts, entweder in Reihe 5 oder unter der Tribüne. Oder, falls Sie mutig sind – direkt auf dem Feld.

Bei vielen Seen gibt's in der Mitte eine *Insel* – entweder aus Pontons oder künstlich aufgeschüttet. Hinschwimmen, genießen, zurückjapsen. Dafür lohnt sich Ausdauertraining! Funktioniert aber auch um Mitternacht auf dem *Steg.* Oder darunter!

Klassiker *Parkbank:* Sie können, angetan mit einem Rock, der wie ein Vorhang wirkt, face to face auf seinem Schoß sitzen oder wie auf einem Stuhl auf ihm Platz nehmen.

Waldlauf. Vornübergebeugt halten Sie sich am Bäumchen fest, während er von hinten auf die Pirsch geht. Oder Sie suchen sich eine Lichtung; nehmen Sie dann wenigstens eine Bambusmatte mit, damit die Ameisen nicht sofort auf Ihnen herumrennen.

Cabrio. Das hat den Vorteil, dass Sie sich auf dem Rücksitz auf ihn hocken können, ohne den Kopf albern schief zu legen. Hübsche Ausblicke auf so nette Dinge wie Parkbuchten an Bergserpentinen. Oder im Autokino.

Heuschober. Den muss man zwar suchen wie die Nadel im selben, aber allein der fremde Duft von Gras und Tier und Öl stimuliert Ihr limbisches, erotisches System ganz schön. Fahren Sie einfach mal 'nem Bauern nach oder mit dem Rad querfeldein.

Anglerhütte. Unter der Woche kann die abgeschiedene Hütte vom SC Wasserfreuden ganz einsam sein. Beobachten und dann nichts wie rein.

Hochsitz. Davon stehen genügend herum, und wenn Sie nicht grad in der Saison über Feld und Wiesen laufen, geraten Sie auch nur Ihrem Liebsten vor die Flinte. Aber: nicht zu sehr ruckeln, das verschreckt die Rehe. Und die Standpfosten.

Keine Kunststudenten mit grünem Daumen? Der *Lustgarten* eines Schlosses wäre eine Alternative. Dafür wurden die Dinger ja angelegt. Wie wäre es zu dem Anlass mal mit Ihrem neuen schicken Romantikoutfit und Sonnenschirmchen?

Tennisplatz – bei Regen ist er garantiert nicht übervölkert. Lehnen Sie sich an den Schiri-Hochsitz, stellen Sie ein Bein auf, und dann gibt es Spiel, Satz, Satz, Satz, Satz … und Sieg!

Na gut. Kein Tennisplatz. Und auf dem Golfplatz wollen Sie nicht ins Pausenhäuschen (obwohl die wunderbar geeignet sind!). Da bleibt aber immer noch die Tischtennisplatte eines verwaisten Schwimmbads/Jugendheims/Kinderspielplatzes. Sie setzen sich dicht an den Rand, er stellt sich dazwischen.

Überhaupt: Nachts auf dem *Kinderspielplatz.* Wann haben Sie zuletzt geschaukelt? Auch hier können Sie aufeinander Platz nehmen. Oder sich in das Rutschenhäuschen verziehen. Oder an die Kletternetze hängen … Taschenlampe mitnehmen!

Verstecken Sie sich hinter einer der zahllosen *Strohrollen,* die im Spätsommer auf den Feldern herumliegen. Ist dann eben im gemähten Kornfeldbett.

Strandkorb: Eine kuschelige Stellung sollte Ihnen schon einfallen, und Handtücher sind ja groß genug. Am besten früh aufstehen oder abends abwarten, bis die Senioren zum Essen müssen.

Nach dem *Picknick:* Sie sind beide satt und vom Schampus mit Erdbeeren angediddelt. Er möge sich an einen Baum lehnen, die Beine ausstrecken. Sie setzen sich kniend und mit dem Rücken zu ihm, auf ihn, lehnen sich an. Und bewegen sich, soweit es Ihr Magen zulässt.

Endlich auf der *Motorhaube:* Wagen abkühlen lassen. Legen Sie sich halb über die Haube, lassen Sie einen Fuß – mit den höchsten High-Heels, die Sie haben – auf dem Boden, das andere Bein schwingt er über seinen Oberarm.

Ab in den *Schlafsack* – zu zweit, Grundstellung Löffelchen. Winkeln Sie das unten liegende Bein an, als ob Sie eine Treppe steigen wollen. Er schiebt sein unten liegendes Bein zwischen Sie, so dass sein Knie fast Ihre Vulva berührt.

Sie haben eine *Hängematte,* wunderbar. Er setzt sich in die Mitte, so dass seine Füße auf einer Seite auf dem Boden stehen. Sie setzen sich mit dem Gesicht zu ihm auf seinen Schoß, lassen Ihre Beine auf der anderen Seite herunterbaumeln und halten sich gaaanz fest. Langsam hoch schaukeln.

Auf dem *Ruderbötchen* – Achtung, nichts für Seekranke: Er rudert in Sitzposition, Knie geschlossen. Sie setzen sich mit dem Rücken zu ihm auf ihn, schmiegen sich in seine Arme …

Im tiefen *Schwimmbecken:* Ölen Sie vorher Ihre Vulva ein – Wasser trocknet die Haut aus. Schwimmen Sie an den Rand, legen Sie das Kinn unter die übereinander gelegten Hände und suchen Sie mit den Füßen Halt an der Wand; spreizen Sie dabei die Beine. Er kommt von hinten angeschwommen, hält sich am Rand fest und klebt die Füße an die Wand. Vielleicht findet sich ja noch 'ne schöne Massagedüse in der Wand.

Schon wieder eine öde *Gartenparty.* Schnappen Sie sich eine volle Kiste Bier und schleppen Sie sie in eine ruhige Ecke. Er stellt sich mit dem Rücken zur Wand, Sie auf die Bierkiste. Einen Fuß an die Wand stemmen, während er Sie festhält; Sie stützen sich entweder mit den Armen weit ausgestreckt ab oder halten sich an seinem Nacken fest.

Nachts auf dem *Fünf-Meter-Turm im Freibad.* Erst mal ab über den Zaun, Decke hinterherwerfen. Rauf auf den Fünfer. Er legt sich auf die Decke, Beine gerade, eins zur Seite abgestreckt. Sie legen sich so auf ihn, dass sein nicht zur Seite gestrecktes Bein zwischen Ihren Schenkeln ruht. Halten Sie seine Hände fest, stemmen Sie Ihre Zehen fest in den Fünfer.

Wie Sie Ihren Lover süchtig machen können ...

Öl oder *Massagegel* zwischen den Händen verreiben. Beide Hände einsetzen, dabei ruhig fest zufassen. Sie können ihn zart auswringen, mit der einen Hand auf und ab gleiten, während die andere die Eichel sanft wie eine Limone auspresst ...

Vier bis sechs softe *Vitamin-E-Kapseln* mit in den Latex-Handschuh geben, an verschiedenen Stellen verteilen, Handschuh anfeuchten (Öl, Gel), loslegen und beobachten, wo ihm die Minimassagekugeln gut tun.

Falls Sie *lange Haare* haben: drum herumwickeln, dann Hand anlegen. Kurzhaarige nutzen *Perlenkette* oder *Chiffontuch.* Seidiger Rubbel-Effekt!

Ein *feuchter* oder *eingegelter Finger* an seinen Hoden wird ihm das

Gefühl geben, es sei eine zweite Zunge da. Natürlich dürfen Sie auch mal lecken … Absolutes Wow!

Tun Sie dabei durch *Geräusche* kund, dass es Ihnen wirklich Spaß macht (das sollte es!) – er wird sich leichter gehen lassen.

Einige Männer lieben es, wenn sie *schluckt*, andere, wenn es *sprudelt* – und viele schwören darauf, zuzusehen, wie es aus dem Mundwinkel läuft. Zeit für einen Test!

Wozu hat man zwei *Hände?* Anfeuchten, mitbenutzen! Zum Beispiel in Drehbewegungen auf und ab gleiten lassen, dicht an den eigenen Lippen.

Ein *tiefes Summen im Hals* bringt seine Eichel zum Vibrieren. Zu beachten: Die Summ-Vibrationen sind im vorderen Mundbereich stärker als am Gaumen – vorher am eigenen Finger testen! Mutige klopfen sich übrigens mal auf die Wange – mit den flachen Fingern. Sieht, zugegebenermaßen, schon beim Selbsttest der Autorin merkwürdig aus, aber der Effekt war erstaunlich. Man kann ja das Licht ausmachen …

Vergessen Sie Fisherman's Friend – *Ingwerbonbons, Zimtkaugummi*, ein Schluck *Champagner* oder ein Splitter *Strawberry-Cheesecake-Eis* vor oder während der Action kommen besser an.

Der *Maiskolben* – finden Sie heraus, wo seine Harnröhre ist (so ziemlich in der Mitte an der Unterseite des Penis; wenn er erigiert ist, also an der bauchabgewandten Seite). »Knabbern« Sie mit den über die Zähne nach innen gezogenen Lippen an der Röhre auf und ab, wenn er kurz vor dem Höhepunkt taumelt.

Herrlich unanständig: *Hocken* Sie sich vor ihn und in Mundhöhe zur Eichel mit dem Rücken an die Wand und lassen ihn sanft vor- und zurückgleiten. *Variante:* Sie liegen unter ihm, während er in halbe Liegestützposition geht. Kontrollieren Sie den Vorstoß mit Ihrer Hand. Für kinky Girls: Fordern Sie ihn auf, auf die Lippen anstatt in den Mund zu kommen.

Schauen Sie ihm währenddessen tief in die *Augen.*

Wer hat, der hat: Ihn als Abwechslung zum Blowjob *zwischen die Brüste* nehmen. Wer wirklich genug zur Polsterung hat, schafft es sogar, ihn gleichzeitig im Mund und zwischen den Brüsten zu haben – hoher Showfaktor!

Hart-Zart-Methode: Probieren Sie den Wechsel zwischen weichen, nassen, nach außen gestülpten Lippen und über die Zähne nach innen gezogenen.

Erhöhen Sie die Spannung auf seine *Prostata:* Ziehen Sie ihn, seine Pobacken am Übergang zwischen Hintern und Beinen sanft im Griff, an sich, während er kommt, und drücken Sie rhythmisch seine Brötchenhälften zusammen. Vorsicht, nicht auseinander – das ziept an der Rosette!

Legen Sie sich *auf den Bauch,* lassen Sie ihn eindringen und sich ganz auf Sie legen. Schließen Sie die Beine, bewegen Sie die Hüften vor und zurück. Ein raues Kissen unter Ihrer Klit erhöht den Spaß, er fühlt sich eng umschlossen, Ihre G-Punkt-Zone reagiert mit mehr Feuchtigkeit.

Der *Löffel-Dreher:* Beide liegen im Löffelchen auf der linken Körperseite, Sie in seinem Arm. Legen Sie Ihr rechtes Bein über sein rechtes. Schieben Sie dann Ihr linkes Bein zwischen seine Beine, so dass Sie nun sein rechtes Bein fest umklammert haben. Drehen Sie sich dann so weit wie möglich auf den Rücken, halten Sie dabei sein rechtes Bein fest an sich gepresst. Eine bessere Schubberstelle für Miss K. gibt es im Löffelchen kaum.

Knien Sie sich zwischen ihn und spreizen Sie ihm beim Blowjob im letzten Moment die *Beine auseinander* – an den Knöcheln oder an den Oberschenkeln: Sein Orgasmus wird länger, er wird das Gefühl haben, sich aus seinem ganzen Becken heraus zu verströmen.

Drücken Sie beim Hand-Job kurz davor schnell und rhythmisch auf den *Schwellkörper* an der Harnröhre, der sich über dem

Hodensack am Schaft befindet (auf der bauchabgewandten Seite): Peitscht sein ganzes Rückgrat auf und ab!

Stellen Sie sich hinter ihn und stimulieren Sie ihn mit der Hand. Er stützt sich dabei wahlweise mit beiden Händen an der Wand ab oder steht mit gespreizten Beinen und ausgestreckten Armen im Türrahmen. Kickt ihn besonders an, weil er weiß, Sie sehen sein Gesicht nicht – er reagiert dadurch hemmungsloser.

Schlingen Sie ihm einen *halterlosen Strumpf* um den noch schlaffen Penis und bringen Sie ihn mit dem Mund hoch. Halten Sie dabei den Strumpf fest. Kurz bevor er kommt, lassen Sie mit den Lippen ab – und ziehen den Stocking mit beiden Händen fest, bis der Moment vorbei ist. Wiederholen Sie das, so oft es geht – und er wird durch die Decke schießen …

Widmen Sie sich seinem *Frenulum* mit mehr Aufmerksamkeit: Das ist das Häutchen, das die Vorhaut mit dem Penis verbindet. Sie können es zwischen zwei Fingern federleicht massieren oder mit Ihrer Zungenspitze »flattern« lassen.

Bitten Sie ihn, sich hinzuknien und dann langsam *zurücksinken* zu lassen. Er stützt sich mit Händen oder Kissen ab, während Sie mit Hand und Mund zur Tat schreiten. Die Spannung auf seine Oberschenkel wird ihm einen sehr zentrierten Big O schenken.

Halten Sie ihm den Mund zu, wenn er kommt – kann er nur durch die Nase atmen, erhöht sich sein Herzschlag, die Endorphine rasen wie verrückt durch seinen Leib und breiten seinen Höhepunkt auf den ganzen Körper aus.

Fordern Sie ihn auf, Ihnen zu *zeigen,* wie er es mit der Hand macht. Knien Sie dabei so über seinem Oberkörper, dass er Ihre Brustspitzen sehen und küssen und seine Wange daran reiben kann. Falls Sie Lust haben, lassen Sie sich auf ihn gleiten, kurz bevor es so weit ist – in der Hocke.

Wenn er on top kommt, halten Sie einen *Vibrator zwischen seine*

Pobacken – nicht so, als ob Sie eindringen wollten, sondern der Länge nach in seiner Spalte.

Halten Sie mit der rechten Hand einen *Vibrator gegen Ihren linken Handrücken,* während Sie seinen Ladyrocker liebkosen – die Schwingungen übertragen sich erst auf Ihre Hand, für ihn fühlt es sich an, als würde er in einem zuckenden Massagehandschuh stecken!

Die *Sieben-Tage-Verführung:* Schießen Sie sieben Polaroids von Ihrem Körper – je ein Stück davon, sexy durchgestylt. Schreiben Sie einen siebenteiligen Kettenbrief, in dem Sie das Objekt der Begierde becircen, aber immer im spannendsten Moment aufhören. Verschweigen Sie Ihre Identität! Im letzten Brief bestellen Sie ihn in ein Hotel oder in die Wohnung einer Freundin. Mal sehen, ob er kommt – acht von zehn würden es tun!

Tax & Taxi: Gehen Sie mit ihm schick essen. Stehen Sie nach dem Dessert auf, um »sich frisch zu machen«, und rufen Sie ein Taxi. Drücken Sie dem Kellner ein Kuvert in die Hand. Inhalt: Ihr Slip und eine Nachricht, dass Sie auf Ihren Begleiter im Taxi warten. Während er zahlt, instruieren Sie den Fahrer, dass er eine halbe Stunde herumfahren soll und dann zu Ihnen oder wo immer Sie hinwollen. Küssen Sie sich während der halben Stunde wie verrückt.

Zeigen Sie ihm, was Sie nicht drunter haben, wenn Sie ihn im Schuhladen bitten, Ihnen den sexy High-Heel anzuziehen. *Rock kurz heben* reicht.

Sie sitzen sich im Ruderboot gegenüber, *anfassen verboten.* Jeder sagt dem anderen abwechselnd, was er mit sich selbst machen soll. Befehlen Sie ihm, sich zu berühren? Den Hemdknopf zu öffnen? Wird er verlangen, dass Sie an Ihrem Finger saugen?

Massieren Sie ihm die Hände mit Rosenöl, besonders den Daumen. Und legen Sie diesen dann dezent auf Ihre Klit.

- Bestehen Sie im Sommer darauf, ihn mit *Sunblocker* einzureiben. Im Gesicht. Ja, und seine Eichel braucht auch etwas, was dachte er denn?
- Tragen Sie beide beim Sex voll *verspiegelte Sonnenbrillen.*
- *Ziehen Sie sich gegenseitig an* – aber nur das, was der andere bestimmt.
- *Fesseln Sie* ihm auch *die Beine* (so dass er sie noch leicht anziehen kann, sonst kann er schwieriger kommen!), und Sie liebkosen ihn ausschließlich mit weichen, warmen Dingen, bis er fleht …
- Tragen Sie nichts weiter als eine *Perlenkette und High-Heels unterm Mantel,* wenn Sie ihm die Tür aufmachen.
- Sehen Sie ihm immer in die *Augen,* wenn Sie sich selbst sanft streicheln.
- Ziehen Sie Ihre halterlosen Strümpfe aus und *fesseln* Sie ihn damit an die Armlehnen eines Stuhls.
- *Tauschen Sie die Unterwäsche* und lachen Sie sich darüber scheckig. Bevor Sie es ziemlich sexy finden.
- Gleiten Sie mit *nassen Haaren* über seinen sonnengewärmten Rücken und doppeln Sie mit eingeölten Nippeln nach. Selbstverständlich am Baggersee!
- Der folgende Trick stammt von Jackie Collins, Schwester von »Denver«-Biest Joan. Es braucht eine Menge Mut dazu, aber das Ergebnis ist umwerfend: Tragen Sie mit dem Finger heimlich einen Hauch *Feuchte aus Ihrer Scham* über Ihrer Oberlippe auf (Variante: über seiner, so als ob Sie ihm einen Krümel wegwischen wollen). Wenn Sie sich küssen, wird ihn der Duft Ihrer Pheromone wild machen, ohne dass er weiß, warum. Besonders an Tagen, an denen Sie sich sehr sexy fühlen, löst dies in zwei Minuten eine Welle der Leidenschaft aus.
- Machen Sie den *Selbsttest im Spiegel:* Atmen Sie durch die Nase ein und durch den leicht geöffneten Mund aus, während Sie

sich in die Augen sehen. Bemerken Sie die Intensität Ihres Blicks? Wie sich Ihr Kinn senkt, wie entschlossen Sie aussehen? Wie bedeutsam jede Bewegung Ihrer Brauen wird? Gut so. Das ist genau *der* Blick. Jetzt braucht es nur noch eine Vorwärtsbewegung von Ihnen, damit er über den Tisch greift. Dieser 30-Sekünder funktioniert vor allem dann, wenn die unausgesprochene Frage in der Luft schwebt: Tun wir's, oder tun wir's noch nicht?

+ Erste Hilfe bei der Frage: Bin ich gut im Bett?

Ich konnte mich gerade noch zurückhalten. Ich habe nicht sämtliche Ex (oder zumindest die, die mir noch ihre Telefonnummer mitteilen) angerufen, um zu erfahren, ob ich gut bin im Bett! Denn die Antwort ist klar: Gut im Bett war und bin ich nur – und Sie übrigens auch –, wenn ich ehrlich war und bin. Ehrliche Hingabe, ehrliche Leidenschaft, ehrliches Lachen und auch keine vorgetäuschten Orgasmen. Kennt man ja: Er juckelt da oben rum, man denkt sich: Boah, bin ich müde, fängt von 100 rückwärts an zu zählen und stöhnt bei 38 laut seinen Namen. Gut ist das nicht, auch wenn es angeblich 89 Prozent aller Frauen bereits getan haben und 10 Prozent es immer noch tun.

Denn eine Granate im Bett ist weder Miss-Fake-Orgasm noch die Technik-Trickse vom Dienst. Was wirklich gut im Bett macht, ist die Bereitschaft, sich einzulassen. Zu reagieren. Einen Rhythmus zu finden von geben und annehmen können.

Annehmen können? Ja. Streicheleinheiten annehmen und sich den tastenden Händen entgegendrücken. Es genießen und – vor allem – es zeigen. Nicht wie ein nasses Handtuch stumm daliegen, die Augen schließen und Monsieur machen lassen, er weiß ja, wo alles ist, hach, ich armes Opfer ... Diese Nummer ist genauso abturnend wie das Showgirl, das stöhnt und kratzt und sich windet, als ob es einen Preis zu gewinnen gäbe – er spürt genau, dass da dran irgendwas nicht echt ist.

Natürlich habe ich mit meinen Lovern – aber auch mit Männern, die wissen müssen, was Frauen im Bett zu Göttinnen macht – gesprochen. Und sie waren sich einig: Eine Frau, die auf sie reagiert, die anwesend ist – mental wie, ach ja, körperlich auch –, macht an. Es müssen keine achtzehn Positionen in fünf Minuten sein, keine Blowjobs hochkant, eine Frau muss auch nicht alles mitmachen, um gut im Bett zu sein. Sie muss authentisch sein und sich in ihrem Körper wohl fühlen. Perfekt soll der nicht sein – das interessiert die guten unter den besseren Männern nicht die Bohne. Sie soll nicht den Inhalt aller Stellungsratgeber abturnen, sondern die Bereitschaft haben, sich individuell auf seine Bedürfnisse einzulassen – oder zumindest die Neugier besitzen, herauszufinden, was ihm gut tut. Deswegen ist nur die gut im Bett, die sich selber kennt – und ihn kennen lernen will. Die all das ausprobiert, was sie ausprobieren wollte, Hand in Hand Grenzen überschreiten möchte, Anregungen sammelt und sie umsetzt, aber so flexibel ist, dass aus einer Inspiration (was die vorhergehenden Seiten sein sollen) etwas Eigenes entsteht.

Das ist »Gut im Bett«.

Und er? Wann ist ein Mann gut im Bett? Nach einem Rundruf bei den Mädels hier die Eigenschaften eines Lovers:

+ Er soll das Vorspiel nicht als Vorfahrtstraße Richtung Reinstecken begreifen, sondern sich auch darin als eigene Spielart verlieren.
+ Er sollte laut sein oder zumindest nicht stumm. Fäkalsprache wie »Du geile Sau« kommt bei den wenigsten Frauen an, während Sätze wie »Du bist so nass, du fickst so geil, dein kleines Loch ist so wahnsinnig eng, du schmeckst so gut« durchaus angenehm sind.
+ Er stellt bestimmt keine Fragen wie »Wie war ich«, sondern

erkundigt sich allenfalls bei der Sache, ob er mit dem Finger oder dem Schwanz gerade richtig liegt.

+ Er gibt ihr nicht das Gefühl, sich beeilen zu müssen, um auf Touren oder zum Orgasmus zu kommen. Bei der Nachbehandlung mit der Hand beschwert er sich nicht, dass ihm angeblich der Arm abfällt, nur weil sie nach fünf Minuten massieren ihrer Klit immer noch nicht gekommen ist.
+ Er gibt ihr das Gefühl, Sex mit ihr haben zu wollen, Lust auf sie zu haben und nicht nur allgemein Lust auf Sex zum Druckausgleich.
+ Er kehrt auch mal den Löwen raus, anstatt ständig nur den Streichelzoo zu zelebrieren. Frauen wollen ab und an gefickt werden, nicht bis zum Einschlafen betastet.
+ Er ist nicht eifersüchtig auf ein Spielzeug, sondern überlegt sich, was man damit so alles anfangen kann.
+ Er behauptet glaubwürdig, dass er beim Onanieren gern an sie denkt.
+ Er weiß, dass die Klitoris kein Rubbelbild ist.
+ Er tut nicht dauernd so, als ob sein steifer Penis das Wichtigste sei.
+ Er lässt die Augen gern auf dabei.
+ Er lässt ein bisschen Licht an, besteht aber nicht auf der ganzen Zahnarztbeleuchtung.
+ Er weiß, dass ihr Körper zyklusbedingt unterschiedlich reagiert und sie mal zarte, mal feste Griffe vertragen kann.

Was Männer tun können: Meine Herren – Zeit für Gefühl

Hören Sie auf zu behaupten, Romantik sei Kitsch. Sie haben ja doch nur Angst, dass andere Männer mit Fingern auf Sie zeigen und Sie als Perwoll-Idioten beschimpfen. Aber leben die Ihre

Liebe, oder leben Sie sie selbst? Von wem wollten Sie doch gleich nicht mehr abhängig sein? Also!

Romantik ist …

… ihr eine Liebeserklärung zu machen – aber mit den nackten Knien auf dem Badezimmerfußboden, während sie sich in der Wanne aalt.

… ihr den Sternenhimmel zu erklären und danach den steifen Nacken vom staunenden Starren zu massieren.

… ihr auch dann die Beifahrertür zu öffnen, wenn der Flitzer Zentralverriegelung hat. Und vor allem: die Tür auch wieder zu schließen!

… ihr eine, zwei oder mehr Ketten aus Gänseblümchen zu flechten und auf dem vom Mondschein getränkten Alabasterkörper zu drapieren.

… »Ich liebe dich« zu sagen, wenn man *nicht* gerade zusammen im Bett liegt.

… die Liebste durchs Gartenlabyrinth (oder Maisfeld) zu jagen, um sie beim Fangen stürmisch zu umarmen.

… ein Grundstück auf dem Liebesplaneten Venus zu »kaufen« (unter [www.lunarshop.de], um 30 Euro) und ihr den Grundriss des gemeinsamen Hauses zusammen mit der Urkunde zu präsentieren.

… ihr das getragene T-Shirt des Tages zum Schlafen dazulassen.

… ihr zehn Dinge aufzuschreiben, die man künftig nie mehr ohne sie tun möchte.

… ihr eine Rose für jeden Tag / jede Woche / jeden Monat zu schenken, den/die man gerade zusammen ist.

… die eigenen Initialen in Handschellen gravieren zu lassen.

… ihr zwei Stunden irgendwohin hinterherzufahren, sie kurz zu umarmen und wieder heimzufahren, nur weil man sie vermisst.

… ihr etwas auf dem Piano vorzuspielen; wie wär's auf einem Anhänger vor ihrer Wohnung?
… sie über ein Pfütze oder überhaupt mal wieder auf Händen zu tragen.
… den Riesenradwächter zu bestechen, dass er oben mal länger anhält oder 'ne Extrarunde dreht.

Und jetzt wird's konkret – Was Männer tun können

50. Überraschen Sie sie mit einem von Ihnen vorbereiteten Abendpicknick: Brot, Salat, Früchte, Wein, Laternen, zwei Decken, Mini-Ghettoblaster und Wunderkerzen.
51. Decken Sie sie immer gut zu im Bett.
52. Erklären Sie ihr die Sterne. Im Sommer erscheinen der Liebesplanet Venus als Abendstern, die Gasplaneten Jupiter und Saturn sowie die sogenannte Sommermilchstraße. Unter [www.calsky.com] kann man(n) sich den Überflug des Spaceshuttle, der ISS-Raumstation und anderer Satelliten über seinem Balkon ausrechnen lassen.
53. Bringen Sie, so oft es geht, eine Blume mit. Ja, eine reicht schon, es dürfen gern Wildblumen oder selbst geklaute Blumen sein. Auch beim Spaziergang dürfen Sie eine winzige Blüte abzupfen und Sie Ihrer Herzdame überreichen. Achten Sie beim Kauf oder Klau von Blumen auf deren Bedeutung. Geranien: Ich erwarte dich an der bekannten Stelle. Immortellen/Lonas: ewige Liebe. Chrysantheme: Mein Herz ist frei. Flieder: Wirst du auch treu sein? Farnkraut: Ich mache nicht gern viele Worte. Klatschmohn: Man muss im richtigen Augenblick schweigen können. Löwenmaul: Du bringst meine guten Vorsätze ins Wanken. Schafgarbe: Ich habe Geduld. Rote Rose: Ich

liebe dich über alles. Gelbe Rose: Untreue (ups). Weiße Rose: Schweigen, Treue, Liebe. Rosa Rose: Romantik. Jetzt sollte nur keine Allergie dazwischenkommen …

54. Schicken Sie ihr ein Telegramm mit dem Hinweis, wie sehr Sie an sie denken.
55. Fahren Sie zur Sommersonnenwende nach Dänemark. Oder veranstalten Sie ein eigenes Sonnenwendfest für zwei.
56. Informieren Sie sich unter [www.sababurg.de], wie viel ein Zimmer mit französischem Doppelbett kostet, und schenken Sie ihr und sich einen Wochenendausflug dorthin.
57. Lesen Sie ihr vor dem Schlafengehen ein Märchen oder einen Frauenporno vor (z. B. »Feucht«, »Tiefer«, »Honigmund« von Sophie Andresky).
58. Sorgen Sie für einen Vorrat ihrer Lieblingseiscreme.
59. Ziehen Sie ihr spontan einen Ring aus dem Kaugummiautomaten.
60. Sprechen Sie Ihr Gedichte auf Kassette (fürs Auto), zum Beispiel den »Ferngruß von Bett zu Bett« von Joachim Ringelnatz: »Wie ich bei dir gelegen habe, im Bett, weißt du es noch? Weißt du noch, wie verwegen die Lust uns stammt. Und wir es rochen. Und alle die seidenen Kissen gehörten deinem Mann, doch uns schlug kein Gewissen. Gott weiß, wie redlich untreu man sein kann. Weißt du noch, wie wir es trieben, was nie geschildert werden darf, heiß, frei, besoffen, fromm, und scharf. Weißt du, dass wir uns liebten, und noch lieben. Man liebt nicht oft in solcher Weise. Dies Gefühl hat ein spitzer Hund bewacht. Ja, unser Glück war ganz rasch und leicht. Nun bist du fern, gut Nacht.« (Noch mehr Liebesgedichte auf den CDs »Für Dich« 1 + 2 mit den Stimmen männlicher und weiblicher Hollywood-Stars [floff/Eichborn, um 10 Euro] sowie »Liebesgrüße aus Hollywood« 1 + 2 [floff/Eichborn, um 16 Euro]).

61. Brennen Sie ihr eine CD mit Ihren Lieblings-Lovesongs.
62. Schreiben Sie Ihr einen Liebesbrief – in dem Sie die Geschichte eines anderen Paares erzählen, die erst beim genauen Hinlesen Ähnlichkeit mit der von Ihnen beiden hat.
63. Ja, gut: Frühstück im Bett ist schon mal nett. Noch netter allerdings sind Spontanfrühstücke gegen 11 Uhr vormittags – am Montmartre in Paris zum Beispiel. Last-Minute-Flüge sind günstig, da kommt nicht mal die Bahn gegen an. Ansonsten: im Park Ihrer Wahl; Tisch, Stühle, Kerzenleuchter und Damastdecke schleppen die Kumpels gerne heimlich für Sie an, wenn Sie versprechen, sich zu revanchieren.
64. Faxen Sie ihr den Umriss Ihrer Hand ins Büro, damit sie weiß, dass sie danach greifen kann, wenn sie es braucht.
65. Machen Sie es wienerisch: Wiens Kaffeehäuser, Kutschen, Parks und sogar der Prater wurden extra für verliebte Romantiker gebaut. Damit vor lauter Zuckerguss der Sex nicht zu kurz kommt – ab ins Stundenhotel Orient: Plüsch total, aber sexy, auch für die ganze Nacht zu haben (z. B. die Sechs[x]ersuite). Tiefer Graben 30, 1010 Wien, Tel. 0043-1/5337307, Fax 0043-1/5350340, [www.hotelorient.at], die Nacht kostet um 110 Euro. Oder mieten Sie für 'ne halbe Stunde den Luxuswaggon des Riesenrads – Anfragen: Büro des Wiener Riesenrads, 1020 Wien, Prater 20, Tel. 0043-1/7295430, Fax 0043-1/729543020.
66. Gewisse romantische Überraschungen gelingen nur nach Einweihung Verbündeter – etwa ihres Chefs, der sie zum Juwelier schickt, um etwas abzuholen, und dann stehen Sie plötzlich mit Rose und Herzstein hinterm Tresen; oder vielleicht haben Sie einen Nachbarn mit Klavier in der Gegend, der ein paar Bar-Melodien perlt, während Sie auf dem Balkon eng tanzen …
67. Ja, es *ist* Ihre Aufgabe, Frauen die Sterne vom Himmel zu holen. Da Sterne niemandem gehören, kann sie auch

keiner verkaufen oder neu benennen (außer die IAU, Internationale Astronomische Union); aber Sie können eine sogenannte Sternpatenschaft übernehmen und damit eine Sternwarte in Ihrer Nähe unterstützen. »Unser Stern« – Romantik mit Nutzwert. Infos unter [www.sternklar.de/sterne_kaufen.htm].

68. Heart-Ware! Lasst Herzen sprechen – als Spiegelei, Lippenstift-Nachricht, im Sahne-Eis in der Großpackung oder getarnt als Ticket unterm Scheibenwischer – nur nicht übertreiben. Selten ist besser und knallt länger.
69. Und es gibt sie doch, die Männer-kompatiblen, romantischen Filme, die uns daran erinnern, warum Liebe so schön sein kann (und ihn, dass Romantiker nun wirklich keine Schwachlappen sind): »Die wunderbare Welt der Amélie«, »Don Juan de Marco«, »Die Schöne und das Biest«, »The Saint«, »Leon – der Profi« (nur ungekürzte Fassung!!!), »Tiger & Dragon«. Ausleihen, Licht aus, Händchen halten und danach spazieren gehen und in anderer Leute helle Fenster gucken.
70. Kurznachrichten auf Post-its in ihrer Unterwäsche, am Spiegel, in einer Hemdtasche oder ihrer Handtasche, zwischen den Seiten des Buches, das sie gerade liest – von gefühlsduselig bis eindeutig. Kleinigkeiten pflegen die Liebe mehr als alle Jubeljahre eine Nacht im Himmelbett!
71. Er ist so trivial, dass ihn die meisten schon vergessen haben: den Abend zu zweit. Beide machen sich wirklich schick, holen Sie sie ab – mit allem Drum und Dran, also Komplimenten, Pralinen, Blumen, im Auto singt Dean Martin oder Frank Sinatra – man geht essen, siezt sich gepflegt, macht Konversation über echte oder imaginäre Bekannte und erfundene Reisen und geht ansonsten auf körperlichen Abstand. Ganz ladylike mit Gentleman. Anstatt mal wieder nur zum Italiener zu pilgern und sich gegenseitig vom Job vorzujammern …

72. Etwas bunte Kreide, ein Stück Bürgersteig – und schon legen Sie ihr Ihre Liebe zu Füßen. Entweder vor dem geparkten Auto oder vor ihrer Haustür.
73. Im Taxi (»Einmal 'ne halbe Stunde bitte«) oder Nachtbus (»Endstation und zurück«) – lassen Sie jemand anders chauffieren und schmusen Sie diskret auf der Rückbank.
74. Romantik ist in jedem zärtlichen Glücksmoment – wenn Sie Stirn an Stirn einschlafen, mit den Wimpern über ihre Wange streichen oder sich beim Sex unablässig in die Augen sehen.
75. Der Song ist schnell, und alles um Sie beide herum zappelt – und Sie wiegen sich einfach halb so schnell, langsam im Takt, ganz eng und dicht an dicht, mit geschlossenen Augen und verhakelten Fingern. Und schon sind Sie ganz allein auf der Welt! Funktioniert übrigens auch ohne Musik, zu Hause in der Küche – wenn Sie beide denselben Song im Ohr haben.
76. Angelina Jolie und Ex-Gatte Billy Bob Thornton haben es vorgemacht: einige Tropfen Blut des anderen in einer Phiole um den Hals. Fragen Sie doch mal Ihren Hausarzt oder im Piercing-Studio Ihres Vertrauens nach dieser Sonderanfertigung …
77. Zum Kennenlerntag eine Karte mit »Alles Liebe zur Silberhochzeit« – erst recht, wenn Sie grad erst mal drei Jahre zusammen sind.
78. Wärmen Sie ihr das Handtuch vor, bevor sie aus der Wanne/Dusche kommt, oder föhnen Sie sie trocken. Trocknen Sie ihr die Füße ab und massieren Sie Lotion ein. Alternative: Wärmen Sie die Bettdecken/Kissen an, bevor sie zu Ihnen schlüpft.
79. Schreiben Sie ihr (mit dem Finger) »Ich liebe dich« auf den Rücken und lassen Sie sie raten, was da wohl steht.
80. Pflanzen Sie einen Baum als Zeichen Ihrer wachsenden Beziehung.

81. Sagen Sie nach jedem Treffen: »Ich will dich wiedersehen«, auch wenn Sie bereits Monate zusammen sind.
82. Fragen Sie sie nach jeder verbrachten Nacht, ob sie gut geschlafen und was sie geträumt hat.
83. Streuen Sie, wenn sie noch schläft, Rosenblüten (gibt's auch nachgemacht) über sie, die Decke, rund ums Bett und eine kleine Spur in die Küche, wo Sie ein charmantes Milchkaffee-Croissant-Frühstück vorbereitet haben.
84. Lernen Sie eine romantische Sprache (Französisch, Italienisch, Russisch), um sie damit zu betören.
85. Schicken Sie ihr Postkarten mit je einem Begriff, der Ihnen in der Beziehung viel bedeutet. »Leidenschaft«, »Aufrichtigkeit«, »Überraschung«, »Wärme« ... Besser ist's, wenn das Bildmotiv romantisch ist, also nicht unbedingt tanzende Rebhühner.
86. Sammeln Sie bei jedem gemeinsamen Spaziergang irgendwas auf: Haselnüsse, Tannenzapfen, Grashalme ... Legen Sie es zum Anschauen und Erinnern auf das Küchenfensterbrett.
87. Tragen Sie sie, so oft es geht, in Ihren Armen zum Bett.
88. Bereiten Sie ihr ein Bad – mit viel Schaum. Darunter verstecken Sie eine Flaschenpost. Sie haben keine Badewanne? Mieten Sie ein Hotelzimmer! Kommt gut zu »Dreimonatskennenlernheutewardererstekussusw.«-Tagen.
89. So küsst nur die Liebe: Auf die Fingerspitzen. Aufs Schlüsselbein. In den Kniekehlen, am Fußknöchel, am Nabel und hinterm Ohr. Ins Halsgrübchen und innen am Handgelenk, unterm Kinn und auf die Hüften.
90. Geben Sie dem Sex andere Namen, die nur Ihnen etwas sagen: Den Regenbogen fangen. Das Paradies ernten. Die Katze kosen. Was auch immer: Gemeinsame Geheimnisse stärken das Vertrauen.
91. Massieren Sie sich einmal im Monat gegenseitig die Hände,

am besten mit Rosenöl. Lesen Sie sich dabei aus der Hand, was Sie »sehen«, was sich Ihre Liebste für Sexspielchen vorstellt.

92. Pool-Time! Tauchen Sie das Becken entlang, bis Sie sie gefunden haben. Tauchen Sie auf und ziehen Sie sie unter Wasser bis auf den Beckenboden. Küssen Sie sich, eng umschlungen, und lassen Sie sich dabei vom Wasser emportragen!
93. Sie fahren in der Dämmerung im Auto – und dann kommt dieses eine Lied (von Ihnen so vorbereitet). Halten Sie an, lassen Sie die Scheinwerfer an, drehen Sie die Anlage hoch und tanzen Sie zusammen im Scheinwerferlicht. Parken Sie danach vor einer Sportstätte (unter der Woche ist da nix los) und lieben Sie sich. Mit »Repeat«-Stellung am CD-Player.
94. Sie schreiben ihr einen Zettel: »Willst du mit mir gehen?«, mit den Auswahlmöglichkeiten »Ja«, »Ja, sicher«, »Ja, gerne, wohin?«. Bei »wohin« sollten Sie wissen, wohin – Schwäne gucken, heruntergefallene Kastanien zählen, in die Dampfsauna.
95. Irgendwo wird immer gebaut. Suchen Sie sich einen Rohbau, nehmen Sie Decken und Grableuchten mit und entführen Sie sie auf das Dach, Sterne gucken. Bei jedem Stern, den Sie sehen, erklären Sie sich gegenseitig, was Sie am anderen begehrenswert finden.
96. Tunen Sie Ihr – oder ihr! – Schlafzimmer auf romantisch – die richtige Umgebung animiert zu zärtlicheren Gesten: Weiße Gardenien neben dem Bett, ein Türschloss, erotische Zeichnungen, Farben wie Aprikot, Karamell oder Vanille stimulieren die softe Seite. Und: eine besondere Lampe, die Sie immer nur dann einschalten, wenn Sie sich lieben!
97. SMS an eine Festnetznummer werden dem Angerufenen

vorgelesen! Schicken Sie ihr eine Nachricht – aber eine, die mit den Worten beginnt: »Ich soll dir von Rolf (oder wie immer Sie heißen) ausrichten … du sollst heut Abend barfuß vom Scheitel bis zur Sohle im Bett auf ihn warten.« Oder so.

98. Streicheln Sie sich gegenseitig mit Weidenkätzchen.
99. Pusten Sie sich gegenseitig Seifenblasen über den Körper. Platzen noch schöner, als man denkt.

Extra-Tipps

+ Streuen Sie Rosenblätter um ihren Frühstücksteller herum.
+ Bitten Sie sie, was aus dem Supermarkt zu besorgen. Auf der Einkaufsliste stehen zwischendrin Ihre Initialen mit Herz-Einfassung.
+ Legen Sie ein Fotoalbum ausschließlich für Sie beide an (Handybilder, Schnappschüsse mit Einmalkameras, Digitalausdrucke).
+ Leihen Sie sich einen Augenbrauenstift oder Kajal von ihr und malen Sie sich und ihr auf den linken Ringfinger einen angedeuteten Ring. Hu!

Sexy Hinweise für verliebte Männer

Wo Sie Ihren Schwarm verführen können …

Anderer Leute *Lieferwagen.* Mieten Sie sich einen Sprinter oder bieten Sie beim Umzug an, den Leihwagen selbstlos zurückzubringen. Hach, machen wir doch geeern …

Wenigstens einmal sollten Sie es zu Wasser tun. Auf dem *Segelschiff* – zum Beispiel in der Koje in Löffelchenposition. Kein

Törn in Sicht? Alternative: die größte Toilette auf einer *Fähre,* die mindestens eine Stunde braucht.

Die *Umkleidekabine im Schwimmbad.* Beim Umziehen, Anziehen, Ausziehen oder einfach so. Die vier Füße und leichtes Knarren werden Sie zwar verraten, aber nur Jugendliche gucken über die Trennwand. Hu!

Beim nächsten Dessous-Kauf gehen Sie mit. Ab ins Kaufhaus, bei der Servicekraft, die sich am meisten von Kunden belästigt fühlt, anhalten. Ab in die *Umkleide!*

Der *Waschmaschinenraum* anderer Leute. Fast so schön wie der Keller. Falls Sie einen eigenen besitzen: Die Vibrationen des Schleudergangs sind herrlich und übertönen die kleinen Schreie, die sie ausstoßen wird, wenn sie oben sitzt und er davor steht. Andersrum geht auch: Sie sitzen oben, sie auf Ihnen drauf, die Beine hinter Ihrem Rücken über Kreuz. Bei 90-Grad-Wäsche ist es außerdem hübsch warm am jeweiligen Hintern.

Vielleicht kennen Sie jemanden, der einen *Billardtisch* besitzt? Die haben einfach die optimale Höhe und sind nicht so hart im Rücken. Für Hinterzimmer-Action in Kneipen nur was für Mutige, die vormittags nichts zu tun haben, oder gerade zum »Eben-mal-gucken-ob-er-noch-passt«-Zwischenspiel.

Reisen bildet: Steigen Sie am Streckenanfang eines *ICE-Zugs* ein und verziehen Sie sich alsbald auf die Toilette der 1. Klasse. Setzen Sie sie dort auf den Rand der Handspüle und legen Sie los.

Nehmen Sie einen *Nachtzug,* zum Beispiel nach Paris oder wohin auch immer einer fährt. Reservieren Sie ein ganzes Abteil. Nachdem der Kontrolletti Speis und Trank kredenzt hat, ist da nur noch die Nacht, Sie, sie und das Rattern …

Falls Sie jemanden kennen, der, sagen wir mal, Handball spielt, fragen Sie nach den Trainingszeiten. Meist ist die *Halle* offen und vor oder nach dem Spiel auch das Matratzenlager mit den harten blauen Matten. Alternative, falls kein Handballer frei ist: Stehlen Sie sich nachts auf den *Sportplatz,* nehmen Sie die Plane von der Riesenmatratze der Hochspringer. Da ist's auch nett. Vielleicht finden Sie auch ein Trampolin …?

Die *Spüle:* Ihre Küche ist so mickrig, dass Sie es nie auf dem Küchentisch tun – weil er nämlich nicht reinpasst? Macht nichts: Setzen Sie sie mit gespreizten Beinen auf die Spüle. Wenn Sie gut sind, spielen Sie hinter ihr mit warmem Wasser!

In der *Badewanne:* Es funktioniert, wenn er liegt, im Nacken eine Handtuchrolle, und sie sich auf ihn hockt und am Handlauf festkrallt. Ja, missionarisch geht's auch, wenn sie ein Bein auf den Rand schwingt, das andere anzieht und gegen die Armaturen klemmt. Oder: Hintereinander knien und einer führt den Duschkopf gen Klitoris.

Die *Besenkammer* eines Hotels. Da muss man ja erst mal drauf kommen … Vielleicht finden Sie ja auch eine nicht abgeschlossene Tür wie sonst nur Tennisstars!

Im *Solarium.* Ob einfach so in der Kabine oder in Sandwichstellung unterm Turbobräuner – nur schön sauber machen nicht vergessen. Gibt lustige weiße Stellen am Po!

In einem *Wohnwagen:* Mieten Sie sich einen Campingbus (gibt's für günstig) und sausen Sie durch die Lande an schöne Orte. Für eine Nacht können Sie überall stehen bleiben, wo ein Park-Schild steht; geduscht wird im Schwimmbad. Ja, doch, kann man machen.

Stillgelegte *Zechen, Industrieanlagen, Kasernen* sind einen Liebesausflug wert – Romantik des Vergänglichen. Außerdem hallt es dort so schön.

In Ihrem *Jugendzimmer* – besuchen Sie mal wieder Ihre Eltern, bringen Sie sie mit. Wenn Sie noch Ihr altes Zimmer haben, schlafen Sie dort zärtlich mit ihr, als sei es das erste Mal. Und seien Sie um Himmels willen leise!

In den meisten Großstädten sind *Fußgängerzonen* oder *Büroviertel* nachts menschenleer. Hier könnten Sie die einsame Gasse, den stillen Seiteneingang, das verschwiegene Hinterhöfchen finden, nach dem Sie so lange gesucht haben.

Sie werden sich doch wohl trauen, es mal im *Pornokino* zu testen. Hintere Reihe. Vielleicht nur fummeln und dann schnell gehen – aber es hat was herrlich Unanständiges.

Wie Sie Ihren Schwarm zum Beben bringen können …

Ahoi-Brausepulver erst aus ihrem Nabel lecken, dann zwischen zarten Lippen kleine Achten züngeln.

Wenn Sie sich trauen: Lecken Sie *von ihrem Damm aus* in festen, langsamen Zügen nach oben bis zur Klitoris. In langen, feuchten Zügen – herrliches Vorspiel.

Umdrehen bitte: Es fühlt sich gleich ganz anders an, wenn Sie *von hinten mit der Hand* durch den Rockschlitz drängen, am Oberschenkel hinauffahren, um geheime Lippen zu kosen. Funktioniert auch, wenn sie auf dem Bauch liegt und Sie gleichzeitig mit dem Daumen ihren Damm streicheln.

Wenn sie seitlich vor Ihnen steht, können Sie sie *mit einer Hand von vorne, mit der anderen von hinten* liebkosen. Lecken Sie sich vorher die Finger süffig – und genießen Sie die Macht acht spielender Finger!

Gleiten Sie mit Ihrem *Daumen* in sie hinein und massieren Sie mit leicht gekrümmtem *Zeigefinger* den Damm. Der leichte Spannungsschmerz geht bald in wohlige Erwärmung über. Erregende Ergänzung zu einem Cunnilingus!

Sie haben nicht umsonst zwei Hände: Nehmen Sie *beide Zeigefinger* zu Hilfe, wenn Sie ihre Spalte liebkosen!

Mit *Speiseeis* elegant spielen lernen: Tragen Sie es nicht mit dem Löffel auf, sondern besorgen Sie sich abgepacktes Waffel-Eis. Hörnchenspitze unten abbeißen, Tröpfchen auf ihre Brüste fallen lassen und ablecken.

Füllen Sie *Minzlikör* in ihren Bauchnabel. Stippen Sie Ihre Zunge oder Finger hinein, malen Sie kleine Kreise um ihre Brustspitzen, ihre Klit, den Nabel. Pusten Sie darüber, das bringt sie zum Beben. Wechseln Sie, wenn ihr Nabel leer getrunken ist.

Vergessen Sie Schokolade und ihre aphrodisierenden Phenyalanine – *Käse* besitzt viel mehr von dem reizvollen Zeug, *Avocados* auch. Ordern Sie die Käseplatte, füttern Sie sich gegenseitig mit Mund und Fingern. Übrigens: Angewärmter Vacherin Mont d'Or mit einem Spritzer Weißwein oder Guacamole schmeckt auf der Brustspitze serviert ausgezeichnet.

Tiefgekühlter Vodka auf den Lippen kommt besser als Russendisko – betupfen Sie damit ihren Nacken, pusten Sie darüber, küssen und beißen Sie ihn. Wirkt auch an bisher unempfindlichen Nippeln! Richtlinie für alle Mundspiele: Wenn es auf Ihrer Zunge unangenehm ist (kalt, scharf, sauer, heiß), ist es das auch für sie!

Lutschen Sie an *Orangenfilets* und küssen Sie sie. Ja, *da* auch. Öffnet die Zungenknospen für mehr Geschmack!

Träufeln Sie *Ylang-Ylang-Öl* auf Ihre Zunge, bevor Sie sie lecken.

Massieren Sie sie mit duftigen *Blumenblüten.*

Geben Sie ihr eine *Rückenmassage – mit der Zunge.* Pressen Sie die Lippen auf ihre Haut, lassen Sie die Zunge fest rotieren. Starten Sie im Nacken, schlingern Sie neben der Wirbelsäule abwärts. Brummen Sie dabei – tiefe Töne sorgen für langsame Vibrationen, hohe Töne für schnellere.

Reiben Sie Ihre *Eichel an ihrer Klitoris* – auch wenn er noch nicht hart ist! Entweder knien Sie sich zwischen ihre Beine, oder sie lehnt sich an Sie, während sie mit dem Rücken zu Ihnen auf Ihnen sitzt. (Doppelte Kissen im Rücken stützen ab.) Auch wenn Ihr Penis erigiert, nicht eindringen! Wiederholen. Gleitgel auf der Spitze hilft gegen Wundreiben!

Fortsetzung: Die ersten drei Zentimeter am Scheideneingang sind hyperempfindlich, haben aber beim normalen Verkehr nicht viel vom Spaß. *Tauchen Sie nur die Eichel ein,* so dass sich die Vorhaut hin- und herschiebt. Funktioniert, wenn Sie breit zwischen ihren Schenkeln knien und Ihren Ladyrocker an der Wurzel festhalten.

Die *orientalische Waschung:* Gießen Sie sich gegenseitig in der Badewanne aus kleineren Schüsseln immer wieder Wasser über den Körper. Waschen Sie sie dabei mit Veilchenseife.

Die *Öl-Massage:* Mischen Sie in einer Schüssel Öl, Wasser und duftendes, schäumendes Duschgel Ihrer Wahl an (exotische Noten im Bodyshop). Nehmen Sie einen Kopfkissenbezug, tauchen Sie ihn in das Gemisch, pumpen Sie auf und ab, bis er trieft – und drücken Sie ihn über ihrem Körper aus. Reiben Sie sie mit Schaumbergen ein.

Streicheln Sie in Zeitlupe mit einem reinen, kühlen, großen *Seidentuch* über ihren Körper.

Massieren Sie ihre *Zehen,* während Sie sie lecken. Oder gleiten Sie mit den Fingern in die Zehenzwischenräume. Klar geht das auch mit Gleitgel (z. B. »Eros«, das pappt nicht so auf der Haut wie KY).

Massieren Sie ihr beim Doggystyle (auch liebevoll a tergo genannt, aber das ist kein Analsex!) die *Nieren.* Entspannt ungemein. Übrigens: »von hinten« sollten Sie aus dem Vokabular streichen, dann lieber sagen: Dreh dich um.

Vorher Nägel feilen: Eine tantrische Schrift lehrt, dass, wer bei einer Frau den kleinen Finger in den Anus, Ring- und Mittelfinger in die Vagina und den Daumen auf die Klitoris legt, »eines der Mysterien des Universums« in der Hand hält. Kosmisch – vor allem aber mit Gleitmittel und *gepflegten Männerfingern,* die sich nicht zu heftig bewegen dürfen.

Üben Sie *CAT* – die Stellung mit hoher Big-O-Chance für Ihre Geliebte: Sie liegen auf ihr, sie hat die Beine ausgestreckt. Rutschen Sie jetzt ein kleines Stück höher, so dass Ihr Becken mehr auf ihre Klit kommt. Die Kunst besteht darin, dass Sie eine Aufwärtsbewegung machen, wenn sie abwärts stößt und so am speziellen Punkt reibt, anstatt sich immer wieder davon zu entfernen. Das Ganze nennt sich CAT-Position (Coital Alignment Technique), und da es ziemlich aufs Schambein drückt, sollten Sie sich so erst lieben, wenn sie verdammt feucht ist. Alternativ, vor allem für Männer, die in der Länge anderen etwas voraus haben: Sie liegen oben, sie unten. Sie schließt die Beine, Ihre Beine liegen außen. Rücken Sie ein bisschen höher und bewegen Sie sich nicht rotierend, sondern von oben stoßend. Dabei taucht vermutlich nur Ihre Eichel ein, es ist verdammt eng – aber Ihre Liebste spürt bei jedem Stoß direkte Stimulation der Klitoris. Macht uns Mädels Spaß.

Privatlesung: Sie lesen sich gegenseitig erotische Literatur vor, während der Zuhörer der Vorleserin die Zehen massiert, die Kniekehlen streichelt, die Brüste liebkost ... Gewechselt wird nach fünf, zehn oder mehr Minuten.

Schmieren Sie lustvoll mit ungiftiger *Fingerfarbe* aufeinander herum. Welche Farbe hat die Lust?

Gänsedaunen sind kitzliger als andere Federn, fühlen sich aber zum Beispiel am Po oder Bauch wunderbar an. Ziehen Sie kleine Kreise auf ihrem Körper.

Lernen Sie bereitwillig, mit ihrer *Klitoris* umzugehen. Und merken Sie sich, wo der magische Punkt ist.

Kaufen Sie sich *»GIB« von Katja Hertin* (Rowohlt) – da gibt es noch mehr Hinweise, wie Sie Gut Im Bett werden.

Besorgen Sie sich regelmäßig *»Cosmopolitan«*. Die Sextipps da drin sind zwar für Frauen gedacht, aber auch Sie können was damit anfangen.

Ja, bin ich denn noch ganz normal? Über erotische Phantasien

Der Fremde in der Gasse, die Ehefrau des Freundes, Will Smith, die Vorstellung von Analverkehr bis Bondage oder eine romantische Erinnerung in Wiederholungsschleife: Alle – Frauen wie Männer – haben sexuelle Phantasien, weit entfernt vom Blümchensex im Schlafzimmer mit dem Real-Life-Partner. Sie kommen als heimlicher Wunschtraum daher, Masturbationshilfe oder gedanklicher Lustkick beim Sex: 80 Prozent aller Frauen (und 30 Prozent der Männer) bereichern zum Beispiel eine flaue Liebesnacht durch Phantasie, allerdings schweigt die Hälfte aller Phantasten auch vehement, wenn es um das Bekenntnis des heimlichen Lustspiels geht. Der Grund: Sie stellen sich Praktiken oder Situationen vor, die sie als zu gewagt empfinden, um sie dem Partner mitzuteilen. Und fragen sich selbst: Bin ich noch ganz normal? Müsste ich mich schämen, oder was hat es bitte schön zu bedeuten, wenn ich von Frauen, von mehreren Männern, von Überwältigung phantasiere? Hilft das meiner eigenen Erotik, oder verbergen meine Passionen einen Knick im Charakter? Würde mein Liebster mich noch lieben, wenn ich ihm meine abstrusen Fiktionen beichte? So viel Spaß Phantasien bringen – sie machen auch Angst.

Dabei ist es ein typisches Merkmal von Phantasien und normal, dass sie anders sind als das, was wir innerhalb unserer Sagrotan-gereinigten Wertenorm leben. Phantasien sind der perfekte Ort, wo wir alles andere als rational sein müssen, sondern Nachtseiten ausleben, ohne andere zu tangieren. Den wildesten, ausuferndsten Sex haben, fantastisch aussehen, Gewalt zulassen, uns quer durch alle Stände vögeln oder romantisch-kitschige Sehnsüchte noch bonbonbunter machen. Solche Gedankenstürme sind alles andere als die Spitze des Eisbergs an gestörter Persönlichkeit – denn letztlich liegt zwischen Vorstellung und Handlung ein großer Graben. So sind sich Sexualtherapeuten inzwischen einig, wenn es um erotische Phantasien geht, die auf den ersten Blick nichts mit unserer Alltagspersönlichkeit zu tun haben. Sie müssen auch nicht immer ausgelebt werden, um befriedigend zu sein, sondern sind kontrolliertes Erleben, um die eigene Erotik zu fördern. Auch wenn Sie von zwei Männern träumen, so wissen Sie doch gleichzeitig, dass das Erlebnis in der Realität ermüdend, demütigend, blöde sein kann. Dann doch lieber den Auftritt mit Regie und sich selbst Höhepunkte ohne Reue schenken.

Die meisten »Drehbücher« von Frauen- oder Männerphantasien ähneln sich, bleiben über Jahre gleich und sind vor allem alles andere als pervers-absurd. Frauen haben mehr einen Hang zu homosexuellen Phantasien oder zum gesichtslosen Fremden, bei dem sie passiv sein dürfen, während es Männer zum Star oder zur Freundin des besten Freundes hinzieht, so der Durex-Report von 2003. Und: »Während für Frauen in ihren Phantasien oft im Vordergrund steht, attraktiv und sexuell erregend zu wirken, ist es in den Phantasien der Männer bedeutsamer, eine attraktive Frau zu erobern. Fazit: Für die erotischen Phantasien der Frauen ist das Begehrtwerden wichtiger, für die Männer dagegen das Begehren«, bringt es Dr. Steffen Flegel (Köln) auf den Punkt.

Sehr schön. Aber was ist mit Ihrem ganz persönlichen Porno? Die Londoner Sexualpsychologin und -therapeutin Carrie Jess hat für mich und Sie die sechs häufigsten Frauen- und Männerphantasien skizziert, was sie bedeuten und ob sich das Ausleben mit Ihrem neuen Schwarm lohnt.

Die sechs häufigsten Frauenphantasien

Der Quickie mit dem Fremden

Eine Bar, ein Theaterfoyer, die Sauna; ohne viele Worte bugsiert er Sie von der Menge weg, in eine Gasse, eine Ecke, drückt Sie gegen die Wand, hebt den Rock hoch und vögelt Sie direkt im Stehen oder über eine Brüstung gelehnt von hinten, den Slip rigoros zur Seite geschoben; oder Sie bedeuten ihm, Ihnen zu folgen, natürlich kommt er nach, in einem zwielichtigen Hausflur versenkt er sein Gesicht sofort zwischen Ihren Schenkeln, und nachdem Sie gekommen sind, gehen Sie wieder als Fremde auseinander … Das ist Abenteuer ohne Folgen, ohne emotionale Verpflichtungen oder Versprechungen. Es ist das Bekenntnis, Sex ohne Liebesverbrämung zu genießen und sich damit von der Illusion zu lösen, Sie seien durch und durch romantisch gepolt. Und: Der Traum, einen attraktiven Mann ohne viel Gerede, allein durch Ihre Erscheinung, dazu zu bringen, Sie sofort zu begehren, hat etwas Narzisstisches an sich. »Diese Phantasie ist ein Zeitgeist-Phänomen. Immer mehr Frauen als noch vor fünfzehn Jahren geben sich dem gesichtlosen, erotischen Fremden hin. Besonders jene, die täglich im Beruf mit Männern konkurrieren, lösen sich in der Phantasie von der Kampfsituation und nehmen sich, was sie wollen, oder lassen zu, genommen zu werden«, so Carrie Jess. »Der One-Night-Stand ist eine Variation, wie diese Phantasie ausgelebt wird. Ansonsten ist sie harmlos, aber erregend genug, um sie dem Partner zu erzählen. Vielleicht übernimmt er den Part des Fremden? Das könnte helfen, dass Sie sich als sexuelles Wesen annehmen, nicht nur als wohltemperierte, brave Partnerin.«

Lustsklavin für mehrere Männer sein

Sie sind zu zweit, zu dritt oder stellen sich gleich in einer Reihe auf. Sie – die Football-Mannschaft unter der Dusche, die Bauarbeiter-Gang hinterm Bauzaun, die drei Anzugträger in der Tiefgarage – berühren Sie gleichzeitig, nacheinander, durcheinander. Drehen Sie genau so hin, wie sie es brauchen, um sämtliche weichen, warmen Stellen des Körpers zu erreichen, steuern Ihre Hände, Ihren Mund, feuern sich gegenseitig an, verströmen sich auf Ihrem Körper. Sie sind herrlich wehrlos, stehen im absoluten Mittelpunkt der Aufmerksamkeit, können aber durch die Übermacht der Männer nicht entscheiden, was mit Ihnen getan wird. Sie lassen sich mitreißen, unterwerfen, benutzen – und können gar nichts dafür. »Verantwortung für seine eigene Lust abzugeben kann sehr befriedigend sein«, stellt Carrie Jess fest. »Anstatt sich zu bekennen, überlassen Sie anderen die Regie – und müssen sich für sich selbst nicht schämen, heben gleichzeitig Ihr Ego der von vielen begehrten Frau hoch. Das ist völlig in Ordnung und kommt bei einigen Frauen vor – doch wenn sich diese Phantasie bei Ihnen oft wiederholt und Sie sich unwohl fühlen, sollten Sie Ihren Alltag überprüfen: Haben Sie sich in der Partnerschaft zu viel aufgebürdet? Tragen Sie zu viel Verantwortung und achten Sie dabei zu wenig auf sich? Machen Sie sich zu viele Dinge schwer? Die Phantasie auszuleben könnte sehr ernüchternd sein. Aber vielleicht hat Ihr Lover Lust, Sie zu fesseln, damit Sie Ihre Lust kurzfristig in seine Hände geben?«

Befehlshaberin über einen oder mehrere Männer sein

Sie waschen Ihnen die Füße, widmen sich ausgiebig Ihrer Klitoris, massieren jeden Zentimeter Haut, lecken sich die Münder wund und lassen sich bereitwillig auf ihre Standfestigkeit prüfen. Sie sind parat, wenn Sie die Augenbraue heben, und dienen allein Ihren Bedürfnissen – und sind dankbar, Sie zu berühren, berührt zu werden. Sie befehligen sie ohne Scheu, oder die Herren sind so gut ausgebildet, dass sie wissen, was Ihnen gut tut …

Hier stellen Sie sich auf andere Art in den Mittelpunkt. Sie wissen Bescheid über Ihre Bedürfnisse, aber wünschten sich, »an der Reihe« zu sein. »Sich selbst mit Dienern zu sehen, gibt Ihnen das nötige Kontroll-Element, das Ihnen eventuell in Ihrer Partnerschaft oder in Ihrem Alltag abgeht«, gibt Carrie Jess zu bedenken. »Nur in Ihrer Phantasie können Sie entscheiden, was Sie wollen – und es bekommen. Das hat wenig damit zu tun, dass Sie Ihr Selbstbewusstsein per Phantasie trimmen wollen, sondern damit, dass Sie auf der Suche nach Selbstbestimmtheit sind. Diese Phantasie, zum Beispiel mit einem Callboy, auszuleben kann ein Weg sein. Schöner wäre es, ein Mann würde Sie freiwillig ›bedienen‹, Sie für das lieben, was Sie sind, nicht, was Sie darstellen. Versuchen Sie es andersherum: Holen Sie sich im Alltag Ihre Selbstbestimmtheit zurück. Tun Sie Dinge egoistisch für sich selbst. Und sei es, Ihrem Liebsten zu zeigen, wie er Sie berühren sollte, damit nicht nur er was davon hat.«

Sex mit einer anderen Frau

Nur weil Sie sich vorstellen, wie es wäre, weibliche Lippen zu küssen, durch weibliches Haar zu streichen, Brüste aneinander zu drücken, sich mit Händen oder Lovetoys zu lieben oder einander zu reiben, rasend, schwebend, vergehend, oder sich in ganzer Härte von einer Lesbe unterwerfen und verführen zu lassen, sich gegenseitig mit einem Godemiché zu vögeln: Sie sind nicht allein – jede dritte Frau hat solche erotische Gedanken, und es heißt nicht, dass Sie bi- oder homosexuell veranlagt sind. Carrie Jess wird mit diesen Imaginationen oft konfrontiert: »Das ist ein Spiegel Ihrer eigenen Erotik. Sie wünschen sich, sich selbst dabei erleben zu können, sich selbst besser zu verstehen – und sich selbst mehr zu akzeptieren. Es kann die Sehnsucht sein, sich selbst mehr lieben zu wollen, Ihren Frieden mit Ihrer sexuellen Persönlichkeit zu schließen. Dazu kommt Neugier: Warum sollen nur Männer Spaß haben mit der Weichheit und Sensibilität der Frauen? Wenn diese Phantasie sich extrem oft wiederholt, kann es sein, dass Sie sie ausleben sollten, um zu überprüfen, ob diese ›andere‹ sexuelle Identität für Sie lebenswerter wäre.«

Eine Hure sein

Sie sind eine Kurtisane oder eine Straßenschwalbe, aber eins sind Sie auf jeden Fall: zu haben und dennoch unantastbar. Vielleicht stehen Sie auf der Straße, steigen zu Fremden ins Auto und erledigen es direkt auf dem Rücksitz; oder Sie streifen durch Hotels, erwarten Freier in einem Spiegelsaal. Vielleicht nennt er Sie dabei eine Hure oder Sie berauschen sich am nuttenhaften Outfit, an Ihrem Gang, der im Casino tausend Blicke nach sich zieht, bis es auf der Herrentoilette zur Sache geht … Die Variation des »Fremden« in einer gehobenen Dimension: Er zahlt. Weil er es will. Weil Sie Dinge beherrschen, von denen Hausfrauen nur träumen. Sie halten Distanz, Sex ist eine Ware, und Sie sehnen sich nach Kompetenz, nach einer subtilen Macht, die Männer dazu bringt, Geld zu bieten. Sie sind für alle da – und für keinen. Ein Zwitterwesen, das sich selbst auf das eine reduziert, aber durch die Bezahlung auch wieder hochhebt.

»Power. Kontrolle. Autorität – all das leben Sie in dieser Phantasie aus«, so Jess, »auch wenn die Realität für echte Huren natürlich völlig anders aussieht. Genießen Sie diese Phantasie, aber belassen Sie sie dort. Denn was Sie haben, ist Stolz – den würde die Realität empfindlich anknicken. Sie sind auf der Suche nach Ihrer eigenen Erotik, danach, wie Sie zu ihr stehen sollen, ob Sie Ihre Libido begrüßen oder verachten. Überprüfen Sie lieber, ob Sie in Ihrem echten Leben zu viel geben, andere sich an Sie kletten. Fragen Sie sich, wenn das Erleben lockt oder Bargeld winkt, wessen Phantasie das wirklich ist: Ihre eigene – oder seine?«

Dabei gesehen werden

Sie tun es – und werden beobachtet, Ihre Zuschauer lassen sich von dem Spektakel erregen, das dort am Straßenrand, im Flur, im Aufzug, am Baggersee geboten wird. Sie sehen den Voyeuren in die Augen, vielleicht kommen noch mehr, erst heimlich, dann ganz offen, hören erregte Stimmen, sehen ihre Lust, Lust auf Sie, sich genau anzusehen, wie Sie sich bewegen, während Sie kommen oder Ihren Gespielen oral angehen, sehen, wie der Zuschauer sich selbst berührt, weil er es nicht mehr ertragen kann, nur zusehen zu dürfen …

Das ist die Befreiung der eigenen Lust: »Schau mich an, Fremder, wie großartig ich bin, ich bin fähig, all meine Hemmungen und Grenzen zu überschreiten«, beschreibt Jess die innere Stimmung bei dieser Phantasie. »Es ist die Suche nach Bewunderung, aber mehr noch die Sehnsucht, sich einfach nur gehen lassen zu können. Bei einigen Frauen steckt noch mehr dahinter, vor allem wenn die Phantasie während des Liebesspiels mit dem Partner eingesetzt wird: die Angst vor echter Intimität. Sich dem Partner so hinzugeben, hieße, ihm auch Macht über Ihre Lust zu geben, zuzulassen, dass er Sie zum Wahnsinn treiben kann. Lieber behalten Sie diese Macht aber für sich. Schade. Wagen Sie es, diese Idee trotzdem umzusetzen? Das können Sie nur im Swingerclub, wenn Sie ein Pärchen oder einen Mann als Voyeur dazubitten, der aber nicht mitmachen darf.«

Die sechs häufigsten Männerphantasien

Zwei Frauen zusehen (und mitmachen)

Die beiden Blondinen, schwitzend, wie sie sich gegenseitig den Schweiß von jeder Pore lecken; die vorsichtigen Liebesnovizinnen, wie sie alle Hemmungen ablegen, sich aneinander schubbern oder die 69 geben, dabei in Positionen verfallen, schöner als gemalt … Eine der häufigsten Männerphantasien, nur getoppt von der Liebesnacht mit einem Star. »Wer in seiner Phantasie nur zusieht, hat Angst vor der eigenen Fehlbarkeit. Nicht zu wissen, was im Bett zu tun ist, zu versagen. Zwei Frauen zuzusehen nimmt diese Angst, es ist Erotik ohne Druck, es zu bringen ist völlig unnötig. Tendiert die Phantasie eher in Richtung mitmachen – frei nach dem Motto: Ohne mich können die beiden wohl nicht –, symbolisiert die Phantasie Omnipotenz ohne Angst vor Erwartungen. Perfektion in Reinform«, so Jess. »Dazu braucht ein Mann seine Partnerin nicht – soll diese Phantasie erlebbar sein, muss er allein auf die Suche gehen, aber auch damit rechnen, dass er vor lauter Aufregung dann doch nicht lange mitmachen kann …«

Der eigenen Liebsten zusehen, wie sie es sich selbst macht

Die Hand in der Jeans, der Finger im Slipbund oder der Dildo, feucht glänzend – dabei sieht sie ihm in die Augen oder gibt sich ganz versunken hin, lässt sich vielleicht mal die Finger ablecken oder lädt ihn ein, näher zu kommen, damit er sich ansehen kann, was sie tut, erzählt dabei von ihren Phantasien …

Auf die Frage »Was wünschst du dir von mir?« antworten viele Männer mit dem Bild, Spion der Selbstbefriedigung sein zu dürfen. Das ist vor allem eine Phantasie, die nach Erleben schreit. Um erleichtert festzustellen, dass nicht er allein von Lust getrieben ist. Jess: »Ein Mann erkennt damit auch die erotische Kompetenz seiner Partnerin an: Wenn sie es sich selbst machen kann, was kann sie dann erst alles mit mir tun? Es ist mehr als nur voyeuristisches Vergnügen, es ist eine Einladung, tiefer in erotische Welten einzusteigen. Ein Mann sollte das seiner Liebsten unbedingt erzählen – und sie vor allem überzeugen, dass sie dabei wunderschön aussieht.«

Erlaubte Vergewaltigung

Der Abschiedskuss fällt plötzlich sehr fest aus. Als er beginnt, ihre Bluse aufzureißen, die Hose herunterzuzerren, wehrt sie sich vergeblich – ein Schubs aufs Bett, rückwärts auf den Tisch, an die Wand, die Klamotten gerade so weit herabgezogen, dass er das erreicht, was ihn am meisten interessiert, Handgelenke fixiert. Er spuckt in seine Hand, reibt kurz auf und ab, dringt einfach ein … und nach heftigem Sträuben gibt sie sich schließlich hin.

Er darf tun, was er will, mit leichter Gewalt, und hinterher ist sie davon auch noch begeistert – eine solche »erlaubte« Vergewaltigungsphantasie geben die wenigsten Männer zu, aber bei vielen taucht sie gelegentlich auf. Er hat dabei weder Angst, etwas falsch zu machen, noch als langweiliger Liebhaber ohne technische Raffinessen dazustehen, sondern kann einen Teil seiner Männlichkeit ohne Reue ausleben und wird auch dann noch akzeptiert. »Diese Phantasie verdeckt den Wunsch, sexuelle Fesseln zu sprengen, um einfach nur ein männliches Grundbedürfnis ohne Rücksicht oder antrainierte Hemmung zu befriedigen. Einfach mal Macker sein, nicht Vater, nicht Versorger, nicht verständnisvolle starke Schulter und auch nicht Gehaltsschwächling. In einer sehr stabilen, vertrauensvollen Partnerschaft kann diese Phantasie bereichern, denn alles, was jenseits von Grenzen liegt, ist aufregend. Doch trotzdem muss er dabei immer wissen: Sie hat das letzte Wort. Ein Nein, Stopp! oder ein Safeword gilt auf jeden Fall als Nein.«

Der Quickie mit der Fremden

Ein Blick, kein Wort. Höchstens noch ihr geflüstertes »Geständnis«: »Ich brauche es jetzt … von dir.« In der Waschstraße, auf dem Treppenabsatz, auf der Motorhaube; wunderbarerweise trägt sie nichts drunter, stöhnt bei jeder Berührung, ist ganz und gar hemmungslos, lässt alles mit sich machen – und verschwindet danach wieder.

Ähnlich wie bei Frauen dient diese Phantasie auch einem gewissen narzisstischen Selbstbeweis (»Wow, ich bin toll und hab die tolle Frau rumgekriegt«) und vermeidet emotionale Verstrickungen. Kein mühsames Überreden oder erfolgloses Flirten, keine Anrufe hinterher, nichts als ein Aufeinandertreffen sexueller Bedürfnisse. Carrie Jess dazu: »Es ist pure Freiheit, was die Männer bei dieser Phantasie empfinden. Es ist eine unkomplizierte, verfügbare Phantasie, vor allem beim Onanieren – und erlaubt Männern die Illusion, sie alle haben zu können. Ein schönes, wenn auch utopisches Vergnügen.«

Die Harems-Phantasie

Er ist der Pascha, der King, um ihn scharen sich Frauen und ein Fingerschnippen genügt, dass sie ihm zu Willen sind. Die schüchterne Rothaarige für Fellatio, die Blondine, um sie ein bisschen beim Analverkehr an den Haaren zu reißen, die Brünette für Spielereien mit den Brüsten, die Italienerin für Dirty Talk. Teilen? Kommt nicht in Frage! Meine, alle! »Wenn Sie Spaß mit Ihrer Phantasie haben – wunderbar! Fast jeder Mann hat mehr oder weniger häufig die Idee, die freie Wahl unter Frauen zu haben, ohne dass er sich anstrengen muss. Das ist eine natürliche Reaktion auf den Selbstfindungsprozess, vor allem wenn Sie viel mit erfolgreichen Frauen zu tun haben. Wenn die Phantasie Ihnen aber selbst sehr obsessiv vorkommt, dann steht ein hohes Maß an Eifersucht, an Besitzanspruch, an Angst vor Rivalen dahinter«, warnt Carrie Jess. »Denn Ihr Bedürfnis, alles unter Kontrolle zu haben, oder die Tatsache, dass Sie sich hilflos fühlen, geht auch Ihre Partnerin etwas an. Sprechen Sie miteinander, um wieder Ebenbürtigkeit zu finden.«

Mit der Freundin oder Schwester der Partnerin schlafen

Es passiert auf einer Familienfeier oder das Objekt der Begierde kommt vorbei, weil sie jemanden zum Ausweinen braucht. Vielleicht öffnet sie auch die Tür mit nichts außer Chanel Nr. 5 am Leib oder sie braucht einen Fahrer für den Umzug – und es passiert. Sie gibt eindeutige Signale, dass sie ihn schon immer wollte. Dringend. Jetzt! Es ist das Spiel mit dem Feuer. Von der Freundin oder der Schwester der eigenen Liebsten zu phantasieren kommt etwa genauso häufig vor wie die Vorstellung, es mit der Geliebten des besten Freundes zu tun. Es ist verboten und sexy zugleich, doch in der Realität ein absolutes No-No. Dabei liegt es nahe: Oft ähneln Freundinnen oder Geschwister der eigenen Frau, vereinen die attraktiven Seiten mit dem Reiz des Neuen. Aber es steckt nach Meinung von Carrie Jess Unlust auf Beziehungsarbeit dahinter: »Es ist stets leichter, sich in Phantasien zu flüchten, anstatt sich damit auseinander zu setzen, was wirklich in der Beziehung fehlt. Ihre Partnerin macht Sie nicht mehr an? Es liegt nicht nur an ihr allein, Leidenschaft zu erhalten. Sie sind genauso dazu zuständig.« Von der Freundin des besten Freundes zu träumen, ist dagegen archaischer Rivalenkampf: Ich will das Alphatier sein. »Überlegen Sie lieber, warum Sie sich Ihrem Freund unterlegen fühlen«, so Jess.

+

Lesen Sie dazu weiter, falls Sie sich mehr für Ihre heimlichen Phantasien interessieren:

Lonnie Barbach: … *und mein Verlangen ist grenzenlos.* Ullstein-Taschenbuch, Frankfurt a. M., 1988.

Konstanze Lawrenz, Patricia Gorzegowski: *Das kann ich keinem erzählen. Gespräche mit Frauen über ihre sexuellen Phantasien.* Luchterhand, München, 1988.

Lonnie Barbach, Linda Levin: *Fühlst Du mich? Männerphantasien.* Ullstein-Taschenbuch, Frankfurt a. M., 1989.

Bernie Zilbergeld: *Die neue Sexualität der Männer.* DGVT-Verlag, Tübingen, 1994.

Andrea Baldauf, Stefan Biele: *Pure Lust. Sexuelle Phantasien der Deutschen.* Rowohlt-Taschenbuch, Reinbek, 2002.

Wendy Maltz, Suzie Boss: *Die geheimsten Gedanken der Frauen oder Das kreative Spiel mit erotischen Wünschen.* Ullstein-Taschenbuch, München, 1999.

Isabelle Azoulay: *Phantastische Abgründe. Die Gewalt in der sexu-*

ellen Phantasie von Frauen. Brandes und Apsel, Frankfurt a. M., 1996.

Weitere, erwähnte Bücher:

Nina George: *Der Weg der Kriegerin – die neuen Waffen der Frauen.* Droemer, München, 2003 (Taschenbuchausgabe bei Knaur unter dem Titel *Die Königin bin ich;* erscheint 2006).

Katja Hertin: *GIB – Gut Im Bett.* Rowohlt-Taschenbuch, Reinbek, 2004.

Miriam Lau: *Die neuen Sex-Fronten.* Alexander Fest Verlag, Berlin, 2000.

Michael Mary: *Mythos Liebe – Lügen und Wahrheiten über Beziehungen und Partnerschaften.* Lübbe, Bergisch Gladbach, 2004

Angela Voß: *Böse Männer kommen in jedes Bett.* Marion von Schröder Verlag, München, 2000.

Kapitel 7

Verschossen? Verliebt? Liebe? Der Test

»Flirt ist Training mit dem Unrichtigen für den Richtigen.«

*Senta Berger, Schauspielerin, *1941*

Tina gehört zu der Sorte Frauen, die von sich sagen, dass sie bloß zu lange neben einem Mann am Tresen zu sitzen brauchen, um sich zu verlieben; Anton dagegen verliebt sich am liebsten mehrfach, frei nach dem Motto: Wenn ich mich in Möglichkeit A verliebe, kommt schon Möglichkeit B um die Ecke. Entweder gehört sein Herz vielen oder gar keiner; in letzterem Fall beschwert er sich, wann er zuletzt mal was gefühlt hat. Barbara dagegen hat sich schon in Stimmen aus dem Radio verliebt, ohne den Nachnamen des Mannes zu kennen, kann es aber nicht leiden, wenn sie verliebt ist und eigentlich auch mit dem Kerl schlafen will – sie fragt sich: Ist das Gefühl oder Trieb? Und wenn es mir schon so geht, wie geht's dann ihm wohl erst? Karl dagegen verliebt sich nur, wenn er gebunden ist – seit Jahren löst eine Verliebtheit die alte Liebe ab, er kann sich schon längst nicht mehr erinnern, je solo gewesen zu sein. Am liebsten verguckt er sich in Damen, die all das nicht aufweisen, was ihn in seiner aktuellen Beziehung gerade nervt.

Lisa verliebt sich alle drei Monate so neu und heftig, dass es jedes Mal für bis ans Ende des Lebens reicht, Julia dagegen entliebt sich, sobald er verliebt ist, und Daniel fragt sich, wenn er verknallt ist, ständig, ob er es wirklich ist …

Kurz: Wir alle geraten – mal nach Muster, mal ganz neu – in

Situationen, in denen wir nicht sicher sind, ob wir verliebt sind. Oder ob doch nur die Hormone nach Aufmerksamkeit schreien oder die aktuelle Lebenssituation so fade ist, dass einzig das Verliebtheitsgefühl uns rausreißt – aber nicht der Mensch, von dem wir annehmen, dass er es ausgelöst hat. Einige entdecken an sich symptomatisch, dass sie sich nur in Krisen verlieben, andere, dass sie der Verliebtheit nicht trauen und alles daransetzen, sie zu ignorieren.

Stehen Sie vielleicht auch gerade vor der Frage: Will ich das eine oder doch mehr? Bin ich verschossen, verliebt – oder ist es gar Liebe, was ich da fühle?

Sie müssen sich selbst gegenüber ehrlich sein und sollten den folgenden Text mitsamt den Fragen in den nächsten zwei Wochen wiederholen. Verliebtheit wird genährt, nicht nur durch Gedanken, sondern auch durch den Auslöser: Wenn Sie heute jemanden getroffen haben, von dem Sie sich wünschen, ihn oder sie bald wiederzusehen, kann das alles heißen oder nur ein bisschen. Aber in zwei Wochen wird es anders aussehen – entweder haben sich Ihre Gelüste ausgetobt oder das kleine Herzchen steht in Flammen; das gilt auch für den Fall, dass Sie sich schon seit Wochen fragen, was eigentlich mit Ihnen los ist.

Der Einfachheit halber ist das Objekt Ihrer Begierde als genderneutrales Wow umschrieben.

Die Auswertung ist einfach: Je öfter Sie Ja sagen, desto mehr Herz ist im Spiel. Je weniger Yesyes, desto eher erleben Sie wahrscheinlich ein eher zahmes Feuer, das von Lust und Neugier, einer sich bietenden Gelegenheit und Abwechslungssucht getrieben ist. Ihre Sache, wie Sie damit umgehen – aber: Ist Wow in Sie verliebt, Sie aber wollen nur mal ohne Reue was ausprobieren, dann sollten Sie nicht einfach über die Gefühle des anderen hinwegtrampeln. Sondern das Herz zurückgeben, damit es woanders besser aufgehoben ist.

Wenn Sie oft nicht über ein »Weiß nicht« hinauskommen, geben Sie sich entweder etwas mehr Zeit mit Wow, oder Sie fragen sich, ob Sie nicht einer Illusion unterliegen: dass Ihnen nicht an der Person gelegen ist, sondern nur an Ihrem Wunsch nach Veränderung.

1. Ich ertappe mich dabei, wie ich Wow ansehe und nicht genug davon bekomme.
2. Ich bin aus unerfindlichen Gründen guter Laune.
3. Wäre ich mit Wow zusammen, wäre mein Leben besser, aufregender, schöner und ganz anders als jetzt.
4. Ich überlege beim Klamottenkauf, was Wow wohl gefallen könnte.
5. Ich denke nicht dauernd an Sex mit Wow.
6. Ich habe noch nichts an Wow bemerkt, was mir auf die Nerven geht. (Die Art, den Teller abzulecken, die Macke, nicht in laute Lokale gehen zu wollen, die Tatsache, dass Wow raucht und ich nicht …)
7. Ich habe schreckliche Angst, von Wow verletzt zu werden. Und zwar wirklich schreckliche.
8. Ich kann es nicht wirklich ertragen, wenn Wow aus seiner Liebesvergangenheit erzählt.
9. Ich ertappe mich dabei, wie ich überlege, ob es klug wäre, Wow jetzt anzurufen.
10. Ich möchte Freunde von Wow kennen lernen.
11. Ich kann mir im Moment nicht vorstellen, wie es wäre, auf jemand anders Lust zu haben als auf Wow.
12. Ich möchte Wow ganz viel von mir zeigen.

Ja, ja, ja? Das sieht gut aus. Mehr nein? Liebelein, Sie wollen Sex! Ja, nein, weiß nicht? Sie sind sich also immer noch nicht sicher. Na, gut.

Kommen wir zum Ausschlussverfahren. Falls Sie sich immer

noch fragen: Bin ich verliebt oder doch nur verknallt, dann orten Sie es daran:

Sie sind »nur« verknallt, wenn …

… Sie zwar wissen wollen, wie es wäre, mit XY zu schlafen, aber den Nachnamen vergessen haben.

… Sie zwar erröten, wenn Sie XY zufällig treffen, es aber nicht direkt darauf anlegen.

… Sie bei Liebesfilmen nicht an XY denken, sondern an verflossene Lieben, mit denen es doch hätte klappen können.

… Sie mit XY flirten, aber sonst ganz froh sind, ihn/sie nicht dauernd um sich zu haben.

… Sie schon beim zweiten Date weniger Gemeinsamkeiten denn Differenzen entdecken und eine innere Liste darüber anlegen.

… Sie das Gefühl haben, Sie bräuchten mal wieder eine Beziehung, um sich ganz zu fühlen.

… Sie zwar in Ihrer Eitelkeit gekränkt sind, wenn XY ein Date absagt, aber deswegen nicht gleich meinen, Sie seien der Liebe nicht wert.

… Sie meinen, dass Sie noch so lange mit anderen schlafen dürfen, bis XY »Ich liebe dich« gesagt hat. Wären Sie verliebt, könnten Sie das nicht, sondern wären mit den Gedanken trotzdem bei ihr/ihm oder blind gegenüber wandelnden Leckerhäppchen um Sie herum.

… Sie sich nicht vorstellen können, wie XY auf dem Sofa Ihrer Mutter, Ihren Freundinnen Platz nimmt und auch dahin passt.

… es Sie nervt, dass XY Sie mit Plüschgedichten, Anrufen und Aktivitäten für nächstes Jahr traktiert.

… Sie weiterhin Ihre Urlaube planen, als wären Sie allein.

… Sie nicht ganz von der Idee überzeugt sind, das könnte der letzte Mensch sein, mit dem Sie je schlafen.

… oder gebunden, aber gerade etwas unzufrieden, und suchen doch nur Ablenkung, ohne aber gleich was Neues wagen zu wollen.

Aha. Das dürfte Ihnen Antwort genug gegeben haben. Und falls Sie also eindeutig verliebt sind: Buch schließen, umdrehen und wieder von vorne anfangen. Wie wir alle, ständig.

Nachwort

Während ich dieses Buch schrieb, durchwanderte ich erst die drei Monate des verrückten Verliebtseins (Zong auf den ersten Blick, gefolgt von Tagen zwischen Himmel und Hölle, getragen von irrer Hoffnung und verqueren Anfällen von Ich-zeig-mich-von-der-besten-Seite bis hin zu Brachial-Authentizität), ging im vierten Monat in die wohlige Sicherheitsphase über, bekam im fünften Angst, dass es zu schön ist, um wahr zu sein, und ertappte mich kurz vor Weihnachten 2004 dabei, wie ich abergläubisch nicht zu sehr in die Zukunft planen möchte. Im Februar 2005 nun, knapp sieben Monate nach dem Zong, weiß ich eins ganz gewiss: Es ist nichts Verwerfliches daran, sein Herz hinzugeben. Auch für den Fall, dass der andere es annimmt, aber später lieber wieder zurückgeben möchte. Niemand braucht sich zu schämen, wenn er sich offenbart. Bisher habe ich Glück. Der Engel hält mein Herz und küsst manchmal Weintrauben, bevor ich sie esse.

Doch während ich vor mich hinschrieb, probierte ich im Selbsttest auch aus, was ich Ihnen erzählt habe. Es funktionierte. Was sicher auch daran liegt, dass ich in diesem Mann jemanden gefunden habe, der mitzieht, der nicht wegläuft, der fähig ist zu reden und dem es Spaß macht, mir gut zu tun. Oft denke ich mir, dass es keinen Sinn hat, wenn sich nur einer in Beziehungs-Kreativität weiterbildet, der andere aber nicht, oder alles, was aus Ratgebern stammt, ignoriert. Was nützen die besten Tipps, wenn zwei nicht an einem Strang ziehen? Aber dann vertraue ich wieder auf Sie, auf den Leser und die Leserin, die Sie ebenso im Leben und am Leben gewachsen sind und den Mut haben, sich trotzdem zu bemühen und den anderen zum Mitmachen zu motivieren.

Niemand kann die Liebe steuern, aber wir alle können etwas für sie tun, um sie farbenfroh und lebendig zu erhalten. Wie die Sache ausgeht, kann keiner sagen, es entscheidet sich jeden Tag aufs Neue, auch wenn die einzelnen Schritte oft sehr leicht fallen und kaum bemerkt werden.

In diesem Sinne wünsche ich Ihnen alles, alles Gute für Ihre neue Liebe. Vielleicht kann der eine oder andere Hinweis aus diesem SOS-Buch Sie unterstützen, wenn Sie sich verfangen haben.

Herzlichst,

Ihre Anne West